Dr. med. Sabrina Mörkl

Attila Várnagy

ERNÄHRUNG FÜR DIE PSYCHE: DAS KOCHBUCH

Dr. med. Sabrina Mörkl Attila Várnagy

ERNÄHRUNG FÜR DIE PSYCHE: DAS KOCHBUCH

RICHTIG ESSEN FÜR DIE SEELE

60 Rezepte
bei Depressionen,
Angststörungen,
Zwangsstörungen,
posttraumatischen
Belastungsstörungen,
Schlafstörungen
und mehr

riva

INHALT

VORWORT: WARUM DIESES BUCH?

»Der Arzt der Zukunft wird keine Medizin mehr verabreichen, sondern seine Patienten vielmehr dazu anregen, sich für den menschlichen Körper, für Ernährung und für die Ursache und Prävention von Krankheiten zu interessieren.«

Thomas Edison

Freut mich, dass Sie dieses Buch in Ihren Händen halten! Bevor Sie beginnen zu lesen, möchten Sie sicher wissen, mit wem Sie es zu tun haben: Mein Name ist Sabrina Mörkl und ich bin mittlerweile seit zehn Jahren an der Medizinischen Universität Graz als Fachärztin, Dozentin und Wissenschaftlerin tätig. Ebenso betreibe ich eine private Facharztpraxis. Mein Schwerpunkt ist ungewöhnlich für eine Psychiaterin: Ich habe mich auf die Erforschung von psychischen Erkrankungen außerhalb des Gehirns spezialisiert. Im Rahmen meines wissenschaftlichen Doktorates habe ich die Darmbakterien und die Darm-Gehirn-Achse bei Menschen mit psychischen Erkrankungen erforscht. Zudem habe ich Zusatzausbildungen in Ernährungsmedizin und Nährstoffmedizin absolviert und bin in mehreren wissenschaftlichen Gesellschaften aktiv.

Mein Co-Autor ist Attila Várnagy, Koch und Master der Ernährungstherapie. Wir haben uns am Ende seines Masterstudiums kennengelernt, als er bei uns an der Uniklinik die Anwendung von Kochworkshops bei Menschen mit Depressionen und Essstörungen untersucht hat. Dabei entstanden in enger Kooperation und Austausch – auch mit meiner Kollegin Dr. Sonja Lackner, einer ausgezeichneten Ernährungswissenschaftlerin – eine Reihe leckerer und gesunder Rezepte für die Psyche. Die Kombination unserer Fächer ergibt ein stimmiges Menü: Ernährungswissenschaft, Psychiatrie und Kulinarik lassen sich wunderbar verbinden. Dies scheint aktuell wichtiger denn je.

Die heutige moderne Psychiatrie kann zwar vielen Menschen ausreichend helfen, allerdings gibt es dennoch Menschen, welche leider chronisch krank und dauerhaft beeinträchtigt bleiben. Seit den 1980ern gibt es kaum neue Medikamente in der Psychiatrie, wir behandeln primär die Symptome von psychischen Erkrankungen, denn eine ursächliche Behandlung ist nur sehr selten möglich. Neben der Neurologie wird die Psychiatrie deshalb oft scherzhaft als »die Lehre der unheilbaren Krankheiten« bezeichnet. Viele Menschen erleiden trotz Behandlung mit Psychopharmaka immer wieder Rückfälle und eine andauernde Beeinträchtigung der Lebensqualität. Manche Patienten nehmen über zehn verschiedene Medikamente täglich. Ist das nicht unfassbar? Durch die Vielzahl an Arzneien entsteht aber leider immer weniger Gesundheit. Es häufen sich Folgeerscheinungen und Nebenwirkungen, wie zum Beispiel starke Gewichtszunahme und Erhöhungen des Blutzuckers. Dieser Umstand zeigt: Die Psychiatrie, wie sie derzeit praktiziert wird, hat einen blinden Fleck und daher durchaus Verbesserungspotenzial.

Der Grundsatz der biopsychosozialen Medizin, also einer Medizin, welche sowohl biologische, psychische und soziale Faktoren in gleichem Maße berücksichtigt, wurde 1977 vom Internisten Friedrich Engel geprägt. Leider ist der biopsychosoziale Grundsatzgedanke bis dato nicht ausreichend im medizinischen Alltag integriert. Gerade bei der Therapie von Menschen mit psychischen Erkrankungen wird zur Behandlung der »biologischen« Seite vorrangig eine medikamentöse Behandlung eingesetzt. Selbstverständlich bin ich froh, dass es in der Psychiatrie gute und schnell wirksame Medikamente gibt. Sie wirken gezielt und unterdrücken ein Symptom. Das kann in gewissen Situationen lebensrettend sein. Die Unterdrückung eines Symptoms ist aber oftmals damit vergleichbar, dass man nur den lästigen Ton des Feueralarms abstellt, ohne nachzuschauen, ob es wirklich irgendwo brennt.

Tatsächlich besteht der biologische Part jedoch aus weit mehr als der chemischen Beeinflussung einzelner Nervenbotenstoffe im Gehirn durch ein Medikament. Eine umfassende, biopsychosoziale Medizin darf nicht nur »pharmakopsychosozial« denken und behandeln, sondern muss auch die Biologie und Biochemie, die Baustoffe des Körpers, den Energiestoffwechsel und die Nervenbotenstoffe gleichermaßen in der Behandlung berücksichtigen. Eine Lebensstilmedizin mit Ernährung und Bewegung als Grundpfeiler bildet somit die Basis jeder psychiatrischen Behandlung.

Seitdem ich ernährungsmedizinische Ansätze in meiner Praxis verwende, habe ich erlebt, dass eine langfristige Stabilisierung von Menschen mit psychischen Erkrankungen möglich ist. Manche meiner Patienten, die Ernährungsmaßnahmen in ihren Behandlungsplan integrieren konnten, erlebten etwas Erstaunliches. Nach einigen Monaten ging es manchen schon bereits deutlich besser, sodass sie mich seltener bis gar nicht mehr brauchten. Manche kamen nur mit einer minimalen Dosis von Psychopharmaka aus oder konnten diese sogar ganz absetzen. Manche wurden aktiver, hatten mehr Kraft.

Einer meiner ehemaligen Professoren sagte immer, dass ihm die Definition von Gesundheit der World Health Organisation (WHO) nicht gefalle, die ja lautet: »Gesundheit ist ein Zustand des vollständigen körperlichen, geistigen und sozialen Wohlbefindens«. Tatsächlich kann diese Definition kaum jemand erfüllen. Stattdessen lautete seine Definition so: »Gesundheit ist eine Funktion der Anteilnahme am Leben.« Genau diese Anteilnahme am Leben wird durch eine Ernährungstherapie unterstützt. Sich selbst zu ernähren ist ein Akt der Selbstfürsorge und kann, so wie es Viktor Frankl, ein bedeutender österreichischer Psychiater, beschrieben hat, tatsächlich ein Element sein, sich einer psychischen und körperlichen Erkrankung – der psychophysischen Morbidität – entgegenzustemmen.

Wenn wir ursächlich helfen und behandeln wollen, reicht es wahrscheinlich nicht, nur Symptome zu behandeln. Wir müssen auch das, was gesund ist, unterstützen und die Selbstheilungskräfte des Körpers anregen. Allerdings ist das Konzept der Ernährungspsychiatrie leider noch wenigen Psychiatern, Psychologen und Psychotherapeuten ein Begriff. Als ich begann, mich mit Ernährung zu beschäftigen, hat mich damals sogar ein Kollege aus Wien kontaktiert, um mich zu erinnern, was im Hamilton-Fragebogen aus dem Jahr 1960 steht: »Wenn ein Patient glaubt, dass seine Depression durch Ernährung verschlimmert oder verursacht ist, so ist das ein Zeichen für eine verminderte Krankheitseinsicht«. Dies ist tatsächlich ein Fragebogen, welcher noch heute zur Bestimmung des Schweregrades einer Depression in der klinischen Praxis Anwendung findet.

Wenn Sie also – vielleicht nach der Lektüre dieses Buches oder aus eigener Erfahrung – meinen, dass Ihre psychische Situation (auch) etwas mit Ernährung zu tun haben könnte, zeugt das sehr wohl von Krankheitseinsicht. Sollte dann ein Psychiater meinen, Sie lägen falsch, so zeugt dies eher davon, dass der Psychiater sich noch nicht ausreichend mit diesem neuen Fachgebiet befasst hat.

Aaron Antonovsky, ein israelischer Soziologe und Gründer des Konzepts der Salutogenese, hat schon früh darauf hingewiesen, dass wir uns um die Ursprünge von Gesundheit bemühen müssen, sodass wir trotz Belastungen und Herausforderungen gesund bleiben. Er prägte den Begriff des »Kohärenzgefühls«. Dazu gehört die Verstehbarkeit (Sie lernen und wissen, warum etwas nützlich ist, es ist für sie verständlich), die Handhabbarkeit (Sie verfügen über Fähigkeiten und Unterstützung, um Dinge umzusetzen) und die Bedeutsamkeit (es hat Sinn und Zweck). Dieses Buch setzt sich zum Ziel, Sie durch diese Schritte zu begleiten. Zuerst sollen Sie im ersten Teil die Hintergründe zu Ernährung und Psyche verstehen, dann werden Ihnen die Bausteine der Psyche und das notwendige Handwerkszeug für die Ernährungstherapie vorgestellt. Nicht zuletzt soll es Ihnen mit den schmackhaften Rezepten gelingen, dieses Wissen umso leichter in die tägliche Praxis umzusetzen und mit Techniken des achtsamen Essens die Rezepte umso mehr zu genießen. Ernährungstherapie ist selbstverständlich kein Ersatz für eine psychiatrische oder psychotherapeutische Behandlung – sondern ein Teil davon!

Die Rezepte wurden von Attila Várnagy so gestaltet, dass sie nicht nur abwechslungsreich sind, sondern auch Nervenbotenstoffe unterstützen, Entzündungen lindern und vorteilhaft für Ihre Darmflora sind. Dieses Buch dient als Anregung zur Selbsthilfe, andererseits auch zur Unterstützung Ihrer Freunde, Familie oder Bekannten, die an psychischen Erkrankungen leiden und die Möglichkeit einer umfassenderen Therapie verdienen. Es soll Sie mit der Zuversicht ausstatten, dass Sie Ihre psychische Gesundheit mit jedem Bissen unterstützen und sich etwas Gutes tun können.

EINE NEUE »GRENZWISSENSCHAFT«: PSYCHISCH GESUND DURCH ERNÄHRUNG?

»Die Wissenschaft fängt eigentlich erst da an, interessant zu werden, wo sie aufhört.«

Justus von Liebig

Ernährungspsychiatrie ist eine wahre Grenzwissenschaft. Oft entstehen spannende Forschungsfelder nicht aus der Mitte eines Faches heraus, sondern an den Grenzen zu anderen Fächern.

Ernährungspsychiatrie oder »Nutritional Psychiatry« ist eine junge Disziplin an der Schwelle der Psychiatrie zur Ernährungswissenschaft. Sie befasst sich mit der Verwendung von Ernährungsstilen und Nährstoffen zur Behandlung und Vorbeugung psychischer Erkrankungen. In vielen anderen Fächern der Medizin, wie zum Beispiel der inneren Medizin, ist es bereits ein alter Hut, dass Ernährungstherapie eingesetzt wird. Zum Beispiel gibt es spezielle Ernährungsformen bei Nierenerkrankungen, bei erhöhtem Blutzucker oder nach einem Herzinfarkt. Bei einer Vorsorgeuntersuchung wird man vom Internisten wahrscheinlich auf die Ernährung angesprochen, wenn spezielle Krankheiten vorliegen. In der Psychiatrie wird jedoch kaum danach gefragt. Obwohl wir intuitiv wissen, dass das, was wir über die Nahrung aufnehmen, nicht nur unserem Körper guttut, sondern auch unserem Gehirn und unserer Psyche. Dass Ernährung hochrelevant für die Psyche ist, ist auch keine neue Idee. Schon Hippokrates meinte: »Nahrung soll deine Medizin sein und Medizin deine Nahrung«. Bis ins 19. Jahrhundert und ins frühe 20. Jahrhundert war es sogar konventionelles Wissen, dass psychische Symptome aufgrund von unzureichender Ernährung entstehen.[1] Leider geriet dieses Wissen jedoch immer mehr in Vergessenheit.

Die Ernährungspsychiatrie erkennt den bedeutenden Einfluss an, den unsere Lebensmittelauswahl auf die Gehirnfunktion, die Stimmung und das allgemeine psychische Wohlbefinden haben kann. Das Fachgebiet geht vor allem davon aus, dass eine gesunde und ausgewogene Ernährung nicht nur die körperliche Gesundheit unterstützt, sondern auch eine entscheidende Rolle bei der Förderung der psychischen Gesundheit spielt. Damit einher geht auch die Vorbeugung und Bewältigung psychischer Störungen. Sie vertritt außerdem die Ansicht, dass Ernährung in jedem Fall Teil eines umfassenden Behandlungsplans sein sollte.

Die Forschung hat in den letzten Jahren eindrucksvoll aufgezeigt, welche wichtigen Funktionen zum Beispiel Omega-3-Fettsäuren, Zink und B-Vitamine für ein gesundes Gehirn haben und welche weitreichenden Zusammenhänge zwischen psychischen Prozessen, der Gesundheit des Darms, der Darmbakterien (Mikrobiota) und Entzündungen bestehen. Es gibt Studien von höchster Evidenzklasse, welche die positiven Effekte von Ernährungsumstellungen belegen. Doch bevor wir uns detaillierter mit der Ernährung beschäftigen, klären wir zuerst einige Grundbegriffe!

BIOCHEMIE DER GEFÜHLE: WIE STELLEN WIR GLÜCKSBOTENSTOFFE HER?

»Niemand wird Krankheiten heilen können, der nicht die wirklichen Ursachen kennt.«

Aurelius Cornelius Celsus

Unser Gehirn ist ständig aktiv, auch wenn wir schlafen. Es nutzt Elektrizität und chemische Botenstoffe, sodass eine Nervenzelle mit einer anderen kommunizieren kann. Tausende Enzyme arbeiten ununterbrochen, um Energie herzustellen und unseren Stoffwechsel aufrechtzuerhalten, sodass wir denken, fühlen und wahrnehmen können. Auch gerade in dieser Sekunde, in der Sie Ihre Augen über diese Zeilen wandern lassen. Alle Prozesse innerhalb und außerhalb unseres Gehirns sind auf Energiezufuhr und somit die richtige Ernährung angewiesen.

In den nächsten Kapiteln möchte ich Sie gerne auf eine Reise mitnehmen durch das spannende Themengebiet von Ernährung und Psyche. Wir werden gemeinsam erkunden, wie Glücksbotenstoffe hergestellt werden, was die Darm-Gehirn-Achse ist und wie wir ihre Funktion mit der passenden Ernährungstherapie unterstützen können.

Als Fachärztin für Psychiatrie und psychotherapeutische Medizin habe ich an der Medizinischen Universität Graz viele Studien zur Darmflora durchgeführt, wodurch mir die engen Zusammenhänge mit der Ernährung bewusst wurden. Gleichzeitig wurde mir klar, dass Ernährung in sehr engem Zusammenhang mit der Psyche steht – und ich kaum etwas zu diesem Thema in meinem Medizinstudium oder in der Facharztausbildung gelernt habe. Meine Forschungsgruppe und ich haben vor einigen Jahren weltweit 1056 Psychiater, Psychologen und Psychotherapeuten gefragt, wie diese ihr Ernährungswissen einschätzen. Tatsächlich haben nur 0,8 Prozent (!) angegeben, über ein sehr großes Wissen in diesem Bereich zu verfügen. 74,3 Prozent der Psychiater und 66,3 Prozent der Psychologen haben berichtet, keinerlei Ausbildungen oder Weiterbildungen zum Thema Ernährung und Psyche besucht zu haben. Ein bisschen in Kontrast dazu steht, dass dennoch 58,6 Prozent der Teilnehmenden angaben, Nahrungsergänzungsmittel zu empfehlen und 43,8 Prozent auf teils abenteuerliche Spezialdiäten für die Behandlung der Psyche zurückgriffen.[2]

Seien Sie also nicht enttäuscht, sollte Ihnen Ihr behandelnder Psychiater, Psychologe oder Psychotherapeut nicht viel über Ernährung bei psychischen Erkrankungen sagen können. Er hat wahrscheinlich im Studium nichts von dem spannenden Bereich der Ernährungspsychiatrie gehört, über welche Sie in den nächsten Kapiteln lesen und lernen werden. Genauso wie meine Kollegen hatte ich selber in meinem sechsjährigen Studium der Medizin kaum Vorlesungen zu diesem Thema. In der Facharztausbildung wurde es gar nicht behandelt. Erst durch Zusatzausbildungen konnte ich mich in diesen wichtigen Bereich vertiefen. Das meiste habe ich ohnehin erst in der Praxis für und durch meine Patienten gelernt, die den Mut hatten, auch unkonventionellere psychiatrische Therapien und Ernährungsformen auszuprobieren.

Aber nun geht's los: Nehmen wir an, jemand kocht Ihnen etwas Gutes, überreicht Ihnen ein Geschenk, Sie werden befördert, gewinnen im Lotto oder sitzen am Abend mit einem geliebten Menschen am Strand. Ihre Gehirnzellen würden durch Freude aktiviert werden und ein regelrechtes Glücksgewitter würde in Ihrem Kopf geschehen. Wie oben erwähnt, kommunizieren unsere Nervenzellen im Gehirn über elektrische Signale miteinander. Für eine optimale Signalübertragung ist es jedoch notwendig, dass nicht nur elektrisch zwischen den einzelnen Nervenzellen kommuniziert wird, sondern auch chemisch, über die sogenannten Nervenbotenstoffe (Neurotransmitter). Diese haben wohlklingende Namen wie Serotonin, Dopamin oder Noradrenalin.

Schon in den 60er-Jahren postulierten Joseph Schildkraut, ein Professor an der renommierten Harvard University, und Dr. Alec Coppen, ein britischer Psychiater, etwas, das man heutzutage regelhaft antrifft, wenn man ein Psychiatrie-Lehrbuch aufschlägt: Viele psychische Erkrankungen seien in einem Ungleichgewicht von Nervenbotenstoffen begründet. Zum Beispiel käme es bei Depressionen zu einer verminderten Verfügbarkeit der Nervenbotenstoffe Serotonin, Noradrenalin oder Dopamin.[3,4] Haargenau dies erklären wir auch in der Klinik, wenn ein Patient uns fragt: »Warum habe ich eigentlich Depressionen?« und »Warum brauche ich Medikamente?«

Serotonin ist tatsächlich grundlegend für unsere Stimmung – aber es hat auch andere Aufgaben, wie zum Beispiel die Regulation des Appetits oder der Schmerzempfindung. Obwohl ein Mangel an Nervenbotenstoffen wie Serotonin in den Lehrbüchern beschrieben ist, wird häufig nicht beschrieben, woher dieser Mangel kommt und was ihn verursacht. Leider können wir Serotonin auch nicht verlässlich im Blut messen beziehungsweise die Blutwerte lassen keine gesicherten Prognosen darüber zu, ob Serotonin-Wiederaufnahmehemmer (SSRI) im Gehirn wirken oder nicht. Es kann sich nichtsdestotrotz lohnen, einen Blick in die Biochemiebücher zu werfen und sich zu fragen: »Wie macht der Körper eigentlich Nervenbotenstoffe?« und »Was hat Ernährung damit zu tun?«

Die Chemie muss stimmen! Große und kleine Baustoffe

Ein Orchester aus lebensnotwendigen Nährstoffen muss optimal zusammenspielen, um grundlegende Funktionen im Stoffwechsel zu regulieren. Grob unterscheidet man zwischen Makronährstoffen (Makros = groß) und Mikronährstoffen (Mikros = klein). Makronährstoffe werden in großen Mengen benötigt und bilden die Bausubstanz. Zu ihnen gehören Kohlenhydrate, Eiweiße und Fette. Kohlenhydrate finden Sie beispielsweise in Vollkorn, Gemüse und Früchten. Sicher haben Sie schon einmal ein Stück Brot länger gekaut. Hierbei wird Ihnen vielleicht aufgefallen sein, dass es bei längerem Kauen beginnt, süß zu schmecken. Sie vermuten richtig: Die kleineren Einheiten der Kohlenhydrate sind Zucker. Und aus Zuckern gewinnt unser Gehirn normalerweise den Hauptanteil seiner Energie.

Ebenso zählen Eiweiße zu den Makronährstoffen. Haben Sie schon einmal in einem Labor Ihr Gesamteiweiß bestimmen lassen? Es gibt einen groben Überblick darüber, wie gut Ihr Körper mit den Baustoffen für Nervenbotenstoff versorgt ist. Eiweiße finden wir zum Beispiel in Fleisch, Fisch, Bohnen oder Milchprodukten. Die kleinen Bausteine der Eiweiße nennt man Aminosäuren, hier gibt es sogenannte essenzielle Aminosäuren, welche wir unbedingt aus der Nahrung aufnehmen müssen. Als sehr wichtig für die Psyche gelten Tryptophan, die Vorstufe von Serotonin und Melatonin, sowie Tyrosin, die Vorstufe von Dopamin.

Fette sind essenzielle Baustoffe unserer Nervenzellen, dienen den Zellen untereinander als Abgrenzung und sind als Cholesterin auch Grundbaustoff der Hormone (also von wegen, dass Cholesterin nur schlecht sei!). Wichtig für die Psyche sind vor allem die Verhältnisse zwischen den Fetten, welche wir zuführen. Wir nehmen beispielsweise in unserer typischen Ernährung zu viel Omega-6-Fette und gesättigte Fettsäuren (wie in Schmalz) auf und zu wenig an ungesättigten Fetten (wie in Olivenöl, Leinöl oder Rapsöl).

Mikronährstoffe werden nur in kleineren Mengen gebraucht, aber sind nichtsdestotrotz wesentlich für das Funktionieren von Enzymen, die Nervenbotenstoffe herstellen. Zu ihnen gehören Vitamine (wie Vitamin C, D und B_{12}) und Mineralien (nicht organische Substanzen wie zum Beispiel Zink oder Selen).

Abbildung 1 zeigt den Herstellungsprozess der Nervenbotenstoffe. Damit etwas gebaut werden kann, brauchen wir zuerst Baumaterial und Bauarbeiter. Das Baumaterial unserer Nervenbotenstoffe sind Eiweiße. Vielleicht haben Sie heute schon eine Cashewnuss gegessen? Diese enthält das Eiweiß Tryptophan, den Grundstoff für unseren Nervenbotenstoff Serotonin. Trotzdem macht der Verzehr von Tryptophan allein noch nicht glücklich, genauso wie das Baumaterial allein nicht ausreicht, um ein Haus aufzustellen. Nun kommen die Enzyme ins Spiel: Als Bauarbeiter wandeln sie Tryptophan über Zwischenstufen wie 5-HTP zu Serotonin und schließlich zu Melatonin um. Damit ihnen das gelingt, brauchen sie Co-Faktoren. Diese Co-Faktoren sind Vitamine und Mineralstoffe und sie kommen aus der Nahrung. Beachten Sie auch, dass ein Botenstoff in einen anderen umgewandelt werden kann – Serotonin, für die Stimmung, kann in Melatonin, das Schlafhormon, umgewandelt werden. Aus Dopamin – wichtig für das Empfinden

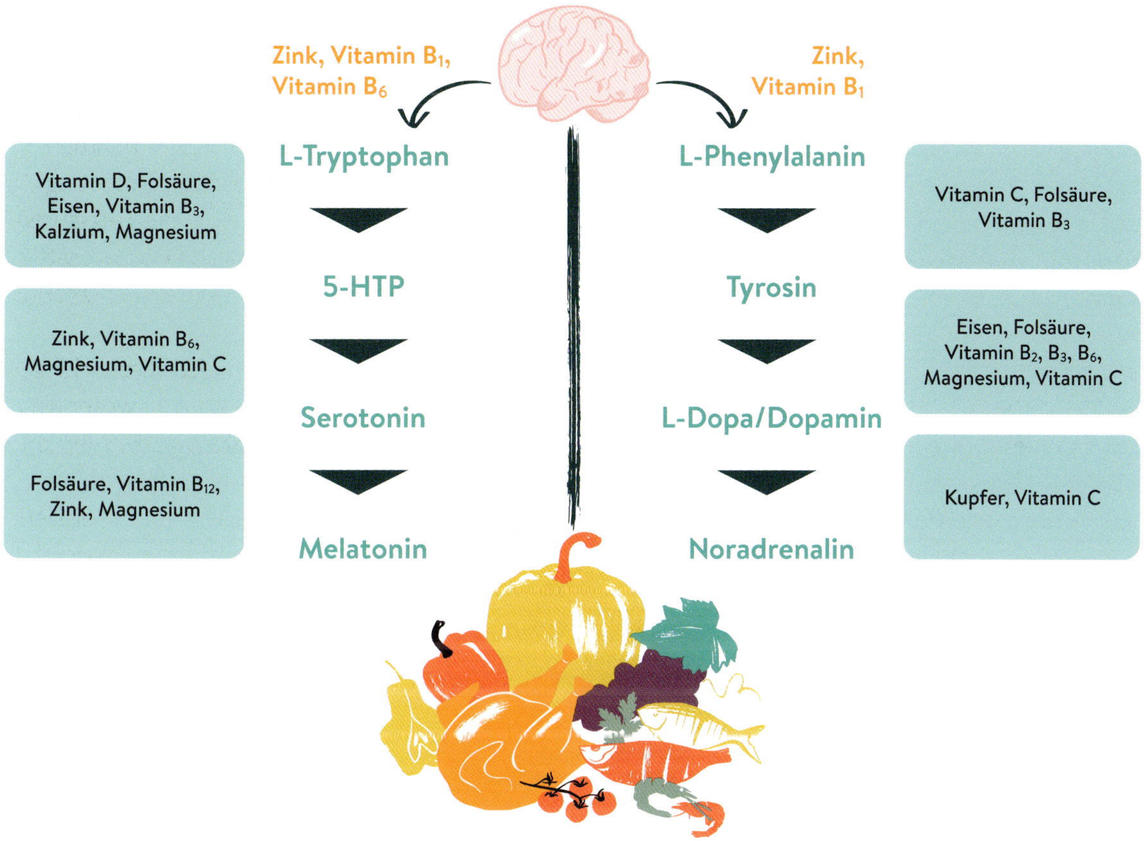

Abbildung 1: Herstellung der Nervenbotenstoffe und Co-Faktoren (Vitamine, Mineralstoffe)

von Freude und Lust – kann Noradrenalin werden, welches uns antreibt und uns die Kraft gibt, morgens aus den Federn zu kommen.

Die Vielzahl von Co-Faktoren, die benötigt wird, um die Nervenbotenstoffe herzustellen, unterstreicht die Notwendigkeit und Wichtigkeit einer vielfältigen, gesunden Ernährungsweise. Nährstoffe wie Omega-3-Fette, B-Vitamine, Magnesium und Zink sind für die Synthese und das richtige Funktionieren unserer Nervenbotenstoffe unerlässlich. Wir sind, was wir essen!

Fallbeispiel: Herr M.

Herr M. war einer der ersten Patienten, die meine Ordination aufsuchten. Sein Hintergrund: Er hatte schon alle erdenklichen medikamentösen Therapien ausprobiert, jedoch ohne Effekt. Herr M. war mittlerweile mit 25 Jahren in Invaliditätspension und zwar aufgrund von schweren Verstimmungen, die ihn häufig daran hinderten, das Bett zu verlassen. Ein Ernährungsprotokoll zeigte eine sehr einseitige Ernährung: immer dieselben Nahrungsmittel, kaum Gemüse oder Obst und viele Fertigprodukte. Das Labor bestätigte die Annahme einer ausgeprägten Fehlernährung, und auch, dass Herr M. – nach eigenen Aussagen – so gut wie nie das Haus und das Bett verlassen würde. Das Sonnenvitamin D lag gerade einmal bei 4 ng/ml (Nanogramm pro Milliliter) – dies war der niedrigste Wert, den ich bislang bei einem Patienten gemessen hatte (»normal« wäre alles ab ca. 30 ng/ml Nanogramm pro Milliliter). Wie wir oben in Abbildung 1 sehen können, ist Vitamin D ein wichtiger Co-Faktor für die Herstellung von Serotonin.[5,6] Es fehlten Vitamin-D-Quellen wie fettiger Fisch, Eier und Pilze auf dem Speiseplan dieses Patienten. Daneben lagen Mängel anderer wichtiger Co-Faktoren vor, wie Folsäure, Zink, Vitamin B_6 und B_{12}. Zusammen mit einer mediterranen Ernährungsweise und gezieltem Auffüllen von fehlenden Nährstoffen begannen Psychopharmaka nach zwei Monaten Behandlung wieder zu wirken. Nach weiteren zwei Monaten konnten wir die Psychopharmaka gemeinsam reduzieren. Der Patient ist heute im Arbeitstrainingsprogramm und wird in Kürze wieder zu arbeiten beginnen.

Überfüttert und unterernährt

Bei vielen Menschen in unseren westlichen Ländern liegt eine Mangelernährung vor. Dies liegt allerdings nicht daran, dass wir etwa zu wenig essen würden. Ganz im Gegenteil – oft wird schlicht zu viel nährstoffarme Nahrung verzehrt, Nährstoffe werden schlecht aufgenommen oder es besteht durch Stress, hohes Alter oder die Genetik ein erhöhter Nährstoffbedarf.[7]

Zu den Nährstoffdefiziten, welche häufig bei Menschen mit psychischen Erkrankungen gemessen werden, zählen Omega-3-Fettsäuren, Vitamine (B-Vitamine, Vitamin D), Mineralstoffe (wie Magnesium oder Zink) und Aminosäuren (wie Tryptophan und Phenylalanin).[8,9,10,11]

Es liegt auf der Hand, dass, wenn Baustoffe nicht ausreichend vorhanden sind und wenn Arbeiter keine Kraft zum Arbeiten haben, kein schönes Haus entstehen kann. Gleichermaßen können Defizite von Mikro- und Makronährstoffen damit zusammenhängen, dass ein Medikament nicht ausreichend wirkt oder eine Psychotherapie nicht gut anspricht.[12] Die Grundlage jeder Behandlung sollte also eine gute Diagnostik und darauffolgend eine gezielte Ernährungstherapie sein. Denn oft liegen Nährstoffmängel schon vor der Diagnose einer psychischen Erkrankung vor, und können, wenn sie früh genug beachtet und behandelt werden, die Therapie mit Psychopharmaka sinnvoll unterstützen.[13,14]

DAS ENTZÜNDETE GEHIRN ODER WARUM ENTZÜNDUNGEN PSYCHISCHE ERKRANKUNGEN TRIGGERN KÖNNEN

Während psychische Störungen traditionell in erster Linie – wie Sie im letzten Kapitel erfahren haben – mit einem Ungleichgewicht von Nervenbotenstoffen in Verbindung gebracht werden, gibt es immer mehr Hinweise darauf, dass Entzündungen ebenfalls eine tragende Rolle spielen. Sie bestimmen, wie gut Nervenbotenstoffe gebildet werden können. Wir selber arbeiten ja nur gut und fühlen uns wohl, wenn das Umfeld passt. Haben wir zum Beispiel eine Halsentzündung, eine Harnwegsinfektion oder eine infizierte Wunde, so ziehen wir uns zurück, fühlen uns traurig und abgeschlagen, möchten mit niemandem sprechen und unsere Ruhe haben. Ähnlich ergeht es unseren Enzymen: Wenn nicht genügend Co-Faktoren vorhanden sind und es zu Entzündungen im Körper kommt, dann wird Tryptophan nicht mehr ausreichend zu Serotonin umgebaut.[15]

Bei gesunder Ernährung und sportlicher Aktivität beschreitet Tryptophan den Weg des Serotonins und wird dann in Melatonin umgewandelt. Die Stimmung ist ausgeglichen, man kann sich freuen, man schläft sehr gut. Kommt es allerdings zu Entzündungen und findet keine Bewegung statt, so entsteht im schlimmsten Fall die Quinolinsäure, die giftig für das Nervensystem ist und Entzündungen anfacht.

Aber warum ist das relevant? Viele neurologische und psychische Erkrankungen wie Angststörungen, Depressionen und Morbus Alzheimer sind mit erhöhten Spiegeln an Quinolinsäure verbunden.[16,17,18] Ob Tryptophan also zu Serotonin umgewandelt wird oder entlang des neurotoxischen Zweiges abgebaut wird, darauf haben wir erheblichen Einfluss. Und zwar durch die Wahl der Ernährung, den Ausgleich von Nährstoffdefiziten, einen niedrigen Stresspegel und körperliche Aktivität.[19,20]

»Egal wie dünn man etwas schneidet, es hat immer zwei Seiten«– das wusste schon Schopenhauer zu sagen. Entzündungen sind seit jeher eine natürliche Reaktion des Immunsystems, um den Körper vor Infektionen oder Verletzungen zu bewahren. Kurzfristig sind Entzündungen sehr sinnvoll: Sie aktivieren das Immunsystem, führen dazu, dass schädliche Erreger bekämpft werden und fördern die Heilung, indem sie die Durchblutung erhöhen. Lange bestehende und übermäßige Entzündungen können jedoch schädliche Auswirkungen auf verschiedene Körpersysteme, einschließlich des Gehirns, haben. Diese anhaltende Entzündung auf niedrigem Niveau, die als systemische Entzündung oder »Silent Inflammation« bezeichnet wird, ist ein regelrechter Schwelbrand, der oft unbemerkt im Hintergrund einen erheblichen Schaden anrichtet. Stille Entzündungen werden mit einer Reihe von Erkrankungen wie Herz-Kreislauf-Erkrankungen, Diabetes und Autoimmunkrankheiten in Verbindung gebracht. In jüngerer Zeit haben Wissenschaftler begonnen, die Auswirkungen dieser stillen Entzündungen auf die psychische Gesundheit zu beforschen.

Ein unausweichlicher Nachteil unserer heutigen Medizin ist, dass die Systeme des Körpers getrennt voneinander betrachtet werden. Im Studium habe ich zwar über das Nervensystem, das Hormonsystem und das Immunsystem gelernt, niemand hat jedoch gelehrt, wie diese Systeme miteinander zusammenhängen und sich gegenseitig beeinflussen. Bis vor einigen Jahren war es auch nicht anerkannt, dass Immunzellen die Blut-Hirn-Schranke überqueren können und dass Entzündungen im Körper auch Entzündungen im Gehirn bedingen können. Die sogenannte »Psychoimmunologie«, »Psychoneuroimmunologie«, oder »Immunopsychiatrie« – Fächer, die sich in Grenzbereichen der einzelnen Wissenschaften abspielen, wurden leider belächelt.

Mittlerweile hat eine Reihe von Studien ergeben, dass Menschen mit psychischen Erkrankungen, wie zum Beispiel Depressionen, Angstzuständen oder Schizophrenie, tendenziell höhere Entzündungswerte im Blut aufweisen als Menschen ohne diese Erkrankungen. Speziell das C-reaktive Protein (das auch bei Vorsorgeuntersuchungen gemessen wird – überprüfen Sie mal Ihren letzten Blutbefund!) ist bei Menschen mit verschiedenen psychischen Erkrankungen oft erhöht.[21] CRP wird normalerweise gemessen, um den Schweregrad oder den Verlauf einer Entzündung zu überwachen. Optimal wäre ein CRP-Wert von 0 mg/l (Milligramm pro Liter). Häufig werden jedoch von Laboren Werte bis 5 mg/l als »normal« bezeichnet. Hier könnte allerdings schon eine »stille« Entzündung vorliegen. Je ausgeprägter die Entzündung und je höher der CRP-Wert ist, desto stärker sind auch depressiv gefärbte, negative Gedanken. Dies konnte in einer großen Studie gezeigt werden, die CRP gemeinsam mit depressiven Symptomen bei über 73 000 Einwohnern der Stadt Kopenhagen erfasste.[22]

Was wissen wir aber über die Herkunft dieser minimalen Entzündungen, die oft lange Zeit im Hintergrund bestehen? Als Erstes ist die Beziehung zwischen Gesundheit und Entzündungen wohl wechselseitig. Einerseits können Ereignisse wie psychischer Stress, Traumata und sozialer Ausschluss eine Entzündungsreaktion auslösen. Andererseits können sich Entzündungen im Körper (wie zum Beispiel durch eine Halsinfektion oder bei einer Durchfallerkrankung) auf das Gehirn auswirken und dazu beitragen, dass psychische Erkrankungen entstehen oder Symptome sich verschlimmern.

Ist man chronisch gestresst, setzt der Körper Cortisol frei, ein Hormon, welches das Immunsystem unterdrückt – dadurch wird man anfälliger für Infektionen. Cortison ist Ihnen vielleicht auch schon einmal bei Hauterkrankungen oder bei Insektenstichen verordnet worden. Die Stressachse, auch Hypothalamus-Hypophysen-Nebennierenrinden-Achse (HPA-Achse) genannt, ist unser wichtigstes System der Stressaktivierung. Kommt es zu einer stressigen Situation, reagiert unser Gehirn, um unseren Körper auf Stress vorzubereiten. Der Hypothalamus, ein Teil des Gehirns, erkennt die Situation und meldet ein Signal an die Hypophyse (Hirnanhangsdrüse). Diese gibt daraufhin ein Hormon namens »Adrenocorticotropes Hormon« (ACTH) ins Blut ab. Dieses gelangt schließlich zu den Nebennieren, wo Stresshormone und insbesondere Cortisol freigesetzt werden. Cortisol ist ein Hormon, das den Blutzuckerspiegel erhöht, Energie bereitstellt, das Immunsystem hemmt und den Körper auf Kampf oder Flucht vorbereitet. Cortisol hat auch erheblichen psychischen Einfluss! Dies durfte ich selber als junge Assistenzärztin am eigenen Leib erfahren.

Nach einem sehr stressigen Nachtdienst konnte ich auf dem rechten Ohr plötzlich nichts mehr hören. Ein Besuch beim HNO-Facharzt und ein Hörtest bestätigten die Diagnose: Es war ein Hörsturz. Der Facharzt entschied sich für eine Therapie mit Cortison, verabreicht über die Vene. Akut bekam ich zwar durch das Cortison keine Infektionen durch die Unterdrückung des Immunsystems, es war für mich jedoch sehr interessant, plötzlich und ohne einen definitiven Auslöser eine ausgeprägte Traurigkeit und innere Leere zu verspüren, wie ich sie bis dato noch nicht gekannt hatte. Als ein lieber Freund mich am selben Abend fragte, warum ich so verzweifelt war, konnte ich keine Antwort darauf geben. Parallel recherchierte ich die psychischen Wirkungen einer akuten Cortisongabe. Ich hatte gelernt: Mit Cortison ist definitiv nicht zu spaßen. Nach Abklingen der Cortisonwirkung waren jegliche psychischen Effekte wieder verschwunden. Dies war für mich eine beeindruckende praktische Demonstration zum Zusammenhang des Hormon- und Nervensystems. Behandlungen mit Cortison können manchmal zu psychischen Reaktionen wie Depressionen, aber auch Phasen von krankhaft gehobener Stimmung (Manien) führen. Ist das Stressereignis vorbei, wird die HPA-Achse gedämpft, und die Produktion von Cortisol normalisiert sich wieder. Dies ermöglicht es dem Körper, sich zu erholen und in seinen ursprünglichen Zustand zurückzukehren.

Es ist wichtig anzumerken, dass die Zusammenhänge zwischen psychischen Erkrankungen und Entzündungen noch weiter erforscht werden müssen. Nicht alle Menschen mit psychischen Erkrankungen haben erhöhte Entzündungswerte und es gibt individuelle Unterschiede bei der Entzündungsreaktion. Zusammenfassend ist es oft nicht eindeutig, woher diese kleinen Entzündungen kommen, welche die Nervenbotenstoffproduktion derart beeinträchtigen können. Eine Ursache dieser Entzündungen könnte der Darm sein – dies werden wir uns im nächsten Kapitel näher anschauen.

DARM-GEHIRN-ACHSE: KEINE EINBAHNSTRASSE

»Müsset im Naturbetrachten
immer eins wie alles achten;
nichts ist drinnen, nichts ist draußen:
Denn was innen das ist außen.
So ergreifet ohne Säumnis
heilig öffentlich Geheimnis.

Freuet euch des wahren Scheins,
euch des ernsten Spieles:
Kein Lebendiges ist ein Eins,
immer ist's ein Vieles.«

Johann Wolfgang von Goethe

Man kann es kaum glauben – aber Psychiatrie und Mikrobiologie haben tatsächlich eine gemeinsame Geschichte. Bereits in der Antike wurden bakteriell hergestellte (fermentierte) Lebensmittel nicht nur zur Heilung von Darmerkrankungen, sondern auch zur Behandlung von begleitenden Ängsten oder Stress eingesetzt.

Ein Beispiel für ein beliebtes, fermentiertes Lebensmittel in der chinesischen Medizin ist »*Douchi*«, eine fermentierte Sojabohne, die noch heute wegen ihrer antioxidativen Eigenschaften sehr geschätzt wird. In China wurde bereits im 4. Jahrhundert jinzhi, »goldene Suppe« oder »gelbe Drachensuppe«, eingesetzt. Der damalige Kaiser Huangdi hatte nämlich zum Ziel, möglichst gesund und vor allem ewig zu leben und so alle berühmten Mediziner aus China und Indien an seinem Hof versammelt. Diese verabreichten ihm grünen Tee, vermischt mit fermentiertem Stuhl, um sein Leben zu verlängern und ihn vor allem glücklicher und verträglicher zu machen – denn er war als impulsiver Mann bekannt. Diese erste Verabreichung von Darmbakterien durch ein Getränk kann somit als erstes »Stuhltransplantat« gesehen werden und ist in chinesischen Medizinbüchern dokumentiert. Leider ist nicht überliefert, ob der Kaiser wirklich wusste, was genau ihm seine damaligen Ärzte verabreichten.

Später, im beginnenden 20. Jahrhundert, traten erstmals neue Theorien auf, die beschrieben, dass Bakterien etwas mit der Psyche zu tun haben könnten. Es war der Ursprung der sogenannten »Infektionstheorie« psychischer Erkrankungen. Psychiater zu dieser Zeit versuchten psychische Störungen vor allem durch Verringerung von schädlichen Bakterien zu behandeln und Infektionsherde zu beseitigen. Einer von ihnen war Henry Cotton, der damalige Chef des New Jersey State Hospital. Er wandte chirurgische Verfahren an, darunter die Entfernung von Zähnen, Mandeln und Teilen des Darms, um schädliche Bakterien bei Patienten mit psychischen Störungen zu entfernen.[23] Es erübrigt sich zu erwähnen, dass die Patienten bei diesen Bemühungen schwer geschädigt wurden und die chirurgischen Eingriffe eine hohe Sterblichkeitsrate zur Folge hatten. Ganz falsch lag Cotton vielleicht mit seiner Infektionstheorie nicht. Tatsächlich können Entzündungen und Bakterien durch Immunaktivierung nach heutigem Erkenntnisstand zu psychischen Erkrankungen beitragen, wie wir bereits im Kapitel zuvor besprochen haben. Nur die Therapieansätze gingen leider in eine vollständig falsche Richtung.

Gott sei Dank gab es auch eine andere Front von Psychiatern, die gegen Cottons Ansätze aufbegehrten: Sie setzten sich für die Verwendung nützlicher Mikroben in fermentierten Milchgetränken ein, um die Symptome von Depressionen zu lindern. Interessanterweise veröffentlichte George Porter Phillips seine Erkenntnisse über Milchsäurebakterien zur Behandlung von Depressionen.[24] Ein anderer Forscher, Julianelle, argumentierte in seinem Manuskript ebenso gegen Henry Cotton und erklärte, dass die von Cotton empfohlene Entfernung des Darmes nicht richtig ist, denn die »Fäulnis, falls vorhanden, kann durch eine Veränderung der Darmflora beseitigt werden«.[25]

In den 1950er-Jahren wurde festgestellt, dass ein bei der Behandlung von Tuberkulose eingesetztes Antibiotikum namens Iproniazid antidepressive Eigenschaften hat.[26] Fast ein Jahrhundert später sind Behandlungen mit Bakterien bei psychischen Erkrankungen wieder populär geworden.[27,28] Auch einige Medikamente wie der sogenannte »Magenschutz« (Protonenpumpenhemmer) oder Psychopharmaka könnten auf Bakterien im Darm wirken. Vielleicht haben viele meiner Kollegen in der Psychiatrie, mich eingeschlossen, viele Jahre – unbewusst! – bereits die Darm-Gehirn-Achse mit Psychopharmaka mitbehandelt, da nun erst bekannt geworden ist, dass Psychopharmaka zu einer Veränderung der Darmflora führen.[29] Aber warum helfen Bakterien und fermentierte Lebensmittel (wie zum Beispiel Sauerkraut) bei Depressionen und wann sind diese schädlich? Um diese Frage zu beantworten, werden wir uns nun im Folgenden näher mit den Begriffen des Darmmikrobioms und der Darm-Gehirn-Achse befassen.

Mikrobiom

Vielleicht hatten Sie schon selbst einmal eine Magen-Darm-Grippe. In einer kanadischen Gemeinde namens Walkerton gab es eine Infektion des Grundwassers mit den Darmbakterien *Escherichia coli* und *Campylobacter jejuni*. Dies führte bei den Bewohnern nicht nur zu Beschwerden wie Schmerzen und Blähungen, sondern auch zu psychischen Veränderungen wie Ängstlichkeit und depressiver Stimmung. Manche Personen waren sogar bis zu acht Jahre nach der Darminfektion noch von Symptomen betroffen.[30] Wieso führen Veränderungen der Darmbakterien zu Veränderungen der Stimmungslage?

In unserem Darm tummeln sich Tausende verschiedener Bakterienspezies. Streng genommen sind wir sogar etwas mehr bakteriell als menschlich, da es etwas mehr Bakterienzellen als menschliche Zellen in unserem Körper gibt. Das Gesamtgewicht unserer Darmbakterien beträgt ca. 500 Gramm.[31] Die Bakterien in uns werden als Mikrobiota und die Gesamtheit des genetischen Materials dieser Bakterien als »Mikrobiom« bezeichnet. Welche Bakterien im Verdauungstrakt sind und auch was diese tun, kann mit modernen Analysemethoden bestimmt werden.

Es wäre zu einfach, Bakterien nur in die »Guten« und »Bösen« einzuteilen. Viel wichtiger ist es, eine möglichst hohe Vielfalt (Diversität) von verschiedenen Bakterien zu haben, vergleichbar mit einem tropischen Regenwald, in dem viele Pflanzen und Tiere miteinander leben. Problematisch wird es, wenn ein Bakterienstamm die Überhand gewinnt und alle anderen verdrängt – diesen Zustand nennt man Dysbiose. Eine Dysbiose kann nachweislich zur Entstehung unterschiedlichster psychischer Erkrankungen beitragen. So erging es beispielsweise den Bewohnern von Walkerton, die plötzlich ein Übermaß an *Escherichia Coli* oder *Campylobacter* durch verunreinigtes Trinkwasser in ihrem Darm hatten.

Bakterien ernähren sich von dem, was wir essen. Je vielfältiger die Ernährung ist, umso vielfältiger sind auch die Bakterien im Darm. Wussten Sie, dass man zum Beispiel anhand einer Stuhlprobe feststellen könnte, ob Sie sich vegetarisch ernähren oder nicht? Veränderungen des Darmmikrobioms treten bei vielen neurologischen und psychischen Erkrankungen auf wie Angststörungen[32], Depression, Schizophrenie[33], Magersucht (Anorexia nervosa)[34], Alzheimer-Erkrankung[35] und Migräne[36].

Darm-Gehirn-Achse

Zwischen dem Darm und dem Gehirn gibt es ein wechselseitiges Kommunikationssystem, das als Mikrobiota-Darm-Gehirn-Achse bezeichnet wird. Menschen mit psychischen Erkrankungen haben meistens im Vergleich zu gesunden eine andere Zusammensetzung an Darmbakterien. Sie können Nährstoffe deshalb nicht gut aufnehmen und aus diesem Grund nicht ausreichend Glücksbotenstoffe bilden. Durch eine veränderte Darmbarriere kommen zudem fremde Stoffe wie Bakterien oder Nahrungsbestandteile in die Blutbahn und lösen so Entzündungen im gesamten Körper aus. Dies wirkt sich auf die Darm-Gehirn-Achse und insbesondere auf den Vagusnerv aus, der Informationen vom Darm an das Gehirn sendet. Die Darm-Gehirn-Achse besteht aus hormonellen Regelkreisen, dem Immunsystem und dem Vagusnerv.

Der Vagusnerv verbindet unser Innerstes mit dem Gehirn und ist grundlegend für die Verbindung zwischen Psyche und Körper. Er hat viele Aussprossungen, welche auf vielfältige Reize reagieren. Er kann das, was Sie essen, Darmbakterien und deren Stoffwechselprodukte wahrnehmen und diese Informationen binnen Millisekunden an das Gehirn weiterleiten. Dies wird durch spezialisierte Zellen des Darms ermöglicht, welche erst 2013 entdeckt wurden: die sogenannten »Neuropods«.[37]

Unsere Gesundheit, Wohlbefinden, Entspannung, Gefühle und wie gut wir uns in unser Gegenüber einfühlen können, sind stark mit der Funktion des Vagusnervs verknüpft. Ein funktionierender Vagusnerv unterstützt uns ebenso dabei, Emotionen auf dem Gesicht unseres Gegenübers zu erkennen.[38,39] Wenn der Vagusnerv nicht gut funktioniert, werden wir eher krank, fühlen uns unwohl, sind gestresst und können nicht schlafen.

Im Jahr 2022 zeigte unsere Forschungsgruppe an der Medizinischen Universität Graz in einer Studie mit 73 Frauen, dass die Aktivität des Vagusnervs umso höher war, je vielfältiger die Bakterien im Darm waren. Studienteilnehmerinnen, welche zum Beispiel mehr von den Darmbakterien *Lachnospira, Ruminocococaceae, Faecalibacterium, Lactobacillales* und *Streptococcaceae* hatten, hatten auch einen besser funktionierenden Vagusnerv. Ebenso hatten diese Teilnehmerinnen mit besserer Vagusnervfunktion und vielfältigeren Darmbakterien auch ein niedrigeres Alter, niedrigeres Gewicht und niedrigere Entzündungswerte.[40]

Interessanterweise haben viele psychische Erkrankungen gemeinsame Wurzeln in Bezug auf Stoffwechselstörungen, oxidativen Stress, fehlerhafte Funktion des Immunsystems und die Kraftwerke unserer Zellen: die Mitochondrien. Ein Kollege aus Harvard ging sogar so weit zu schreiben: »Alle psychischen Erkrankungen sind Stoffwechselerkrankungen«[41]. Deshalb könnte es sich lohnen, nicht nur einen Blick auf den Stoffwechsel des Körpers, sondern auch auf den Stoffwechsel der Bakterien zu werfen, die in uns wohnen. Wir dürfen nicht vergessen, dass die Bakterien schon vor uns da gewesen sind und die Entwicklung menschlichen Lebens geprägt und begleitet haben. Sie sind und waren sehr bedeutsam für unsere Entwicklung. Je nach Lebensabschnitt haben wir auch eine andere Zusammensetzung der Darmflora. Mitochondrien stammen von Bakterien ab, welche Alpha-Proteobakterien genannt werden. Die Mitochondrien produzieren unsere Lebensenergie (ATP-Adenosin-Tri-Phosphat) und sind dafür verantwortlich, dass wir uns bewegen und atmen können. Wenn nun die Darmbakterien verändert sind – diesen Zustand nennt man »Dysbiose« – kann dies in Verbindung mit Stress, Infektionen, Antibiotika oder einer schlechten Ernährung zu einer erhöhten Durchlässigkeit der Darmbarriere führen. Aufgrund dieses »undichten Darms« können dann Nahrungsbestandteile und Fremdstoffe in den Blutkreislauf gelangen und eine Entzündungsreaktion sowie einen Anstieg der entzündungsfördernden Cytokine verursachen. Dies wirkt sich wiederum auf die Energieproduktion der Mitochondrien aus – denn Mitochondrien und Mikrobiom wirken wechselseitig aufeinander ein.[42]

Der Vagusnerv reguliert Entzündungen und kann auch die Durchlässigkeit des Darms verringern.[43] Acetylcholin (früher auch als »Vagusstoff« bekannt) ist der wichtigste Neurotransmitter des Vagusnervs. Dieser Botenstoff ist für die Hemmung der Produktion von Entzündungsstoffen von entscheidender Bedeutung. Der Vagusstoff wurde in meiner Heimatstadt Graz erstmals 1921 von Otto Loewi beschrieben. Unsere Abwehrzellen des Immunsystems verfügen sogar über Rezeptoren dieses Vagusstoffs – wo Acetylcholin andockt, werden automatisch weniger Entzündungsstoffe aus den Immunzellen freigesetzt.

Der Vagusstoff Acetylcholin wird aus Cholin und Acetyl-Coenzym-A gebildet. Cholin ist ein essenzieller Nährstoff, er kann also nicht selber vom Körper gebildet werden. Cholin kommt zum Beispiel in Eiern (besonders Eigelb), Innereien (wie Leber), aber auch Weizenkeimen in nennenswerten Mengen vor. Der Tagesbedarf von ca. 400 Milligramm wird in der Regel durch die Nahrung erreicht. Es kann also nicht schaden, hier und da mal ein Ei zu essen oder Weizenkeime übers Frühstück zu streuen – dies könnte dabei unterstützen, ausgeglichener und ruhiger zu sein und Entzündungen zu bekämpfen. Zukünftige Studien werden zeigen, wie wir gezielt das Mikrobiom modulieren können, um den Vagusnerv zu stimulieren, und wie die Aktivität des Vagusnervs das Darmmikrobiom verändern könnte. Auch gehören Entspannungsmethoden, Massagen, Singen und die kalte Dusche zu den Stimulationsmethoden des Vagusnervs. Zu weiteren Möglichkeiten der Vagusnervstimulation zählt aber auch der Einsatz von gezielter Ernährungstherapie, Nährstoffen und Bakterien. Aber dazu mehr im nächsten Kapitel!

NERVENNAHRUNG – WAS SIND PSYCHOBIOTIKA?

Man kennt Antibiotika und Probiotika. Gut. Aber was sind nun Psychobiotika? Diesen Begriff gibt es noch gar nicht so lange. Er wurde geprägt, um lebende Mikroorganismen, wie bestimmte Bakterien- oder Hefestämme zu beschreiben, die, wenn sie in ausreichender Menge aufgenommen werden, einen positiven Einfluss auf die psychische Gesundheit haben. Diese erste Definition stammt von den irischen Professoren Ted Dinan und John Cryan und ist aus dem Jahr 2013.[44,45,46] Vorher wurden Psychobiotika zwar eingesetzt, der Begriff war jedoch noch nicht existent. 2016 wurde die Definition erweitert. Aktuell umfasst der Begriff des Psychobiotikums alle auf das Darmmikrobiom ausgerichteten Behandlungsweisen, wie zum Beispiel Ernährungstherapien, Ballaststoffe, lebende Darmbakterien (Probiotika), die Stoffwechselprodukte der Bakterien (Postbiotika), aber auch Kombinationen der genannten Komponenten, wie zum Beispiel die Synbiotika, eine Kombination von Präbiotika und Probiotika. (Siehe Abbildung 2).

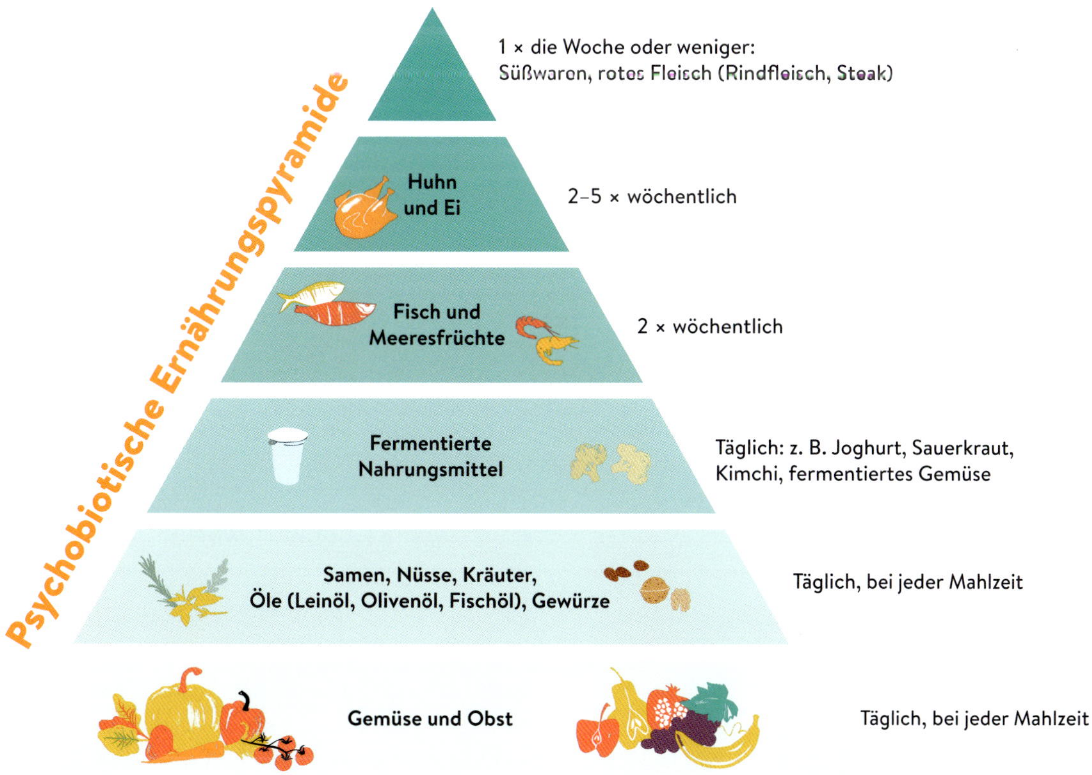

Abbildung 2: Psychobiotika

Im Folgenden möchte ich die Begriffe Präbiotikum, Probiotikum, Synbiotikum und Postbiotikum näher erklären – damit Sie bei den ganzen »Biotika« einen guten Überblick bewahren!

Präbiotika sind Stoffe, welche Bakterien als Nahrung nützen. Dazu gehören nicht verdauliche Kohlenhydrate. Diese nennt man zum Beispiel resistente Stärke, Inulin, Fructo-Oligosaccharide (FOS) oder Galacto-Oligosaccharide (GOS). FOS sind spezielle Ballaststoffe, welche reichlich in verschiedenen Obst- und Gemüsesorten wie Bananen, Spargel und Lauch vorkommen. Eigentlich sollte man am Tag 30 Gramm Ballaststoffe aufnehmen – das ist durch die fünf Portionen Gemüse und Obst gut abgedeckt. Präbiotika sind reichlich in Gemüse wie Brokkoli oder Spargel, in Vollkorngetreide oder in Hülsenfrüchten wie Linsen, Kichererbsen oder Bohnen enthalten. Es gibt nur ein Manko: Kaum jemand isst fünf Portionen Obst und Gemüse am Tag. Durch die ballaststoffarme Nahrung haben unsere Darmbakterien wenig Futter und können auch nur wenig fermentieren.

Ein besonderes Präbiotikum ist die resistente Stärke. Haben Sie schon einmal Nudeln oder Reis über Nacht stehen gelassen und erst am nächsten Tag verzehrt? Wenn ja, hat dies Ihrem Mikrobiom gewiss gutgetan. Die resistente Stärke übersteht die Verdauung unbeschadet und gelangt unversehrt in den Dickdarm, wo sie als nützliche Nahrungsquelle für unsere Darmbakterien dient. Sorten wie Basmatireis und Langkornreis haben eine höhere Tendenz zur Bildung von resistenten Stärken im Vergleich zu kürzerkörnigen Sorten, wie Jasminreis oder Sushi-Reis. Bitte beachten Sie, dass im Kühlschrank gelagerte Kohlenhydratquellen (insbesondere Kartoffeln!) unbedingt vor dem Verzehr gut durcherhitzt werden müssen (nicht in der Mikrowelle!) – so verlangt es die gute Küchenhygiene.

Probiotika sind lebende Bakterien. Sie sind gesundheitsfördernd, wenn sie in ausreichender Menge zugeführt werden. Nicht alle Bakterien wurden bereits für den Einsatz bei Menschen mit psychischen Erkrankungen erforscht – das wäre auch schwer möglich, denn es gibt Tausende verschiedene Spezies. Am meisten wurden in Studien Lactobacillen, zum Beispiel *Lactobacillus rhamnosus, plantarum* oder *acidophilus* – den kennen Sie vielleicht aus der Acidophilusmilch –, eingesetzt. Mittlerweile sind verschiedenste Probiotikamischungen auf dem Markt, die unterschiedliche Gattungen und Stämme von Probiotika beinhalten.

Es gibt auch Lebensmittel, die lebende Bakterien, also Probiotika, enthalten, wie Joghurt, Sauerkraut, Kimchi, Tempeh oder Miso. Es ist wichtig zu beachten, dass die probiotischen Bakterien und auch ihre Konzentrationen erheblich in Lebensmitteln variieren können. Wenn Sie also probiotische Lebensmittel konsumieren möchten, lesen Sie die Etiketten sorgfältig durch, um sicherzustellen, dass sie lebende und vor allem aktive Kulturen enthalten, und bevorzugen Sie Produkte direkt vom Bauern oder Biomarkt.

Die Menge vorhandener Bakterien wird in koloniebildenden Einheiten (KBE oder englisch Colony forming units, CFUs) angegeben.[47] In der »psychobiotischen« Ernährung, die wir später noch besprechen werden, wird der tägliche Verzehr eines fermentierten Produkts zur unterstützenden Behandlung depressiver Verstimmungen empfohlen. Mittlerweile gibt es schon eine Reihe von Studien, welche zeigen konnten, dass Probiotika bei psychischen Erkrankungen wie Depressionen oder Ängsten gut eingesetzt werden können.[48] In den Leitlinien der »World Federation of Societies for Biological Psychiatry« (WFSBP), der großen Weltgesellschaft für biologische Psychiatrie, werden Probiotika als Zusatztherapie bei Depressionen empfohlen. Es gibt jedoch noch viele Unklarheiten bei probiotischer Therapie – zum Beispiel die richtige Dosierung, die Dauer der Einnahme und der richtige Einnahmezeitpunkt.[49]

Wenn man zu Probiotika noch andere Medikamente einnimmt, wie zum Beispiel den sogenannten »Magenschutz« (Protonenpumpeninhibitor, PPI), oder auch Antidepressiva, kann dies das Darmmikrobiom verändern und so höhere Dosierungen erforderlich machen.[50] Wahrscheinlich ist es auch vorteilhafter, wenn man kontinuierlich probiotische Lebensmittel zu sich nimmt, als es immer nur kurweise oder für kurze Zeit zu tun. Probiotika können das Wachstum einer günstigen Darmflora fördern, Entzündungen reduzieren und somit auch psychische Symptome wie depressive Stimmung, Ängste, mangelnde Konzentration oder Stressbelastungen verbessern. Sie können jedoch keine herkömmlichen Therapien ersetzen. Es wäre keine gute Idee, beispielsweise alle Antidepressiva abzusetzen und nur noch Probiotika einzunehmen. Am besten wirkt, laut Studien, die Kombination aus Psychopharmaka-Therapie und Probiotika.

Synbiotika sind Mischungen aus Präbiotika und Probiotika.[51] Anfänglich wurden sie entwickelt, damit Probiotika im Verdauungstrakt besser und länger überleben können. Ein synergistisches Wirken zwischen Probiotika und Präbiotika bietet mehrere Vorteile: Erstens dienen Präbiotika als Nährstoffsubstrat für Probiotika, sodass diese überleben und den Darm effektiver besiedeln können. Dadurch verbessern sich die Chancen, dass Probiotika ihre Wirkung auf die Verdauung, die Immunfunktion und die Nährstoffaufnahme entfalten können. Zweitens hat sich gezeigt, dass Synbiotika die Stabilität und das Überleben von Probiotika während der Passage durch den Magen-Darm-Trakt verbessern. Die präbiotischen Fasern dienen als eine Art »Schutzschild« für Probiotika und erhöhen deren Lebensfähigkeit und Wirksamkeit. Studien deuten darauf hin, dass Synbiotika das Risiko von Magen-Darm-Erkrankungen reduzieren sowie zu einer Verbesserung der Darmfunktion und Stärkung des Immunsystems führen. Lebensmittel wie Miso-Suppe, Sauerkraut und Kimchi enthalten sowohl Präbiotika als auch Probiotika, sind also Synbiotika. Die Studienlage zum Einsatz von Synbiotika in der Behandlung von psychischen Erkrankungen ist noch ausbaufähig.[52] Zusammenfassend lässt sich sagen, dass Synbiotika einen vielversprechenden Ansatz zur Optimierung der Darmgesundheit darstellen, indem sie die Vorteile von Probiotika und Präbiotika kombinieren.

Postbiotika sind Fermentationsprodukte von Bakterien. Darmbakterien ernähren sich von Präbiotika und bauen diese ab. Fermentation ist ein komplizierter biochemischer Prozess, bei dem organische Substanzen durch den Stoffwechsel von Mikroorganismen wie Hefen, Bakterien oder Pilzen unter Luftausschluss umgewandelt werden. Seit Jahrtausenden wird der Prozess der Fermentation auch vom Menschen genutzt, um Lebensmittel herzustellen und zu konservieren.

Wir haben also durch die Darmbakterien so etwas wie eine eigene »Fermentationsmaschine« in uns, um das Beste aus unserer Nahrung herauszuholen. Während der Fermentation werden komplexe Kohlenhydrate, wie Zucker und Stärke, in einfachere Verbindungen, wie Alkohol, Milchsäure oder Essigsäure, umgewandelt. Beispiele für Postbiotika wären die kurzkettigen Fettsäuren Propionat oder Butyrat. Allerdings sind kurzkettige Fettsäuren geschmacklich mehr als gewöhnungsbedürftig – der Geruch und Geschmack erinnert leider sehr an ranzige Butter –, man müsste sie also intelligent verpacken, damit diese auch an ihren Wirkort gelangen könnten. Postbiotika sind sehr wertvoll für die Regulierung des Immunsystems, sie wirken entzündungshemmend und stärken die Darmbarriere.

Ernährungsformen, die reich an Prä-, Pro- und Synbiotika sind, werden in den nächsten Kapiteln vorgestellt.

GUTES ESSEN FÜR DIE PSYCHE

»Wenn die Ernährung falsch ist, hat Medizin keinen Nutzen. Wenn die Ernährung richtig ist, wird Medizin nicht gebraucht.«

Redensart

1 × 1 der mediterranen Ernährung

Was wissen wir über richtige Ernährung bei psychischen Erkrankungen? Als ich meine Praxis eröffnet habe, wussten viele Menschen nicht so wirklich, was mit »Ernährungspsychiatrie« gemeint ist. Viele Anrufe, die ich erhielt, hatten folgenden Inhalt: »Frau Doktor, ich habe gehört, Sie machen jetzt was mit Ernährung. Können Sie mir beim Abnehmen helfen?«. Selbstverständlich kann das die Ernährungspsychiatrie auch, aber sie kann weit mehr als das! Das englische Wort »diet« – oft fälschlicherweise mit »Diät« übersetzt – hat eigentlich auch nicht so viel mit dem Abnehmen per se zu tun. »Diet« meint die Ernährungsweise und umfasst das gesamte Essverhalten, also alle von einer Person konsumierten Speisen und Getränke, die Art der Lebensmittel, die Menge und wie häufig diese verzehrt werden. Es wäre also vielleicht passender, von »Ernährung« statt »Diät« zu sprechen. Ernährung ist immer von kulturellen, sozialen, wirtschaftlichen und persönlichen Vorlieben beeinflusst. Es gibt eine Vielzahl von Ernährungsformen: welche, die eher aus gesundheitlichen und gewichtskontrollierenden oder aus ethischen und Lifestyle-Gründen eingehalten werden. Der Begriff »Diät« wird leider auch oft im Zusammenhang mit Modediäten oder vorübergehenden Ernährungsplänen verwendet, die einen schnellen Gewichtsverlust fördern, aber nicht unbedingt auf lange Frist empfehlenswert oder gesund sind.

Wirft man einen Blick auf Diäten, welche einige der 1056 Psychiater, Psychologen und Psychotherapeuten unserer Studie berichteten, zur Behandlung von psychischen Erkrankungen einzusetzen, kommt man definitiv zu folgendem Schluss: Nicht alle davon sind gesund oder empfehlenswert.[53] Die am häufigsten empfohlenen Ernährungsformen waren die Mittelmeerernährung, Ernährung gemäß der nationalen Leitlinien und die kohlenhydratarme Ernährung. Die Glyx-Diät und die vegane Ernährung wurden am wenigsten empfohlen. Auch fanden sich einige »Spezialvorschläge« wie die FDH-Diät (»Friss die Hälfte«), intermittierendes Fasten, Ernährung nach der Traditionellen Chinesischen Medizin, Weglassen von FODMAP (Kurzform von »fermentable oligosaccharides, disaccharides, monosaccharides and polyols« – gefunden in Weizen, Obst, Gemüse und Hülsenfrüchten; eine traditionelle »Auslassdiät« bei Darmerkrankungen), »Blue Zone Diet« und »Chrononutrition« unter den angegebenen Ernährungsvarianten. Die Blue Zone Diet ist eine Ernährungsweise, die von den Essgewohnheiten der Bevölkerungen in den sogenannten »Blue Zones« inspiriert ist. Diese sind Regionen, in denen Menschen überdurchschnittlich langlebig sind. Die Ernährungsform betont pflanzliche Lebensmittel, Hülsenfrüchte, Vollkornprodukte und eine moderate Aufnahme von tierischen Produkten. Chrononutrition bezieht sich auf die Idee, dass nicht nur was, sondern auch wann wir essen, einen großen Einfluss auf unsere Gesundheit haben kann. Diese Ernährungsphilosophie betont die Anpassung unserer Mahlzeiten an unseren natürlichen Rhythmus, um die Stoffwechselaktivität und die Nährstoffaufnahme zu optimieren.

Der Zusammenhang von Ernährung und psychischen Symptomen ist vielen Patienten als auch Mitarbeitern psychiatrischer Gesundheitsberufe noch nicht hinreichend bewusst. Einige meiner Patienten staunten nicht schlecht, als ich erklärte, dass tatsächlich schon der Einsatz von Ernährungsstilen direkt für Menschen mit psychischen Erkrankungen erforscht wurde und Ernährungsinterventionen bereits in manchen Behandlungsleitlinien stehen.[54]

In unserer Studie mit Abstand am häufigsten empfohlen wurde die Mittelmeerernährung, auch »mediterrane Diät« oder Mittelmeerdiät genannt. Dies ist eine Ernährungsform, die Anfang der 60er-Jahre von der Ernährung im Mittelmeerraum inspiriert wurde. Sie gilt als eines der besten Ernährungskonzepte zur Verbesserung der Gesundheit und Langlebigkeit. In den letzten Jahren ist das Wissen über die positiven Auswirkungen der mediterranen Ernährung, vor allem betreffend der Stoffwechsel- und Herzgesundheit, rapide gewachsen. Über diesen Bereich hinaus sind jedoch auch Wirkungen auf die Psyche bekannt.[55] Auf Bevölkerungsebene wird die Einhaltung einer mediterranen Ernährungsweise beispielsweise mit einem geringeren Risiko für psychische Erkrankungen wie Depressionen und Störungen der Konzentration und des Gedächtnisses in Verbindung gebracht. Bei Menschen, die an Depressionen leiden, ist die Umstellung auf eine mediterrane Ernährung eine wirksame Behandlungsstrategie.

Inhaltsstoffe der mediterranen Ernährung

Was genau ist nun die Mittelmeerernährung? Wie setzt sie sich zusammen? Mehr als 20 verschiedene Länder grenzen an das Mittelmeer, darunter Griechenland, Italien, Spanien, Frankreich, Kroatien, der Libanon und mehrere nordafrikanische Länder, die alle eine einzigartige und vielfältige kulinarische Kultur haben. Klassischerweise bezeichnet der Begriff der mediterranen Ernährung die Ernährung der Menschen in den Olivenanbaugebieten in Griechenland und Süditalien während der 1950er- bis 1970er-Jahre. Heutzutage üben die Menschen, die in den oben genannten Ländern leben, leider mehrheitlich keinen mediterranen Ernährungsstil mehr aus; Fast Food und günstige Convenience-Produkte haben längst auch in die Ernährung der Mittelmeerländer Einzug gehalten. Wenn man von mediterraner Ernährung spricht, kommen den meisten meiner Patienten leider Bilder von Tiramisu, von Pizza und Spaghetti in den Sinn. Dabei ist die mediterrane Ernährungsform unendlich spannender und vielfältiger als die typischen Urlaubsgerichte.

Derzeit gibt es mehrere Leitlinien, welche die Grundsätze der mediterranen Ernährung in Form von Lebensmittelpyramiden beschreiben. Die Basis der Pyramide sollte auch die Basis der Ernährung bilden – ballaststoffreiches Obst und Gemüse. Alles an der Spitze soll nur sehr selten verzehrt werden, darunter alle Süßigkeiten, wie zum Beispiel das Tiramisu. Auch wenn es leichte Unterschiede in Bezug auf die spezifischen Mengen gibt, sind die Hauptmerkmale einer mediterranen Ernährung im Großen und Ganzen immer gleich.

Die folgenden Zutaten dürfen bei einer mediterranen Ernährungsweise nicht fehlen: reichlich verschiedenfarbiges Gemüse, Obst und Hülsenfrüchte wie Linsen und Bohnen.[56] Wichtig ist ebenso ein Anteil an Vollkorngetreide, Nüssen und Samen. Milchprodukte, Fisch, Geflügel und Eier sollen in mäßigen Mengen verzehrt werden, während rotes Fleisch und Süßigkeiten nur gelegentlich konsumiert werden sollten. Eine weitere Besonderheit ist der Rotwein, der regelmäßig in kleinen Mengen und – wohlgemerkt – nur zu den Mahlzeiten getrunken wird. Dies wird vor allem wegen des Gehalts an Polyphenolen, insbesondere dem Resveratrol, für die Herzgesundheit empfohlen. Die Fettkomponente der mediterranen Ernährung in Form von Olivenöl ist ebenfalls wichtig. Während gesättigte Fette und besonders Transfette als ungesund gelten, haben ungesättigte Fette anerkanntermaßen viele gesundheitliche Vorteile.

Exkurs: Ölwechsel in der Küche

Olivenöl ist mit seinen einfach ungesättigten Fettsäuren die wichtigste Fettquelle der mediterranen Ernährung und gehört auch unbedingt in Ihren Speiseplan und in Ihre Vorratskammer. Wichtig dabei ist, dass Sie auf sogenanntes »natives« Olivenöl achten, welches kalt gepresst sein soll. Wenn »extra« bei einem nativen Olivenöl auf der Flasche steht, bezieht sich das auf dessen Qualitätsstufe. »Extra« steht hierbei für »extra nativ«. Dieses wird aus frischen Oliven mechanisch gepresst, nicht chemisch behandelt oder raffiniert und hat einen niedrigen Säuregehalt. Öffnen Sie gerne mal Ihre Flasche Olivenöl und riechen Sie daran! Ein gutes Olivenöl hat einen intensiven Geschmack und ein Aroma von frischen Oliven, eines mit sehr hohem Gehalt an Polyphenolen schmeckt sogar leicht scharf. Olivenöl sollte immer in einer dunklen Glasflasche aufbewahrt werden, da Licht sich negativ auf den Nährstoffgehalt auswirkt. Olivenöl »extra nativ« ist eine reichhaltige Quelle an einfach ungesättigten Fettsäuren (monounsaturated fatty acids – auch MUFAs genannt), während Nüsse und Fisch reichlich Omega-3-Fettsäuren, also mehrfach ungesättigte Fettsäuren (polyunsaturated fatty acids – PUFAs), enthalten.

Ein wichtiges Merkmal der mediterranen Ernährung im Hinblick auf die Fettaufnahme ist auch das relative Verhältnis von Omega-3- zu Omega-6-Fettsäuren, auf das wir kurz unser Augenmerk richten wollen. Die westliche Ernährung weist im Allgemeinen einen viel zu hohen Anteil an Omega-6-Fettsäuren auf, da diese in billigen Pflanzenölen wie Sonnenblumenöl und Maisöl häufig vorkommen. Diese Öle werden häufig verarbeiteten Lebensmitteln zugesetzt. Ein unausgewogenes Verhältnis von Omega-3 zu Omega-6 gilt als ungünstig für die Gesundheit. Das ideale Verhältnis von Omega-6 zu Omega-3-Fettsäuren wird in der Fachwelt vielfach diskutiert. Die meisten Ernährungsexperten empfehlen ein Verhältnis von ungefähr 5:1 oder niedriger.[57] In der heutigen typischen westlichen Ernährung wird das Verhältnis jedoch oft mit sogar 20:1 oder noch höher angegeben. Industriell verarbeitete Lebensmittel und Pflanzenöle sind eben reich an Omega-6-Fettsäuren. Ist ein zu hoher Omega-6-Anteil vorhanden, so triggert dies Entzündungen. Was Entzündungen mit der Psyche machen, haben Sie schon im letzten Kapitel erfahren. Besser sind hier Omega-3-Fettsäuren – sie halten Entzündungen in Schach. Der Fettsäurestatus (Omega-3-Index) kann in der Membran der roten Blutkörperchen gemessen werden, ideal wären Werte über 8 Prozent. Leider schaffen dies die wenigsten Menschen. Bislang habe ich erst bei einem Patienten in der Praxis einen Omega-3-Index von 11 Prozent gemessen – und das, nachdem er jahrelang Fischöl auf seinen Salat gab.

Folgende Maßnahmen können Sie ergreifen, um Omega-3 zu erhöhen und Omega-6 zu senken:

- Olivenöl und Leinöl statt Sonnenblumenöl, Maisöl oder Distelöl verwenden.
- Steigerung des Verzehrs von fettem Fisch, Leinsamen und Walnüssen.
- Stark verarbeitete Lebensmittel meiden.

Das Ganze ist mehr als die Summe seiner Teile!

Eine mediterrane Ernährung sorgt für eine ausreichende Zufuhr von Nährstoffen.[58] Sie hat gleichzeitig entzündungshemmende, antioxidative sowie das Mikrobiom und das Immunsystem beeinflussende Funktionen.[59] Aber was genau in der mediterranen Ernährung macht diese Effekte aus? Reicht es vielleicht, nur ein Lebensmittel zu essen, das gezielt gegen psychische Erkrankungen wirkt? Zerlegen wir die mediterrane Ernährung in ihre einzelnen Bestandteile, so gibt es kein einzelnes Lebensmittel und keinen einzigen Nährstoff, welcher für die Gesamtwirkung auf die Psyche verantwortlich ist. Der Ausspruch von Aristoteles im 4. Jahrhundert vor Christus – »Das Ganze ist mehr als die Summe seiner Teile« – beschreibt gut die Wirkweise der mediterranen Ernährung. Wir müssen den gesamten Ernährungsstil sehen, um die Bedeutung der gesundheitlichen Wirkungen zu verstehen.[60] Ernährungsempfehlungen der Fachgesellschaften und Ernährungsempfehlungen der einzelnen Länder unterliegen immer wieder Änderungen und Updates. Die Grundlagen der mediterranen Ernährung sind aber schon seit Jahrhunderten gleich und können deshalb als verlässliche Richtschnur dienen. Die wichtigsten Merkmale der mediterranen Ernährung zeigt Ihnen Tabelle 1.

Ernährungsempfehlungen für mediterrane Ernährung

Lebensmittelkategorie	Empfehlungen
Obst und Gemüse	Täglicher Verzehr von Obst und Gemüse. Mindestens 2–3 Portionen Obst und Gemüse pro Tag.
Getreide	Bevorzugen Sie Vollkornprodukte und -getreide wie Vollkornbrot, Vollkornnudeln, braunen Reis, Haferflocken oder Quinoa.
Hülsenfrüchte	Regelmäßiger Verzehr von Hülsenfrüchten wie Bohnen, Linsen oder Kichererbsen als Protein- und Ballaststoffquelle.
Nüsse und Samen	Täglicher Verzehr von Nüssen und Samen wie Mandeln, Walnüssen, Leinsamen oder Chiasamen als Quelle für gesunde Fette und Proteine.
Fisch und Meeresfrüchte	Mindestens 2 Portionen Fisch pro Woche, vorzugsweise fettreiche Sorten wie Lachs, Makrele, Sardinen oder Thunfisch.
Geflügel und Eier	Mäßiger Verzehr von Geflügel (Huhn, Pute) und Eiern.
Milchprodukte	Mäßiger Verzehr von fettarmen Milchprodukten wie Joghurt und Käse.
Olivenöl	Verwendung von extra nativem Olivenöl als Hauptfettquelle für die Zubereitung von Speisen und Dressings.
Rotes Fleisch	Begrenzter Verzehr von rotem Fleisch wie Rind, Schwein und Lamm.
Süßigkeiten	Begrenzter Verzehr von zuckerhaltigen Lebensmitteln und Süßigkeiten. Gelegentliches Naschen ist erlaubt.
Alkohol	Mäßiger Konsum von Wein während der Mahlzeiten (1–2 Gläser pro Tag für Männer, 1 Glas pro Tag für Frauen)
Wasser	Ausreichender Verzehr von Wasser als primäre Getränkequelle. Mindestens 6–8 Gläser Wasser pro Tag.
Obst und Gemüse	Täglicher Verzehr von Obst und Gemüse. Mindestens 2–3 Portionen Obst und Gemüse pro Tag.

Tabelle 1: Ernährungsempfehlungen für mediterrane Ernährung.[61]

Mediterrane Ernährung und Psyche

Welche Belege gibt es nun dafür, dass die mediterrane Ernährung der psychischen Gesundheit förderlich ist? Und vor allem: Wirkt sie direkt auf die Psyche? Kann man sie nicht nur zur Vorbeugung, sondern auch zur Behandlung von psychischen Erkrankungen empfehlen? In den letzten Jahrzehnten war die mediterrane Ernährung Gegenstand zahlreicher internationaler Studien. Sie wurde mit einem geringeren Risiko für viele chronische Krankheiten in Verbindung gebracht, darunter Typ-2-Diabetes, Herz-Kreislauf-Erkrankungen und Krebs. Das Interesse an dem Potenzial der mediterranen Ernährung zur Verbesserung der psychischen Gesundheit wurde durch die bahnbrechende PREDIMED-Studie (»Prevención con Dieta Mediterránea«) geweckt, eine große spanische multizentrische Studie zur Untersuchung der mediterranen Ernährung für die Herz-Kreislauf-Gesundheit.[62] Primär war man in dieser Studie gar nicht an einer Verbesserung der psychischen Gesundheit interessiert. Als man sich jedoch die Daten dann genauer anschaute, wurden die Wissenschaftler auf ein geringeres Depressionsrisiko aufmerksam, und das ganz besonders für Patienten, die an Typ-2-Diabetes litten.[63]

In den letzten Jahren wurde aufbauend auf der PREDIMED-Studie eine Reihe von sogenannten Querschnitts- oder Kohortenstudien durchgeführt, um einen möglichen Zusammenhang zwischen der Ernährung und der Psyche zu untersuchen. Wenn man Studien anschaut, muss man sich immer auch überlegen, welchen Evidenzgrad diese haben, also wie sehr man den Ergebnissen vertrauen kann. Die höchste Evidenz haben sogenannte Metaanalysen, also Arbeiten, wobei die Ergebnisse mehrerer hochqualitativer Studien dargestellt und zusammengefasst sind. Den niedrigsten Evidenzgrad hat die sogenannte »Expertenmeinung«, sie zählt insgesamt am wenigsten, wenn sie nicht durch andere Studien untermauert ist. Mittlerweile gibt es – auf der höchsten Stufe der Evidenz – Metaanalysen, welche solide Belege dafür liefern, dass eine gesunde Ernährung, einschließlich der mediterranen Ernährung und traditioneller Ernährungsstile, einen Vorteil für die psychische Gesundheit bringen.[64,65,66,67]

Ist Ernährungsumstellung auf mediterran nicht teuer?

Gerade bei den steigenden Lebensmittelpreisen in Europa denken viele meiner Patienten, dass die tägliche Umsetzung einer mediterranen Ernährung im Alltag sehr teuer ist – aber das muss gar nicht sein. Tatsächlich zeigte eine Kostenanalyse, dass die wöchentlichen Kosten einer mediterranen Ernährung günstiger waren als die Lebensmittelkosten, welche die Teilnehmer der Studie vor der Ernährungsumstellung hatten.[68]

Wie und warum wirkt die mediterrane Ernährung?

Schon Hippokrates gab seinen Patienten, welche an der Melancholie – der sogenannten »Schwarzgalligkeit«, dem damaligen Ausdruck für Depressionen – litten, den Rat, möglichst gemüsereich zu essen, sich selten zu waschen und nach Möglichkeit nackt durch die Wälder zu laufen. Zugegebenermaßen sind diese Ratschläge nur zum Teil in unsere heutige Zeit übertragbar – und gewiss hätten wir viel in der Ambulanz zu tun, wenn alle plötzlich nackt durch die Wälder laufen würden. Als sehr wirksam kann jedoch, wie wir oben gesehen haben, die mediterrane Ernährung angesehen werden. Der Aufenthalt in Wäldern und in der Sonne wirkt sich ebenso positiv auf die Stimmung aus.

Die mediterrane Ernährung wurde inzwischen in vielen verschiedenen Ländern und Bereichen untersucht und wird durchweg mit gesundheitlichen Verbesserungen in Verbindung gebracht. Zahlreiche biologische Mechanismen scheinen daran beteiligt zu sein. Die Regulation von Entzündungsmechanismen spielt zweifellos eine Rolle, ebenso wie ernährungsbedingte Veränderungen in der Darmflora. Eine mediterrane Ernährung kann zu Veränderungen in der Herstellung des Nervenbotenstoffes Serotonin beitragen, indem sie Entzündungen vermindert, über die Darm-Gehirn-Achse den Vagusnerv beeinflusst und die Cortisol-vermittelte Stressreaktion bremst. Einen weiteren wichtigen Faktor, welchen die mediterrane Ernährung steigert, ist der sogenannte »Brain-Derived Neurotrophic Factor« (BDNF). Durch BDNF kommt es zum Aussprossen von Nervenzellen und zur Ausbildung von Verbindungen zwischen den Neuronen. Dies ist besonders für die Lern- und Gedächtnisprozesse von großer Bedeutung!

Oxidativer Stress und mediterrane Ernährung

Oxidation ist ein allgegenwärtiger Prozess in allen menschlichen Zellen. Sicher haben Sie schon einmal in der Natur beobachtet, wie etwas oxidiert. Um Oxidation live zu sehen, könnten Sie einmal ein kleines Experiment durchführen: Schneiden Sie einen Apfel in zwei Hälften – auf die eine Hälfte träufeln Sie etwas Zitronensaft, die andere Hälfte lassen Sie frei. Nun warten Sie etwas ab. Sie werden nach einer Weile feststellen, dass die Seite ohne Zitronensaft eine bräunliche Verfärbung aufweist: Sie ist oxidiert. Der Zitronensaft hat dieser Verfärbung vorgebeugt. Vitamin C wirkt also antioxidativ. Auch in unserem Körper führt Oxidation zur Bildung von freien Radikalen, welche durch Antioxidantien wie Vitamin C wieder neutralisiert werden können. Oxidativer Stress entsteht, wenn ein Ungleichgewicht zwischen der Produktion freier Radikale und dem Angebot an Antioxidantien besteht. Obwohl oxidativer Stress eine wichtige Rolle im Körper spielt, wird angenommen, dass er, wenn er zu lange andauert, zu einer Vielzahl von Krankheitsprozessen beiträgt. Es gibt zum Beispiel eindeutige Hinweise darauf, dass bei depressiven Patienten der Gehalt an Antioxidantien niedriger und der Gehalt an freien Radikalen im Blut höher ist.[69] Bei Menschen mit bipolaren Erkrankungen und Schizophrenie scheint die antioxidative Leistung ebenso weniger vorhanden zu sein.[70,71]

In der mediterranen Ernährung finden sich eine Reihe von antioxidativ wirksamen Substanzen. Pflanzliche Lebensmittel sind im Gegensatz zu tierischen Lebensmitteln äußerst reich an Antioxidantien. Antioxidantien sind Teamplayer. Vitamin C zum Beispiel kann Vitamin E regenerieren. Vitamin E oder Vitamin C einzeln zuzuführen hätte wenig Sinn. Deshalb ist es wichtig, nicht nur ein Lebensmittel mit hohem Antioxidantiengehalt, sondern eine bunte Mischung aus Gemüse, Obst, Nüssen, Samen zu genießen, um möglichst viele Vorteile aus verschiedenen Antioxidantien zu ziehen.

Mediterrane Ernährung und das Darmmikrobiom

Die Einhaltung einer mediterranen Ernährungsweise verbessert die Darmflora maßgeblich. Dies zeigte eine große, multizentrische, europäische Studie, welche Auswirkungen einer einjährigen mediterranen Ernährung auf die Darmflora bei 612 älteren Menschen untersuchte.[72] Mediterrane Ernährung führte zu weitreichenden Veränderungen des Mikrobioms, gleichzeitig zu verminderter Gebrechlichkeit und zu niedrigeren Entzündungswerten.

Ein interessantes Ergebnis ist, dass eine mediterrane Ernährung, auch wenn sie in mehreren europäischen Ländern angewendet wurde, immer ähnliche Effekte auf das Darmmikrobiom hatte.[73] Noch ermutigender ist die Tatsache, dass eine andere Studie, die ebenfalls eine mediterrane Ernährung bei gesunden übergewichtigen Probanden einsetzte, ähnliche Ergebnisse berichtete, nämlich eine Zunahme von *Roseburia* und einem sehr wichtigen Darmkeim: *Faecalibacterium prausnitzii*.[74] Schauen wir uns nun *F. prausnitzii* näher an. Dieser Darmkeim ist bei verschiedenen Erkrankungen häufig in geringerer Zahl vorhanden.[65] Je mehr von diesem Bakterium vorhanden ist, umso höher ist auch die Lebensqualität.[75] *F. prausnitzii* gilt als einer der Hauptproduzenten von Postbiotika, nämlich speziell dem *Butyrat*. Dieses schützt und ernährt nicht nur die Darmschleimhaut, sondern weist auch eine entzündungshemmende Wirkung auf. Es wäre jedoch zu einfach, wenn man *F. prausnitzii* einfach so als Probiotikum einnehmen wollte. Das Bakterium reagiert extrem sensibel auf Sauerstoff und kann deshalb leider nur schwer industriell hergestellt werden. Aus diesem Grund werden Präbiotika verwendet, um das Vorkommen von *F. prausnitzii* im Darm zu steigern. Beispiele hierfür wären das Alginat, eine natürliche Substanz, welche – wie der Name schon sagt – aus Algen gewonnen wird[76], oder komplexe Ballaststoffe wie Inulin (in Zwiebeln, Topinambur, Chicorée oder Artischocken).[77] Auch Fasten kann das Vorkommen von *F. prausnitzii* steigern.[78] Vor diesem Hintergrund wird klar: Ein bedeutender Wirkmechanismus der mediterranen Ernährung ist die Wiederherstellung der Gesundheit des Darmmikrobioms und die gezielte Förderung von gesunden Darmbakterien, welche bei psychischen Erkrankungen oft deutlich in der Unterzahl sind.

Ernährung und Gene

Haben Sie schon einmal vom Begriff der »Epigenetik« gehört? Jedes unserer Gene hat gewisse »Schalter«, ähnlich wie die Lichtschalter in Ihrem Zuhause. Sie können bestimmen, wo das Licht eingeschaltet ist und wo Sie es ausknipsen. Wenn ein Gen angeknipst ist, ist das Gen aktiv oder »exprimiert«, der Vorgang selbst heißt »Gen-Expression«. Umweltfaktoren wie Ernährung können Gene an- und ausschalten und so zu unterschiedlicher Erscheinung und unterschiedlichen Verhaltensweisen führen. Durch die Epigenetik ist es deshalb auch erklärbar, dass selbst eineiige Zwillinge manchmal nicht dieselben Stärken und Schwächen haben.

Ein Prozess der epigenetischen Regulation ist die DNA-Methylierung. Bei diesem Prozess werden Methylgruppen an die DNA gehängt, um Gene auszuknipsen, Schäden zu reparieren sowie den Hormon- und Neurotransmitterhaushalt zu steuern. Wenn Ihnen jemand nicht glaubt, wie stark der Einfluss der Ernährung auf die Gene sein kann, können Sie die Geschichte von den Bienen erzählen: Bei Bienen bestimmt die Ernährung in extremem Ausmaß, welche Gene aktiviert werden. Wenn eine Biene eine spezielle Nahrung erhält (Gelée royal), entwickelt sie sich zu einer Königin, sonst wird sie zu einer unfruchtbaren Arbeiterin.[79] Die Chemie hinter der Herstellung von Methylgruppen für die epigenetische Regulation ist gut bekannt und von vielen Co-Faktoren abhängig, die reichlich in der mediterranen Ernährung enthalten sind[80]: Dies wären Zink, Folat, Vitamin B_2, Vitamin B_6 und Vitamin B_{12} – allesamt auch wichtig für die Herstellung von Nervenbotenstoffen! Ohne Nährstoffe kann Epigenetik also nicht richtig ablaufen.

Praktische Hinweise

Für eine Reihe von Gesundheitsproblemen werden verschiedene ganzheitliche Ernährungsmuster untersucht, darunter glutenfreie, ketogene und vegetarische Diäten sowie alternative Ernährungsstrategien wie das intermittierende Fasten.

Obwohl diese Ansätze sehr interessant sind, verfügt keiner von ihnen derzeit über die solide Evidenzbasis der mediterranen Ernährung für die psychische Gesundheit. Eine wichtige Überlegung ist auch immer, ob man selbst dazu in der Lage und bereit ist, eine Ernährungsänderung vorzunehmen und dann vor allem auch beizubehalten. Besonders schwierig können herausfordernde Spezialdiäten sein, gerade wenn eine psychische Erkrankung vorliegt. Schon Margret Mead meinte: »Es ist einfacher, die Religion eines Menschen zu ändern, als seine Ernährung.«

Bei der ketogenen Diät zum Beispiel, einer Ernährung mit extrem reduziertem Kohlenhydratanteil, ist dies mitunter besonders schwierig. Zwar gibt es erste Hinweise darauf, dass die ketogene Diät einen gewissen therapeutischen Wert bei psychischen Erkrankungen (besonders der bipolaren Erkrankung) haben könnte, doch ist diese Diät nur schwer durchzuhalten, sodass sie wahrscheinlich nur von hoch motivierten Personen angewendet werden kann. Im Gegensatz dazu ist die mediterrane Ernährung abwechslungsreicher, ballaststoffreicher und weitaus weniger einschränkend, sodass sie auf lange Sicht größere Erfolgschancen haben könnte. Es ist möglich, die Grundsätze der Mittelmeerernährung schrittweise in die bestehende Ernährung zu integrieren, was Raum für Flexibilität und eine individuelle Anpassung lässt.

Die Mittelmeerdiät wird mit einer verbesserten Stoffwechselgesundheit in Verbindung gebracht. Jedoch kann die erhöhte Fettaufnahme durch Olivenöl und Nüsse für manche Personen, die eine Gewichtszunahme befürchten, zuerst abschreckend wirken. Tatsächlich ist oft das Gegenteil der Fall. Außerdem bedeutet die Betonung von Getreide, Obst und Gemüse, dass manche Mahlzeiten recht kohlenhydratreich sein können, was für Patienten mit Zuckerkrankheit eine gewisse Anpassung erforderlich machen kann. Die Mittelmeerdiät ist zwar auch für Menschen mit Diabetes geeignet, aber es kann sinnvoll sein, zusätzlich eine Ernährungsberatung aufzusuchen, um die Besonderheiten der Ernährung im Detail zu besprechen.

Die Umstellung auf eine mediterrane Ernährung kann für viele Menschen bedeuten, weniger Milchprodukte zu essen, was zu einer geringeren Kalziumaufnahme führen könnte. Es wurde sogar von einigen Autoren vorgeschlagen, die mediterrane Ernährung durch zusätzliche Milchprodukte zu ergänzen, um den empfohlenen Kalziumbedarf zu decken.[81] Jeder Arzt kann den Kalziumspiegel jedoch leicht überwachen und bei Bedarf eine Kalziumergänzung oder kalziumreiche Lebensmittel wie Hülsenfrüchte, Samen und Nüsse, fermentierte Milchprodukte wie Joghurt, grünes Gemüse sowie kalziumreiches Mineralwasser empfehlen. Von exzessivem Milchkonsum oder Konsum von Milchprodukten zur Deckung des Kalziumbedarfes würde ich eher abraten. Milch wurde dazu gemacht, ein Neugeborenes zu ernähren, bis sich der Magen-Darm-Trakt ausreichend entwickelt hat, um feste Nahrung aufzunehmen. Sie ist voll mit komplexen Hormonen, die teilweise nicht in anderen Lebensmitteln gefunden werden können. Keine anderen Säugetiere außer den Menschen trinken Milch, nachdem das Erwachsenenalter erreicht wurde. Bei einigen Krebserkrankungen, wie Brust- oder Prostatakrebs, sollte zudem mit Milchprodukten besonders vorsichtig umgegangen werden.[82,83]

Schließlich könnte der regelmäßige Weinkonsum, welcher in der mediterranen Ernährung zum Tragen kommt, für viele Menschen nicht geeignet sein. Es wird also bei jedem Ernährungsstil notwendig sein, diesen an die persönlichen und individuellen Bedürfnisse anzupassen. Genauso können Sie mit diesem Buch verfahren: Seien Sie offen und probieren Sie Neues aus, aber passen Sie die Rezepte auch an Ihre persönlichen Bedürfnisse an. Etwas, was für eine Person passt, kann für eine andere falsch sein. Der Einfluss der Ernährung auf das Mikrobiom hängt auch immer vom Mikrobiom ab, welches schon vorhanden ist. Also: Achten Sie auf Ihr Bauchgefühl. Und gewiss: Jede Veränderung braucht Zeit.

Mediterrane Ernährung »plus«: die »psychobiotische« Ernährung

Eine besondere Weiterentwicklung der mediterranen Ernährung ist die psychobiotische Ernährung, welche speziell entwickelt wurde, um das Darmmikrobiom aufzubauen und die Therapie bei psychischen Erkrankungen zu unterstützen. In den letzten Kapiteln haben Sie schon erfahren, was ein Psychobiotikum ist und welche Nahrungsmittel als Psychobiotika gelten. Was macht nun die psychobiotische Ernährung aus? Hier werden insbesondere Synbiotika, also Nahrungsmittel, die sowohl Präbiotika als auch Probiotika enthalten, zum Ernährungsstil hinzugefügt. Die Stars, die im Mittelpunkt dieser Ernährungsweise stehen, sind jene, von denen wir wissen, dass sie einen Einfluss auf die Mikrobiota haben: Vollkornprodukte, Gemüse und Obst, reich an Ballaststoffen, fermentierte Lebensmittel (wie Sauerkaut, fermentiertes Gemüse, Kefir und Kimchi) sowie Hülsenfrüchte.

Ein kurzes Wort zu den Hülsenfrüchten: Sie gelten als Powernahrung für den Darm aufgrund der Ballaststoffe, enthalten jedoch auch jede Menge sogenannter »Antinährstoffe« wie Phytinsäure und Lektine. Wie der Name schon sagt, hindern Antinährstoffe den Körper daran, Nährstoffe (wie Kalzium, Eisen oder Zink) aufzunehmen. Wie Gluten können Lektine zudem die Darmwand durchlässiger machen.[84] Langes Einweichen von Hülsenfrüchten kann den Gehalt dieser Antinährstoffe effektiv mindern. Werden Hülsenfrüchte zudem mit Algen (zum Beispiel der Kombu-Alge) kombiniert, so sind beide für den Körper besser bioverfügbar.

Eine Studie aus Irland, dem Heimatland des Erstbeschreibers der Psychobiotika, fand Folgendes heraus: 45 Personen erhielten entweder eine psychobiotische Ernährung oder ihre normale Ernährung über vier Wochen. Durch die Ernährungsumstellung war ein deutlicher Rückgang des Stressniveaus zu verzeichnen (32 Prozent in der Ernährungsgruppe und 17 Prozent in der Kontrollgruppe). Je besser die neue Ernährungsweise eingehalten werden konnte, umso deutlicher war der Rückgang des Stressempfindens. Über diese kurze Zeit der Ernährungsumstellung kam es zu messbaren Veränderungen des Tryptophanstoffwechsels, dem Vorläufer des wichtigen Nervenbotenstoffes Serotonin und des Schlafhormons Melatonin.[85]

Werfen Sie mal einen Blick auf die Ernährungsempfehlungen, welche die Probanden in dieser Studie bekamen – Sie werden gewiss die mediterrane Ernährung darin wiedererkennen!

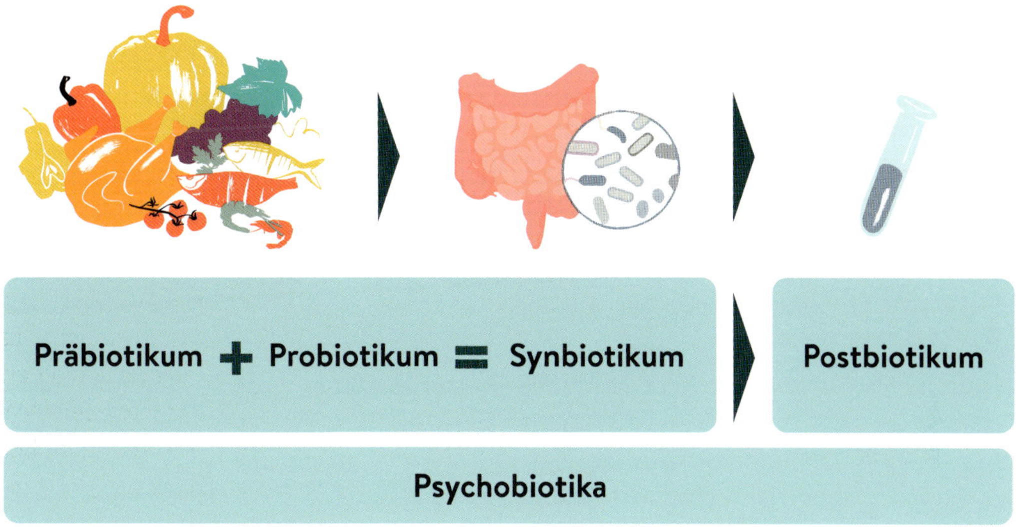

Abbildung 3: Psychobiotische Ernährungspyramide

Ernährungsempfehlungen der psychobiotischen Ernährung
Versuchen Sie, täglich 3 Portionen Obst und 6 Portionen Gemüse zu essen (dazu zählen beispielsweise: Äpfel, Bananen, Beeren, Pfirsiche, Zwiebeln, Kohl, Lauch, Spargel, Knoblauch, Karotten, Süßkartoffeln, Paprikaschoten und Artischocken).
Essen Sie einen ganzen Apfel oder schneiden Sie ihn in Scheiben. Essen Sie ihn mit Ihrem Müsli oder Haferflocken. Er ist auch eine gute Ergänzung zu Smoothies mit anderen Früchten. Sie können zum Beispiel etwas Kefir und Früchte in einen Mixer geben und einen Smoothie mit vielen Präbiotika herstellen.
Im Ofen geröstetes Gemüse ist einfach zuzubereiten. Sie können auch etwas frischen Knoblauch hinzufügen, der den Geschmack verbessert und zusätzliche Präbiotika liefert.
Verzehren Sie Vollkorn anstelle von raffiniertem Getreide (wie Weißbrot).
Streuen Sie Chia-Samen oder Leinsamen über Ihren Salat, in Ihr Joghurt oder in Ihre Haferflocken. Sie können auch einige Beeren hinzufügen, um den Geschmack zu verbessern.
Wenn Ihnen Kefir zu säuerlich ist, können Sie einen Smoothie herstellen, indem Sie etwas Obst und Gewürze wie Zimt oder etwas Kakao hinzufügen.
Quinoa, Gerste und Kichererbsen sind eine tolle Ergänzung für Salate. Hier können Sie Zwiebeln und anderes Gemüse hinzufügen, um den Geschmack zu verbessern und haben somit mehr Präbiotika in Ihrer Mahlzeit.

Ernährungsempfehlungen der psychobiotischen Ernährung
Quinoa und Kichererbsen müssen vor der Verwendung gekocht werden. Sie können Kichererbsen aber auch in Dosen kaufen und diese dann gleich verwenden, ohne sie vorher zu kochen.
Anstelle von Kichererbsen können Sie auch Hummus (Kichererbsenpüree mit Olivenöl) essen. Kombinieren Sie Hummus mit Crackern, welche aus Vollkorn oder Quinoa oder anderem Getreide bestehen.
Nüsse: Eine Handvoll Nüsse ist ein toller Snack für zwischendurch.
Kombucha ist fermentierter schwarzer oder grüner Tee. Sie können ihn zu einer Mahlzeit genießen oder als Getränk für zwischendurch.
Sauerkraut kann auf verschiedene Weise verwendet werden. Fügen Sie es Suppen, Aufläufen, Sandwiches hinzu oder genießen Sie es einfach mit Kartoffelpüree.
Lauch und Kraut: Eine köstliche Art, Lauch und Kohl zu genießen, ist die Zubereitung von Pfannengerichten. Sie können auch Zwiebeln und Knoblauch hinzufügen, um den Geschmack zu verstärken.

Tabelle 2: Ernährungsempfehlungen der psychobiotischen Ernährung.[86]

Vegetarisch? Vegan?

Viele Menschen ernähren sich heutzutage vegetarisch und vegan. Kurz zur Definition: Veganer ernähren sich exklusiv pflanzenbasiert und konsumieren keinerlei tierische Produkte. Bei Vegetariern unterscheidet man die Ovo-Vegetarier (sie essen Eier), Laktovegetarier (sie essen Milchprodukte), Ovo-Lakto-Vegetarier (sie essen Eier und Milchprodukte) und Ovo-Lakto-Pesce-Vegetarier (sie essen Eier, Milchprodukte und Fisch). Einige Menschen ernähren sich vegetarisch oder vegan aus Gründen des Tierwohls, einige zum Klimaschutz, andere aus religiösen Gründen. Daran ist auch nichts auszusetzen. Aber ist ein vegetarischer oder veganer Ernährungsstil langfristig förderlich für die psychische Gesundheit? Fest steht, Veganer und Vegetarier konsumieren eine pflanzenbasierte Kost, reich an vielen wichtigen Nährstoffen. Ein großes Manko ist jedoch die Zufuhr von B-Vitaminen – vor allem von Vitamin B_{12}. Vitamin B_{12} kommt primär in tierischen Nahrungsmitteln und Bakterien vor und jene Mengen, die der Körper brauchen würde, können durch pflanzliche Kost nicht gedeckt werden. Viele Vegetarier und Veganer fügen ihren Gerichten Algen hinzu, um den B_{12}-Wert aufzubessern, denn Algen enthalten tatsächlich als pflanzliches Lebensmittel B_{12}. Aber Vorsicht! Während Chlorella die aktive Form von B_{12} enthält, hat die Spirulina-Alge eine Form von B_{12}, die vom Körper nicht genutzt werden kann.[87] Als gesundheitsförderlich gelten etwa 5 Gramm Algen pro Tag. Kombu- und Wakame-Algen sind zudem besonders jodhaltig. Ein Mangel an B-Vitaminen, insbesondere von B_{12}, gilt als eine sehr häufige übersehene Ursache von psychischen Erkrankungen.

Auch sehe ich in meiner Praxis sehr oft Veganer und Vegetarier mit ausgeprägten Mängeln an Eisen, Omega-3-Fettsäuren und Vitamin D, seltener auch Selen, Vitamin A, Zink und Jod. Bezüglich Omega-3-Fettsäuren kann auf Leinöl (reich an Alpha-Linolensäure, ALA) zurückgegriffen werden (das jedoch, abhängig von der sonstigen Nährstoffversorgung, oft nur zu einem kleinen Teil in Omega-3-Fettsäuren umgewandelt werden kann) oder auf Algenöl. Als zielführend für die Depressionsbehandlung hat sich Fischöl, reich an Eicosapentaensäure (EPA), erwiesen. Alle Algenöle, die ich kenne, haben leider einen deutlich höheren Docosahexaensäure-Anteil (DHA), sodass man zur Depressionsbehandlung eine größere Menge verwenden muss. Bei vegetarischer Ernährung sollten gewisse Nahrungsmittel reich an ALA in größeren Mengen verzehrt werden. Dazu gehören Leinsamen, Hanfsamen, Walnüsse und Sojaprodukte. Eisen aus pflanzlichen Quellen wird leider deutlich schlechter aufgenommen als tierisches Eisen. Pflanzliche Eisenquellen wären: Kürbiskerne, Haferflocken, Amaranth und Quinoa. Entscheidet man sich dafür, sich vegetarisch oder vegan zu ernähren, sollte man kritische Nährstoffe messen lassen und sich bei Bedarf Unterstützung von einer Ernährungsfachkraft holen.

Die Studienlage bezüglich vegetarischem Ernährungsstil und psychischen Erkrankung ist gemischt. Eine neuere Analyse des Ernährungsverhaltens von insgesamt 17 809 Personen konnte aufzeigen, dass Veganer und Vegetarier ein erhöhtes Risiko für Depressionen zu haben scheinen, aber weniger ängstlich sind als Menschen, die alles essen.[88] Als Wissenschaftlerin, Ernährungsmedizinerin und Psychiaterin kann ich an dieser Stelle also nicht für eine vegane oder vegetarische Ernährung bei Menschen mit psychischen Erkrankungen plädieren. Klar – in unserer Welt wird viel zu viel Fleisch gegessen, das Beste für die Gehirngesundheit dürfte es jedoch sein, weder zu viel noch zu wenig Fleisch zu essen. Felice Jacka, eine australische Forscherin, stieß in ihrer Studie damals auf eine interessante Tendenz: Frauen, die viel Fleisch aßen, neigten zu Depressionen – aber auch Frauen, die weniger als die empfohlenen Mengen konsumierten! Ca. 900 Gramm mageres, rotes Fleisch pro Woche können demnach sehr förderlich für die psychische Gesundheit sein.[89] Deshalb finden Sie im Rezeptteil sowohl vegetarische als auch vegane Kreationen, aber auch Rezepte mit Fleisch oder Fisch.

Exkurs: Ultra-verarbeitete Lebensmittel

Hochverarbeitete Lebensmittel (Ultra-processed-Foods – UPFs, auch als Junkfood oder Fast Food bezeichnet) sind Teil einer typisch westlichen Ernährung. Sie befeuern Entzündungen und können das Risiko für psychische Erkrankungen deutlich erhöhen.[90,91] Die nachfolgende Tabelle gibt einen Überblick über die Verarbeitungsgrade von Lebensmitteln. Die mediterrane Ernährung besteht hauptsächlich aus Lebensmitteln der Gruppe 1 und 2, welche Sie bevorzugt essen sollten.

Lebensmittelgruppe und Definition	Beispiele
Gruppe 1:	
Als unverarbeitete Lebensmittel werden Lebensmittel pflanzlichen und tierischen Ursprungs bezeichnet (z.B. Nüsse, Samen, Wurzeln, Eier, Fleisch, Milch), welche kurz nach der Gewinnung verzehrt werden. Keine Stoffe sind künstlich hinzugefügt worden oder die Lebensmittel wurden nur minimal bearbeitet bzw. verarbeitet (z.B. gewaschen, entkernt, geschält, gerieben, enthäutet, gekühlt, abgefüllt, zerlegt oder filetiert)	Gemüse und Obst, Getreide, Reis, Bohnen, Hülsenfrüchte, Wurzeln, Pilze, Knollen, frische Fruchtsäfte, ungesalzene Nüsse und Samen, frisches Fleisch, Fisch, Meeresfrüchte, Vollmilch, Joghurt, fermentierte Produkte, Tee, Kaffee, Quellwasser, Mineralwasser
Gruppe 2:	
Nahrungsmittel, die industriell gewonnen wurden (z.B. Salz) oder durch Pressen (z.B. Öle) oder Pulverisieren (auch mit Zugabe von Stabilisierungs- oder Aufbereitungsmitteln) hergestellt wurden.	Pflanzliche Öle, tierische Fette, Zucker und Sirup, Mehl, ungekochte »rohe« Teigwaren aus Mehl und Wasser, Salz
Gruppe 3:	
Verarbeitete Nahrungsmittel wurden mit Zugabe von Öl, Zucker oder Salz aufbereitet, um sie haltbar oder schmackhafter zu machen. Diese Lebensmittel werden als Teil von Mahlzeiten oder Gerichten hergestellt und gelten als Ersatz für frisch zubereitete Gerichte (z.B. abgefüllte Nahrungsmittel mit Öl, Zucker, Sirup, Salz oder Konserviertes durch Räuchern oder Pökeln)	In Lake eingelegtes Gemüse und Hülsenfrüchte, geschälte oder in Scheiben geschnittene Früchte in Sirup; ganze Fische oder Fischstücke in Dosen mit Pflanzenöl; gesalzene Nüsse; verarbeitetes Fleisch und Fisch wie Schinken, Speck, Räucherfisch; Käse
Ultra-verarbeitete Nahrungsmittel enthalten normalerweise keine oder wenig ganze Lebensmittelbestandteile. Sie sind sehr gut haltbar, leicht zugänglich, sehr schmackhaft und in der Regel nicht mehr als Versionen von den ursprünglichen Lebensmitteln erkennbar, aus denen sie bestehen. Die Zutaten, aus denen sie bestehen, sind oft nicht extra im Einzelhandel erhältlich (Konservierungsstoffe, Emulgatoren, Bindemittel, Farbstoffe, Geschmacksverstärker). Die meisten Produkte sind dazu bestimmt, Mahlzeiten zu ersetzen oder als Snack verzehrt zu werden.	Süße, fettige oder salzige Snackprodukte (wie Chips); Eis, Schokolade, Bonbons, Pommes frites, Burger und Hotdogs; Geflügel und Fisch (»Nuggets« oder Fischstäbchen), Brot, Gebäck, Kuchen, Kekse; Frühstücksflocken; Gebäck, Energieriegel; Konfitüren, Margarine; Desserts; Fertigsuppen, Fertigsoßen; Erfrischungsgetränke, kohlensäurehaltige Getränke, Cola, Energydrinks; gezuckerte, gesüßte Milchgetränke, Kondensmilch, gesüßte Joghurts; Frucht- und Fruchtnektargetränke; Instantkaffee, Kakaogetränke; Fertiggerichte, Tiefkühlpizza

Tabelle 3: Verarbeitungsgrade und Lebensmittelbeispiele nach Monteiro et al., 2012 [92]

ERNÄHRUNGSTHERAPIE BEI DEN HÄUFIGSTEN PSYCHISCHEN ERKRANKUNGEN

Als State-of-the-Art-Behandlung von psychischen Erkrankungen gelten Medikamente und Psychotherapie. Diese beiden Interventionen, einzeln oder in Kombination eingesetzt, können vielen Menschen helfen. Viele Psychopharmaka lösen jedoch Nebenwirkungen wie Gewichtszunahme, Unruhe, Schlafstörungen und auch sexuelle Lustlosigkeit aus.

Hippokrates, der Urvater der Medizin, hielt folgende drei Prämissen für angehende Mediziner fest: »Erstens: nicht schaden. Zweitens: vorsichtig sein. Drittens: heilen.« Lebensstilmaßnahmen und Ernährungstherapie können Psychotherapie und medikamentöse Therapie sinnvoll ergänzen, sich aber nicht gegenseitig ersetzen oder austauschen. Selbstverständlich gibt es nicht den einzigen richtigen Weg und ein »One-Size-fits-All«. Ernährungstherapie allein ist auch kein Allheilmittel für psychische Erkrankungen und kein Ersatz für Medikamente oder Psychotherapie. Aber es ist ein erfolgsversprechender Versuch, der vielfach lebensverändernd sein kann. Ernährung ist und bleibt eine tragende Säule in der biologischen Psychiatrie.

Zusammenfassend wende ich therapeutisch folgende Schritte an:

- Basistherapie mediterrane Ernährung: Hinwendung zu einer förderlichen Ernährungsweise, und zwar in kleinen Schritten.
- Hinzufügen, was fehlt: durch gezielte Ernährungstherapie, schmackhafte Rezepte und gegebenenfalls Supplemente, nach einem Bluttest.
- Weglassen, was schadet: wie Light-Getränke, Fast Food, zu viele Süßigkeiten, Essen zum falschen Zeitpunkt.

Wichtig ist mir, auch anzumerken, dass Lebensmittel nicht generell »gut« oder »schlecht« sind. Man könnte nicht sagen, dass eine Himbeere besser ist als ein Schnitzel. Würde man alle Lebensmittel in die groben Kategorien »gesund« und »ungesund« einteilen, und sich strikt daran halten, könnte dies im Endeffekt nur zu Essstörungen führen. Es ist einfach so, dass alle Lebensmittel unterschiedliche Konzentrationen an Nährstoffen haben und sich gegenseitig beeinflussen können. Auch ein Schnitzel enthält Fette und Eiweiße, die wichtig sind für das Nervensystem, ist jedoch sehr kalorienreich. Eine Himbeere ist kalorienarm, enthält diese Nährstoffe nicht, aber ist reich an Polyphenolen, welche antioxidativ wirken. Beides hat Platz in einem ausgewogenen Speiseplan. Sie dürfen sich ruhig hin und wieder Süßigkeiten und

Desserts erlauben (wir haben einige leckere Dessertrezepte im Rezeptteil!). Denn es geht beim Essen vor allem um Abwechslung, Genuss und Lebensfreude. Sie könnten versuchsweise einmal ein Ernährungstagebuch für eine Woche führen und notieren, was Sie gegessen haben und wie Sie sich dabei fühlen.

Depressionen (affektive Störung)

Frau C., eine 25-jährige Patientin, klagte über monatelange Müdigkeit, Mattheit und Abgeschlagenheit. Sie würde sich kaum mehr für Hobbies und Freunde interessieren, ständig grübeln und nachts nicht mehr schlafen. Befragt nach Ernährungsgewohnheiten berichtete sie, dass, wenn sie schon einmal ein Hauptgericht aß, dann etwas vom Lieferservice bestellte. Sonst nahm sie sich einfach, was der Kühlschrank ihrer Eltern hergab, denn sie war zurück zu den Eltern gezogen, nachdem sie ihr Lehramtsstudium abbrechen musste. Es wurde bereits ein Antidepressivum vom Hausarzt verordnet, dadurch hatte Frau C. innerhalb eines Jahres 14 Kilo zugenommen, was ihre Stimmung noch weiter verschlechterte. Sie versuchte mit Cola light gegenzusteuern, aber es brachte keinen Erfolg. Ihre Heißhungerattacken auf Süßes waren kaum auszuhalten. Ständig litt sie an Kopfschmerzen, die sich bis zu einer Migräne aufschaukeln konnten.

Nicht umsonst werden Depressionen als »Losigkeitserkrankung« bezeichnet: Es kommt zu Symptomen wie Freudlosigkeit, Antriebslosigkeit, Interesselosigkeit. Klar, jeder hat mal depressive Tage oder ein Stimmungstief. Dauern diese Zustände jedoch über einen Zeitraum von mindestens zwei Wochen an, werden diese als Depression bezeichnet. Als eine der häufigsten und schwersten Stimmungsstörungen beeinträchtigen Depressionen nicht nur die Lebensqualität, sondern haben auch enorme Auswirkungen auf die Wirtschaft. Die WHO sagte voraus, dass bis 2030 Depressionen zu den häufigsten Erkrankungen weltweit zählen werden. Schon jetzt sind sie die zweithäufigste Ursache für beeinträchtigte Lebensqualität in der Alterskategorie von 15 bis 44 Jahren. Depressionen gehen mit erheblichen Einschränkungen sowie einer erhöhten Krankheitsanfälligkeit und leider auch einer verkürzten Lebenserwartung einher. Bis zu 40 Prozent der mit Antidepressiva behandelten Personen sprechen nicht auf die Behandlung an[93] und nur knapp ein Drittel erreicht einen kompletten Symptomrückgang mit den derzeit eingesetzten Therapien.[94] Antidepressiva haben zudem Nebenwirkungen, weswegen diese Medikamente oft selbstständig und zu früh abgesetzt werden.[95]

Wie ging es nun mit Frau C. weiter? In der ersten Einheit nahmen wir Blut ab und schickten es an ein Labor. Schließlich erhielt Frau C. jene Stoffe, die ihr Körper dringend brauchte. Dazu gehörten Omega-3-Fettsäuren und die aktive Form der Folsäure. Schließlich kam es bei Frau C. zu einer ersten Verbesserung der Stimmungslage und der Motivation. Ausgehend von ihrem Lieblingsessen »Gebackene Hühnerschnitzel vom Lieferservice« begannen wir gemeinsam schrittweise Veränderungen der Ernährung vorzunehmen – einen Salat zu bestellen, im nächsten Schritt ein paar Nüsse darüberzustreuen, das Dressing selbst zu machen, Leinöl und Olivenöl statt Fertigmarinade zu verwenden. Langsam fügte sie auch selbst verschiedene Farben zu den täglichen Mahlzeiten hinzu wie Paprika, Sprossen und Radieschen. Schließlich gelang es ihr, einen selbst gemachten Salat mit einem gekochten Ei zu garnieren. Light-Getränke ließ die Patientin weg und achtete auf ausreichende Ruhephasen. Innerhalb von Monaten kam es – zusammen mit Psychotherapie und gleichbleibender Dosierung von Antidepressiva – zu einer Verbesserung der Stimmungslage. Die Patientin konnte ihr Studium wiederaufnehmen und hatte die Motivation, sich mit ihren Freundinnen zu treffen.

Selbstverständlich ist Ernährungsmedizin nicht immer dermaßen hilfreich – aber es ist doch erstaunlich, wie viel sich mit relativ einfachen Veränderungen verwandeln lässt. Für manche das ganze Leben! Und das finde ich durchaus verblüffend. Im Fall von Frau C. waren zuerst kleine Schritte in Richtung mediterraner, ballaststoffreicher Ernährung essenziell. Die Folsäure, die ihr fehlte (wir brauchen sie dringend zur Herstellung von Serotonin!), supplementierten wir mit L-Methylfolat und dann mit einem B-Komplex. Aus meiner Sicht – und das zeigt auch meine Erfahrung aus der Praxis – kann es notwendig und sinnvoll sein, gerade am Anfang einer Therapie eine Blutabnahme zu machen und die wichtigsten Nährstoffe für das Nervensystem schnell aufzufüllen. Den nächsten Schritt bildet das Weglassen von Dingen, die schaden – in diesem Fall die Light-Getränke, welche die Patientin mehrmals täglich trank. Diese können nämlich das Darmmikrobiom verändern und dürften sogar Übergewicht fördern.[96,97] Leinöl und Nüsse sorgten bei Frau C. für die Omega-3-Zufuhr, zusätzlich zu Fischöl.

Die Weltgesellschaft für biologische Psychiatrie hat vor Kurzem Leitlinien für Lebensstilmaßnahmen in der Behandlung von Depressionen veröffentlicht.[98] An der Basis jeder Therapie sollten demnach Interventionen des Lebensstils stehen. Zur Verbesserung von Depressionen wurden primär körperliche Aktivität und Bewegung, Entspannungstechniken, arbeitsorientierte Interventionen, Schlaf und achtsamkeitsbasierte Therapien empfohlen. Ernährungsumstellung und Aufenthalt in sogenannten »blauen und grünen Räumen« wurden ebenso empfohlen, allerdings mit einer etwas geringeren Evidenzstärke. Was sind nun diese blauen und grünen Räume? Genau – Aufenthalt am Meer, am See oder im Wald. Tatsächlich gibt es einige Evidenz, dass der Aufenthalt im Wald zum Beispiel die Immunfunktion und Depressionen verbessern kann.[99,100] Experten sind sich einig, dass stets mit Lebensstilmaßnahmen begonnen werden sollte – Ernährung und Bewegung bilden somit das Fundament einer antidepressiven Therapie.

Basistherapie: Ernährung

Was könnte nun bei Depressionen gegessen werden? Worauf sollte man lieber verzichten? Die Antwort ist stets individuell. Trotzdem gibt es einige gemeinsame Nenner. Grundlage der Ernährungstherapie ist immer die Mittelmeer-Ernährung. Dies ist eine vollwertige Ernährung, die Depressionen lindert, die Darm-Gehirn-Achse unterstützt und das Gehirn gesund hält. Sie können aus dieser auch ganz leicht eine »psychobiotische Ernährung« machen, indem Sie täglich ein fermentiertes Lebensmittel wie Sauerkraut, Kimchi, Buttermilch oder fermentiertes Gemüse hinzufügen. Aber auch andere landestypische Küchen, wie zum Beispiel die traditionelle nordische Küche, welche pflanzliche Lebensmittel und viel Fisch bevorzugt und primär Rapsöl statt Olivenöl verwendet, sind zur Anwendung bei Depressionen erforscht. Ebenso dürfte die japanische Küche, welche reich an Fisch und fermentierten Produkten ist, ratsam für Menschen mit Depressionen sein.

Hinzufügen, was fehlt

Eine Kollegin aus Kanada hat sich die Arbeit gemacht und eine Liste mit Lebensmitteln erstellt, die einen sehr hohen Gehalt an antidepressiv wirksamen Nährstoffen haben, aber gleichzeitig kalorienarm sind. Da Depressionen häufig mit Gewichtszunahme einhergehen, ist dieser Aspekt selbstverständlich wichtig. Werfen wir nun einen Blick auf diese stimmungsstabilisierende Einkaufsliste: Ganz oben stehen Meeresfrüchte und Miesmuscheln, dann folgen pflanzliche Lebensmittel wie Salate, grünes Blattgemüse, Paprika, Kohlgemüse, Rettichgemüse und Kresse.[101] Wichtige antidepressive Nährstoffe habe ich Ihnen mit einer kurzen Beschreibung in der nachfolgenden Tabelle aufgelistet:

Nährstoffe	Wofür ist dieser Nährstoff gut?	Wo ist der Nährstoff enthalten?
B-Vitamine Folsäure (Vitamin B_9), aktive Form Methylfolat	B-Vitamine sind Teamplayer. Sie sind relevant für den Energiestoffwechsel in den Zellen, um Zucker in Energie umzuwandeln. Wenn man beispielsweise wenig Folsäure (Vitamin B_9, vom lat. folium= Blatt) hat, können sich Zellen nicht teilen und weniger Nervenbotenstoffe hergestellt werden.	B_9: Linsen, Leber, Kichererbsen, Rosenkohl, Spargel, grünes Blattgemüse (z.B. Spinat)
Thiamin (Vitamin B_1) Pyridoxin (Vitamin B_6) Cobalamin (Vitamin B_{12})	Thiaminmangel (Vitamin B_1) führt zu Schlappheit, Apathie und Reizbarkeit. Kaffee und grüner Tee können Thiamin inaktivieren.	B_1: Sonnenblumenkerne, Schweinefleisch, Pekannüsse, Forelle, Erbsen, Sojabohnen, Linsen

Nährstoffe	Wofür ist dieser Nährstoff gut?	Wo ist der Nährstoff enthalten?
	Können Sie sich an Ihre Träume erinnern? Wenn zu wenig B_6 vorhanden ist, erinnert man sich meistens nicht an Träume. Es ist essenziell für die Produktion von Serotonin und Melatonin, bekämpft Entzündungen und kann das Depressionsrisiko senken. Vitamin B_{12} hilft, die Nervenzellen zu isolieren, senkt Entzündungen und wird zur Behandlung von Depressionen eingesetzt. Besonders häufig haben Veganer und Vegetarier einen Vitamin-B_{12}-Mangel.	B_6: Hummer, Lachs, Walnuss, Fleisch B_{12}: Eier, Fleisch, Meeresfrüchte (Lachs, Muscheln, Austern), Milchprodukte Vegetarier und Veganer sollten unbedingt Vitamin B_{12} supplementieren, da ein B_{12}-Mangel Depressionen begünstigen und verstärken kann!
Eisen	Eisen brauchen wir für die Blutbildung, die Sauerstoffversorgung und auch für die Herstellung der Nervenbotenstoffe Serotonin und Dopamin. Die Symptome eines Eisenmangels ähneln jenen der Depression. Man fühlt sich energielos, matt und abgeschlagen. Oft haben Vegetarier, Veganer und Frauen (aufgrund der Regelblutung) einen Eisenmangel, da pflanzliches Eisen schlecht aufgenommen werden kann.	Rotes Fleisch, Austern, Sesam, Kürbiskerne, dunkle Schokolade, Spinat Werfen Sie einen Blick auf einen Laborwert namens Ferritin – er zeigt Ihre Eisenspeicher an, der Wert sollte optimal >70ng/ml liegen. Tipp: Verstärken Sie die Aufnahme von Eisen mit Vitamin C (z.B. in Zitronensaft). Benützen Sie eine eiserne Bratpfanne zum Kochen. Wenn Sie Eisensupplemente einnehmen, achten Sie darauf, ob Sie diese wirklich benötigen und fragen Sie Ihren Arzt oder Ihre Ärztin. Achten Sie auf 1–2 Stunden Abstand zum Essen und zu anderen Nahrungsergänzungen wie Zink, Kupfer, Mangan und Magnesium. Eisen sollten Sie nicht einnehmen, wenn Entzündungen im Körper vorliegen, da Eisen diese »anheizen« kann.

Nährstoffe	Wofür ist dieser Nährstoff gut?	Wo ist der Nährstoff enthalten?
Omega-3-Fettsäuren	Omega-Fettsäuren, also Eicosapentaensäure (EPA) und Docosahexaensäure (DHA), werden gebraucht, damit Nervenbotenstoffe aus der Synapse freigesetzt werden können und an der nächsten Nervenzelle andocken können. Sie modulieren das Mikrobiom, halten Entzündungen in Schach und können Nervenwachstumsfaktoren produzieren.	EPA und DHA: in Wildlachs, Sardellen, Sardinen, Thunfisch und Meeresfrüchten (Austern) sowie Algen
	Eine pflanzliche Vorstufe von EPA und DHA heißt Alpha-Linolensäure (ALA). Sie kann meist nur zu einem geringen Anteil in EPA und DHA umgewandelt werden, je nachdem, welche Nährstoffe sonst vorhanden sind. EPA gilt als besser antidepressiv und antientzündlich wirksam als DHA. DHA verbessert die Konzentration und ist für die Kommunikation von Gehirnzellen zuständig.	ALA: Leinsamen, Leinöl, Hanfsamen, Hanföl, Blattgemüse Wenn Sie Omega-3-Öle supplementieren, achten Sie auf gute Qualität, bewahren Sie die Öle oder Kapseln stets im Kühlschrank auf und verzehren Sie Omega-3-Supplemente immer zu einer fettreichen Mahlzeit, damit diese auch gut aufgenommen werden können!
Magnesium	Magnesium gilt als das »Anti-Stress-Mineral«. Es wirkt an sogenannten NMDA-Rezeptoren und ist ein Co-Faktor für mehrere Hundert Enzymreaktionen. Magnesium kann das Gehirnwachstum anregen und ist ein zentraler Bestandteil der Körperchemie. Somit nicht nur bei Wadenkrämpfen einzusetzen! Für den Abbau von Zucker wird neben B-Vitaminen besonders viel Magnesium gebraucht.	Nüsse wie Cashews, Mandeln, Blattgemüse wie Spinat, Hülsenfrüchte wie Sojabohnen, schwarze Bohnen Wenn Sie Magnesium einnehmen, achten Sie auf gut verfügbare Magnesiumformen (organische Formen) wie zum Beispiel Magnesiumcitrat oder Magnesiumbisglycinat. Wenn Sie möchten, dass Magnesium eher für das Nervensystem wirkt, nehmen Sie es zwischen den Mahlzeiten. Wenn Sie eine abführende Wirkung haben wollen, nehmen Sie es zu einer Mahlzeit ein.
Kalium	Kalium ist wichtig für die Signalübertragung von Zelle zu Zelle. Häufig ist es niedrig bei Ängsten. Es ist wichtig für die Sauerstoffversorgung des Gehirns und reguliert den Serotoninhaushalt.	Pflanzliche Nahrungsmittel, verschiedenfarbiges Gemüse wie Rote Bete, Mangold, Spinat, Grünkohl, Bananen, Trockenfrüchte, Bohnen, Kartoffeln, Kakao
Selen	Selen reguliert das Immunsystem und hilft, genug aktives Schilddrüsenhormon zu bilden. Außerdem wirkt es auf das Beruhigungssystem (GABA-System) in unserem Gehirn.[102] Selen gilt selbst als wichtiges Antioxidans und unterstützt auch andere Antioxidantien wie Glutathion (das wichtigste Antioxidans unseres Gehirns).	Paranüsse (1–2 Stück decken den Tagesbedarf an Selen), Kokosnüsse, Hummer, Garnelen, Heilbutt, Schweineleber Achtung: Nicht zu viele Paranüsse verzehren, sie enthalten leider auch Radioaktivität und Pilzsporen (Aflatoxine).

Nährstoffe	Wofür ist dieser Nährstoff gut?	Wo ist der Nährstoff enthalten?
Vitamin A	Vitamin A wird auch als Retinol bezeichnet und kann aus Beta-Carotinoiden hergestellt werden. Es gilt als wichtiges fettlösliches Antioxidans und schützt vor Entzündungen und Zellschäden. Es unterstützt auch bei der Bildung von DHA und könnte das Risiko für Depressionen senken, außerdem ist es wichtig für das Sehen.	Karotten, Kürbis, Süßkartoffel, Hühnerleber, Fleisch, Leberwurst, Honigmelone, Thunfisch, Eier Konsumieren Sie Vitamin A stets mit Fett! Zink und Vitamin A unterstützen sich gegenseitig in der Aufnahme und sind ein gutes Team! Nehmen Sie keine Supplemente mit Vitamin A, bevor Ihr Vitamin-A Spiegel-im Blut bestimmt wurde.
Vitamin C	Vitamin C ist ein wichtiges Antioxidans und regeneriert das Vitamin E. Wir brauchen es für die Bildung des Belohnungsbotenstoffes Dopamin. Ein Mangel an Vitamin C führt im Extremfall zu Skorbut, der Vitamin-C-Mangelerkrankung der Seefahrer. Bei nicht so ausgeprägtem Mangel können depressive Verstimmungen die Folge sein.	Paprika, Papaya, Brokkoli, Rosenkohl, Blattgemüse, Zitrusfrüchte Essen Sie Fleisch und Fisch mit einem Spritzer Zitrone!
Zink	Zink stärkt das Immunsystem, ist an der Hormonregulation beteiligt und dämpft Entzündungen. Ebenso hilft es in der Signalübertragung zwischen den Nervenzellen. Interessanterweise ist der Zinkspiegel bei Menschen mit Depressionen unabhängig von der Ernährung niedriger und steigt bei depressiven Patienten nach der Erholung von der depressiven Episode (ohne Einnahme von Supplementen) an. Studien zeigen eine günstige Wirkung von Zink zusätzlich zu antidepressiven Medikamenten.[103]	Austern, Steak, Kürbiskerne, Haferflocken, Linsen, Sojabohnen, Emmentaler, Paranüsse Bei Supplementen: Organische Zinkverbindungen wie Zinkpicolinat oder Zinkcitrat können am besten aufgenommen werden. Ihre Zinkversorgung können Sie im Vollblut vom Labor bestimmen lassen.
Jod	Jod ist ein lebenswichtiges Spurenelement, das für den menschlichen Körper von großer Bedeutung ist. Es spielt eine entscheidende Rolle bei der Produktion von Schilddrüsenhormonen. Die Schilddrüsenhormone beeinflussen den Energieverbrauch, die Körpertemperatur, den Herzschlag und die Konzentration. Viele Menschen haben einen ausgeprägten Jodmangel und fühlen sich deshalb antriebslos und deprimiert.[104]	Meeresfisch, Meeresfrüchte, Meeresalgen (Nori, Wakame, Kombu), Milchprodukte, jodiertes Speisesalz Jod kann im Harn oder im Blut gemessen werden und sollte bei Mangel ersetzt werden. Viele meiner Patienten mit Depressionen haben einen ausgeprägten Jodmangel.

Probiotika und Depression

Schon 1910 verabreichte ein Psychiater namens J. George Porter Phillips seinen depressiven Patienten in einer Studie ein fermentiertes Milchgetränk und veröffentlichte daraufhin eine der ersten wissenschaftlichen Arbeiten zum Einsatz von Probiotika bei Depression.[105] Seitdem gab es eine Reihe von Studien mit Probiotika, sodass diese sogar in der Leitlinie der Weltgesellschaft für biologische Psychiatrie als Zusatztherapie zu einer antidepressiven Therapie empfohlen werden.[106] Es ist definitiv keine gute Idee, alle Antidepressiva sofort abzusetzen und nur noch Probiotika zu nehmen – tatsächlich wurden signifikante Effekte auf die Stimmungslage nur bei einer Kombinationstherapie mit Antidepressiva gezeigt.

Worauf ist bei Probiotikaeinnahme zu achten? Bevorzugen Sie beim Konsum von Probiotika aus fermentierten Nahrungsmitteln unbedingt Lebensmittel mit lebendigen Kulturen. Leider sind im gewöhnlichen Fruchtjoghurt aus dem Supermarkt nur noch sehr wenige probiotische Bakterien vorhanden. Außerdem enthalten solche Produkte oft Zuckerzusatz und viele Farbstoffe. Manches »Fruchtjoghurt« hat gar nie eine echte Frucht gesehen. Andere probiotische Nahrungsmittel sind Sauerkraut, Miso, Natto, Kimchi oder Buttermilch. Manchmal gibt es auf Biomärkten noch Bauern, die selbst gemachtes Sauerkraut verkaufen – dies ist eine wunderbare Quelle für probiotische Milchsäurebakterien. Wenn Sie ein Supplement einsetzen wollen, achten Sie auf eines mit vielen verschiedenen bakteriellen Spezies (Multispezies-Probiotikum) und eine ausreichende Keimzahl.

Eat the Rainbow – iss den Regenbogen!

Zusammenfassungen von Studien bestätigen eine positive Wirkung von Polyphenolen auf depressive Symptome.[107] Aber was sind Polyphenole? Sie sind eine Gruppe von natürlichen Verbindungen, die in vielen Pflanzen vorkommen – und unter anderem dafür verantwortlich sind, dass sich die Blätter im Herbst färben!

Polyphenole wirken antioxidativ und können entzündungshemmende und krebshemmende Wirkungen haben. Beispiele für polyphenolreiche Lebensmittel sind Beeren wie Blaubeeren, Himbeeren und Erdbeeren, dunkle Schokolade, grüner Tee, Rotwein, Olivenöl, Kurkuma, Sellerie und Brokkoli. Um eine ausreichende Polyphenolmenge zu erreichen, sollten mindestens fünf verschiedene Farben auf dem Teller landen. Eine meiner Patientinnen meinte, als ich ihr von »Eat the Rainbow« erzählte, sie würde fünf verschiedenfarbige Gummibärchen auf ihren Teller geben – leider zählt das nicht!

Schauen wir uns die Farben des Regenbogens näher an: Rote Lebensmittel wie Tomaten, Radieschen, Himbeeren und Wassermelonen enthalten Lycopin und Anthocyane. Wussten Sie, dass Tomaten das Risiko für Depressionen um bis zu 50 Prozent verringern können?[108] Lycopin in der Tomate ist ein fettlöslicher Nährstoff und noch besser verwertbar, wenn die Tomaten gekocht verzehrt werden. Das spricht definitiv für eine gute Tomatensoße, die zum Schluss mit Olivenöl verfeinert wird!

Grünes Blattgemüse wie Spinat und Grünkohl enthält Chlorophyll, Vitamin K und Ballaststoffe, die zur Gesundheit von Knochen, Herz und Verdauung beitragen.

Gelbe und orangefarbene Lebensmittel wie Karotten, Papaya, Pfirsiche und Kürbis enthalten Beta-Carotin und andere Carotinoide, die das Immunsystem stärken.

Blaue und violette Lebensmittel wie Blaubeeren und Auberginen sind reich an Anthocyanen, die antioxidative und entzündungshemmende Eigenschaften haben. In weißen Lebensmitteln (wie Knoblauch, Zwiebeln, Pilzen und Bohnen) stecken zum Beispiel Allicin und Indole. Indem man eine Vielfalt an farbenfrohen Obst- und Gemüsesorten in die Ernährung einbezieht, kann man sicherstellen, dass man von einer breiten Palette an Nährstoffen profitiert.

Kräuter und Gewürze

Gewürze helfen nicht nur dabei, dass das Essen besser schmeckt, sie addieren auch wichtige Polyphenole und Stoffe, welche die Verdauung und die Nährstoffaufnahme fördern. Kräuter haben erstaunliche antioxidative und mikrobiomregulierende Eigenschaften und wirken als Präbiotika, indem sie die Bildung von kurzkettigen Fettsäuren stimulieren.[109]

Einige Beispiele für Kräuter und Gewürze, die im Zusammenhang mit der Behandlung von Depressionen erforscht wurden, sind Safran, Kurkuma und Ingwer, auf welche ich nun näher eingehen möchte.

Kurkuma und Ingwer enthalten Kurkumin, das antioxidative und entzündungshemmende Eigenschaften besitzt. Kurkumin und Safran finden sich sogar auf der Liste der »Nutraceuticals«, also Nährstoffen mit pharmazeutischer Wirkung, welche offiziell zur Behandlung von Depressionen eingesetzt werden können.[110] Wussten Sie das? Zu den pflanzlichen Mitteln mit unterstützender Grad-A-Evidenz (das bedeutet, es gibt Studien hoher Evidenzklasse) und positiver Auswirkung bei Depressionen gehören Johanniskraut, Safran, Kurkumin, und Lavendel.

Safran wird in einer Dosis von 30 Milligramm pro Tag (zum Vergleich: 1 gestrichener Teelöffel Safran hat circa 0,2 Gramm) empfohlen, um Depressionen damit allein oder in Kombination mit Antidepressiva zu behandeln. Safran hat leider auch einen ziemlich starken Geschmack. Sie können ihn beispielsweise gut in Reisgerichten, Porridge, Eis oder Currys verwenden. Die aromatischen Fäden des *Crocus sativus* (wie der Safran auf Latein heißt) müssen in aufwendiger Handarbeit aus Blüten geerntet und getrocknet werden. Daraus ergibt sich dann auch der teure Preis: Pro Gramm kostet das Gewürz zwischen 4 und 14 Euro. Für Safran gibt es statistisch signifikante Metastudien zur Behandlung von Depressionen – deshalb hat dieses Gewürz es auch in die Leitlinien geschafft.[111] Ebenso konnte eine interessante Arbeit aus dem Jahr 2019 zeigen, dass Safran einer antidepressiven Behandlung mit Fluoxetin (zum Beispiel enthalten in Mitteln wie Flux oder Fluctine, Selektive Serotonin-Wiederaufnahmehemmer) ebenbürtig ist.[112] Eine Metaanalyse von Studien unterstreicht, dass Safran bei Depressionen im Vergleich zu Placebo überlegen ist.[113] Safran dürfte über Modulation der Nervenbotenstoffe Dopamin und Glutamat positive Effekte auf die Stimmung haben. Es hat aber auch noch eine ganze Reihe anderer Effekte, die es zu einem ausgezeichneten Antidepressivum machen: Es wirkt antibakteriell, antidiabetisch, gegen hohen Blutdruck, krampflösend, leberschützend, nierenschützend, antioxidativ und antientzündlich.[114] Zudem weist Safran nur leichte Nebenwirkungen auf, wie zum Beispiel Magen-Darm-Beschwerden oder ein Gefühl gesteigerter Wachheit. Es ist wichtig, Safran immer in ausreichender Qualität zu kaufen, um von der Wirkung zu profitieren.

Kurkuminextrakt sollte in einer Dosierung von 500–1000 Milligramm pro Tag eingesetzt werden, um Depressionen allein oder in Kombination mit Antidepressiva zu behandeln. Ein Esslöffel Kurkumapulver enthält ca. 136 Milligramm Kurkumin, je nach Qualität liegt der Anteil der Curcuminoide im Kurkumapulver bei circa 5 Prozent, es gibt jedoch deutliche Schwankungen. Es ist also ratsam, mehrere Speisen am Tag mit Kurkumapulver zu würzen, da sonst ein Gericht leicht überwürzt werden kann. Kurkumin könnte besonders bei Depressionen mit entzündlicher Komponente (schauen Sie einmal auf Ihren CRP-Wert!) gut helfen, da es antientzündliche und auch antioxidative Effekte hat.

Curcuminoide werden schlecht aufgenommen, schnell durch den Stoffwechsel geschleust und dann auch schnell ausgeschieden. Kurkuma sollte deshalb immer mit Pfeffer kombiniert werden, da dies die Bioverfügbarkeit deutlich erhöht. Wenn man beispielsweise 2 Gramm Kurkumin mit 20 Milligramm Piperin (aus Pfeffer) gemeinsam verabreichte, erhöhte dies die Resorption und Bioverfügbarkeit um das 2000-fache.[115] Auch sind Curcuminoide fettlöslich, sollten also mit etwas Fett verzehrt werden.

Bei Depressionen liegt häufig oxidativer Stress vor. Die Forscherin Monica Carlsen hat eine Liste von 3100 Nahrungsmitteln, Gewürzen und Getränken erstellt, die hohe Anteile an Antioxidantien aufweisen.[116] In der folgenden Tabelle sehen Sie die Top 15 der antioxidativen Gewürze, darunter finden Sie auch Safran. Gewürznelken, Zimt und Piment passen zum Beispiel herrlich zu einem warmen Frühstücksporridge. Versuchen Sie einmal ein bisschen Nelkenpulver auf der Spitze ihrer Zunge – es schmeckt tatsächlich sehr scharf und kann sogar ein leicht taubes Gefühl verursachen. Aus diesem Grund wurde die Gewürznelke auch früher bei Zahn- oder bei Halsschmerzen eingesetzt.[117] Gewürznelken sind mit Abstand das am meisten antioxidative Gewürz, das bei uns häufig eingesetzt wird. Für Nelken und Minze gibt es, laut meinen Recherchen, bei Depressionen bislang keine wissenschaftlichen Studien,[118] jedoch Beschreibungen zum Einsatz in der traditionellen Medizin. Es gibt einfach zu wenig kommerzielles Interesse, viele Gewürze für diesen Einsatz zu erforschen. Nelken sind im Gegensatz zu Safran auch vergleichsweise günstig: 1 Gramm gemahlenes Nelkenpulver kostet gerade mal zwischen 6 und 16 Cent. Interessanterweise finden wir Gewürze wie Oregano, Piment, Thymian und Rosmarin, aber auch Salbei, Lorbeer und Basilikum als essenzielle Bestandteile in Gerichten der mediterranen Küche. Andere Gewürze wie Nelken, Zimt und Safran sind unverzichtbarer Bestandteil vieler traditioneller Küchen des östlichen und asiatischen Raumes.

Gewürz	Gehalt an Antioxidantien (Millimol/100 Gramm)
Gewürznelken, getrocknet, ganz oder gemahlen	277,3
Minzblätter, getrocknet	116,4
Piment, getrocknet und gemahlen	100,4
Zimt, getrocknet und gemahlen	77,0
Oregano, getrocknet	63,2
Thymian, getrocknet	56,3
Rosmarin, getrocknet	44,8
Safran, getrocknet	44,5
Salbei, getrocknet	44,3
Estragon, getrocknet	43,8
Lorbeerblätter, getrocknet	27,8
Zimt, gesamte Rinde	26,5
Muskatnuss, getrocknet und gemahlen	26,4
Ingwer, getrocknet	20,3
Basilikum, getrocknet	19,9

Tabelle 5: Top 15 der Gewürze mit höchstem Anteil an Antioxidantien, modifiziert nach Carlsen et al., 2010 [119]

Werfen wir noch gemeinsam einen Blick auf die nächste Tabelle – diese enthält Obst und Gemüse mit hohem Antioxidantienanteil. Vor allem sticht hier die Indische Stachelbeere (Amla) heraus. Sie wird auch als *Emblica officinalis* bezeichnet und ist in tropischen und subtropischen Ländern wie Indien, China und Indonesien weit verbreitet. In der Literatur werden Wirkungen auf das Nervensystem beschrieben, vor allem wegen des hohen Gehaltes an Vitamin C und Polyphenolen.[120] Im Mausmodell wurden zudem antidepressive Effekte beschrieben, vor allem über Veränderungen von Nervenbotenstoffen wie Dopamin, Serotonin und dem GABA-System.[121] Insgesamt mangelt es jedoch leider an klinischen Studien.

Beeren, Obst und Gemüse	Gehalt an Antioxidantien (Millimol/100 Gramm)
Amla (Indische Stachelbeere), getrocknet	261;5
Hagebutte, wild, getrocknet	78,1
Heidelbeeren, getrocknet	48,3
Blätter des Afrikanischen Baobab-Baums, getrocknet	48,1
Berberitzen, rote saure Beeren	27,3
Hagebutte, frisch	24,3
Moringa, getrocknete Blätter	11,9
Frucht des Afrikanischen Baobab-Baums	10,8
Äpfel	3,8
Moringa, frische Blätter	3,7

Tabelle 6: Top 10 der Obst- und Gemüsesorten mit hohem Anteil an Antioxidantien [122]

Eine Ernährung, die eine große Vielfalt der genannten Gewürze sowie reichlich Gemüse und Obst beinhaltet, dürfte deshalb die positiven Eigenschaften aller Mikro- und Makronährstoffe vereinen und außerdem durch den Ballaststoffgehalt für ein ausgeglichenes Darmmikrobiom und eine gute Funktion der Darm-Gehirn-Achse sorgen.

Nährstoffe und Supplemente bei Depression

Gerade zu Beginn einer Behandlung kann es sinnvoll sein, fehlende Nährstoffe zu supplementieren. Für die meisten Nährstoffe allein ist die Datenlage jedoch nicht ausreichend. Auch scheint die Form, in welcher ein Nährstoff vorliegt, ganz grundlegend für dessen Wirksamkeit zu sein. Antioxidantien und Folsäure wirken zum Beispiel deutlich besser, wenn sie aus der Nahrung aufgenommen werden, als aus einem Nahrungsergänzungsmittel.[123] Auch sind in Lebensmitteln zusätzliche Helfer und Helfershelfer enthalten, welche eine bessere Aufnahme ermöglichen. Supplemente allein können deshalb keine gesunde Ernährung als Basistherapie ersetzen – sondern, wie auch schon im Namen Nahrungsergänzungsmittel steckt, die Nahrung nur sinnvoll ergänzen, wenn ein Mangel vorliegt. Ergänzungsmittel, die zur Behandlung von Depressionen eingesetzt werden, sind Vitamin D, Folsäure, Vitamin B_{12}, S-Adenosyl-L-Methionin (SAMe), mehrfach ungesättigte Omega-3-Fettsäuren (n-3 PUFAs) und Zink. Einige Mikronährstoffe sind wichtig für die Herstellung von Neurotransmittern, andere für die Differenzierung von Nervenzellen und Bildung von Andockstellen von Nervenbotenstoffen essenziell.

Omega-3

Eine Gruppe besonderer Fette ist von großer Bedeutung für das Gehirn, für Entzündungen und eigentlich für den gesamten Organismus: Es sind die Omega-3-Fettsäuren mit den Untergruppen Eicosapentaensäure (EPA)und Docosahexaensäure (DHA). Auch die Alpha-Linolensäure, welche vor allem in Leinöl enthalten ist, kann teils in EPA und DHA umgewandelt werden. Wie viel, ist jedoch sehr unterschiedlich, die Literaturangaben schwanken zwischen 10 und 40 Prozent.[124]

Omega-3-Fettsäuren (n-3 PUFAs) sind hoch konzentriert in Fischöl, und vor allem in Makrele, Lachs, Hering und Sardinen enthalten. Sie weisen mehr doppelte Kohlenstoffbindungen auf als gesättigte Fette (Butter und tierische Fette). N-3-PUFAs haben eine Reihe von positiven Effekten: Verbesserung der Neuroplastizität und des Denkens, Modulation von Nervenbotenstoffen durch Wiederaufnahmehemmung und Stimulation der Herstellung von Nervenbotenstoffen und Rezeptorbindung. Außerdem gelten sie als entzündungshemmend.

Depressive Patienten weisen meist einen niedrigeren EPA- und DHA-Status auf. Omega-3 kann man in der Membran der roten Blutkörperchen (Erythrozyten) messen.[125] Kaum jemand erreicht jedoch Werte über 8 Prozent.

Eine Supplementierung mit Omega-3-Fettsäuren verbessert depressive Symptome, insbesondere bei gleichzeitig vorliegenden hohen Entzündungsmarkern[126,127]. Die Einnahme von Omega-3-Fettsäuren (mit 1,5 bis 2 Gramm EPA pro Tag) hat stimmungsaufhellende Effekte. Omega-3-Supplemente sind derzeit in vielen Behandlungsleitlinien für eine Major Depression enthalten, zum Beispiel in der Leitlinie der International Society for Nutritional Psychiatry Research (ISNPR).[128]

Eine Möglichkeit, Omega-3 zuzuführen, sind Fischöle und Algenöle. Es gibt auf dem Markt eine Reihe von Ölen sehr unterschiedlicher Qualität und Zusammensetzung. Für die Depressionsbehandlung dürften sich eher Öle mit hohem EPA-Anteil eignen, auch dürfte eine höhere Dosierung von 4 Gramm nötig sein, um ein Omega-3-Defizit gut auffüllen zu können. Wichtig ist, Omega-3-Öle immer zu einer fettreichen Hauptmahlzeit zu konsumieren, damit diese auch aufgenommen werden können. Gut kann man sie zum Beispiel in eine Salatmarinade mischen oder in ein Joghurt. Ähnlich wie Leinöl sollte man auch Omega-3-Öle nicht erhitzen, da diese sonst ihre Wirkung verlieren.

Vitamin D

Rhonda Patrick ist Biomedizinerin und betreibt intensive Forschung auf dem Gebiet der Ernährung und des Alterns. Sie gilt als Expertin für Nährstoffe, insbesondere für Vitamin D und Omega-3-Fettsäuren. 2015 hat sie eine Arbeit veröffentlicht, in welcher sie die wichtigen Zusammenhänge von Vitamin D und Omega-3 beschrieb. Wie Sie in den vorangegangenen Kapiteln schon erfahren haben, steuert Serotonin eine Vielzahl von Gehirnfunktionen und Verhaltensweisen. Serotonin wird aus Tryptophan durch die Tryptophanhydroxylase 2 hergestellt, die durch das Vitamin-D-Hormon aktiviert wird. Eine unzureichende Versorgung mit Vitamin D (was auf circa 70 Prozent der Bevölkerung zutrifft) und Omega-3-Fettsäuren ist weit verbreitet, was darauf schließen lässt, dass die Serotoninsynthese im Gehirn nicht optimal funktioniert. EPA moduliert die Freisetzung von Serotonin, und DHA ist notwendig, damit die Serotoninrezeptoren gut arbeiten. Ein unzureichender Omega-3- und

Vitamin-D-Spiegel kann so also zur Entstehung von Depressionen beitragen. Ich persönlich achte darauf, dass alle meine Patienten zumindest einen Vitamin-D-Spiegel von 60 Nanogramm pro Milliliter aufweisen.

Weglassen, was schadet

Warum sollte bei Depressionen wahrscheinlich nicht zu viel Obst gegessen werden? Ein österreichischer Wissenschaftler, Prof. Maximilian Ledochowski, beschrieb erstmals, dass das Ausmaß, in dem wir Tryptophan aufnehmen können, von der Fruktosezufuhr abhängig ist. Tryptophan gilt als sogenannte essenzielle Aminosäure, wir können sie also nicht selbst herstellen, sondern sind auf die Aufnahme über Nahrungsmittel angewiesen. Sie haben schon erfahren, dass Tryptophan der Ausgangsstoff für die Bildung von Serotonin und Melatonin ist, welches für Stimmung, Schlaf und Appetit eine entscheidende Rolle spielt.

Die Aufnahme von Tryptophan wird durch verschiedene Faktoren beeinflusst, einschließlich der Nahrungszusammensetzung. Fruktose ist ein einfacher Zucker, der in vielen Früchten, Gemüsen und Süßungsmitteln vorkommt. Als besonders fruktosereich gelten beispielsweise Honig, Trockenfrüchte oder Fruchtsäfte. Sowohl Fruktoseintoleranz als auch Resorptionsprobleme bei übermäßiger Zufuhr von Fruktose (zum Beispiel durch zu viel Fruchtsaft, Smoothies und Obst) kann eine Fruchtzuckerunverträglichkeit zur Folge haben. Manchmal kommt es auch durch eine Schädigung des Dünndarms zu einer verminderten Fähigkeit, Fruktose aufzunehmen, oder es liegt eine gestörte Funktion des Transportproteins für Fruktose vor. Fruktose, die nicht im Darm aufgenommen werden kann, gelangt in den Dickdarm und wird dort von der Darmflora verstoffwechselt. Dadurch entstehen Produkte wie CO_2, Methan und kurzkettige Fettsäuren – dies führt verständlicherweise zu Blähungen, Bauchschmerzen und einem Völlegefühl. Durch die wasseranziehende Kraft von Fruktose können zudem Durchfälle entstehen.

Studien zeigen, dass eine Fruchtzuckerunverträglichkeit mit depressiven Symptomen einhergeht. Eine Ursache dafür ist, dass Fruktose aus der Nahrung die Tryptophanaufnahme mindert. Vermindertes Tryptophan führt dann zu Heißhungerattacken auf Süßes. Eine fruktosereduzierte Ernährung kann frühe Anzeichen einer Depression in manchen Fällen verbessern.[129,130,131] Aus diesem Grund wird empfohlen, nicht mehr als zwei Stück Obst pro Tag zu essen. Auch ist Obst in seiner ursprünglichen Form auf jeden Fall Smoothies oder Fruchtsäften vorzuziehen, da, wenn man Obst ganz und unverarbeitet isst, häufig weniger gegessen wird – es geht halt bedeutend schneller, einen halben Liter Frucht-Smoothie zu trinken, als fünf Äpfel zu essen!

Zucker, Kohlenhydrate

Zugegebenermaßen – nach einem schweren Tag belohnen sich viele Menschen mit etwas Süßem. Und das ist eher selten ein Stück Obst. Die wissenschaftliche Literatur beschreibt, dass sich besonders Menschen mit Stimmungsschwankungen und Depressionen sehr oft Leckereien wie Torten, Kuchen oder Schokolade gönnen.[132] Je mehr Zucker, desto mehr Depressionen – diese Korrelation war in der Studie eindrucksvoll zu sehen. Ebenso wird das Risiko einer Depression signifikant erhöht, wenn man gezuckerte Getränke zu sich nimmt. Wer eine Dose Cola am

Tag mit circa 45 Gramm Zucker trinkt, erhöht sein Risiko bereits um 5 Prozent, trinkt man 2,5 Dosen, steigert sich das Risiko sogar um bis zu 25 Prozent.[133] Unser Gehirn liebt Zucker. Es ist seine erste und bevorzugte Energiequelle. Der Zuckerbedarf lässt sich jedoch leicht durch eine mediterrane Ernährung decken. Die meisten Produkte wie Kuchen oder Softdrinks enthalten viel zu viel Zucker – ganz besonders sollten Sie auf den raffinierten Zucker aufpassen, häufig in Form von Glukosesirup oder »high fructose corn sirup«. Dies ist eine zu hohe Menge an Zucker, die im Gehirn Entzündungen hervorrufen kann und somit Depressionen begünstigt. Plötzliche Zuckerbomben wie eine Dose Cola, ein Stück Torte oder ein Schokoriegel können zu Zuckerspitzen mit nachfolgenden Abstürzen führen.

Weißbrot, Nudeln, Reis – obwohl diese im ersten Moment zwar nicht süß schmecken, sind sie ebenso Zuckerquellen, die das Gehirn belasten und das Risiko für Depressionen fördern können. Trotzdem – die Dosis macht das Gift, und auch die Form, in der Kohlenhydrate aufgenommen werden. Vollkornprodukte und ballaststoffreiche Lebensmittel führen insgesamt zu einem deutlich langsameren Blutzuckeranstieg. Manchmal wird dieses Maß des Blutzuckeranstiegs auch als »glykämischer Index« bezeichnet. Der glykämische Index (GI) ist ein Maß dafür, wie schnell und wie stark ein kohlenhydrathaltiges Lebensmittel den Blutzuckerspiegel nach dem Verzehr beeinflusst. Er reicht von 0 bis 100, wobei höhere Werte auf einen schnelleren Anstieg des Blutzuckers hindeuten. Lebensmittel mit einem niedrigen GI werden langsamer verdaut und geben nach und nach Glukose ins Blut ab, während Lebensmittel mit einem hohen GI den Blutzuckerspiegel schnell ansteigen lassen. Zu den Hoch-GI-Lebensmitteln gehören Kartoffeln, Brot und Reis, Orangensaft und Honig, zu den Niedrig-GI-Lebensmitteln gehören Gemüse, Karotten und Hülsenfrüchte. Wenn Kohlenhydratquellen gegessen werden, dann achten Sie auf die Vollkornversion, die auch reich an Ballaststoffen für Ihr Darmmikrobiom ist. Es gibt beispielsweise auch »gute« Nudeln aus Hülsenfrüchten, wie aus Kichererbsen, Linsen oder Bohnen.

Derzeit laufen einige Studien, welche untersuchen, ob sich eine Low-Carb-Ernährung oder die Extremform einer ketogenen Ernährung – in der beinahe ganz auf Kohlenhydrate verzichtet wird – in der Behandlung von Depressionen einsetzen lassen. Auch wurden im Labor mehrere Wege erforscht, wie Low Carb wirken könnte: einerseits durch Veränderungen der Nervenbotenstoffe (GABA, Glutamat) und der Energiegewinnung in den Mitochondrien, aber auch durch Entzündungsregulation. Manche Fallberichte und Fallserien haben zudem antidepressive und stimmungsstabilisierende Wirkungen einer ketogenen Ernährung gezeigt, es gibt jedoch leider bislang keine größeren klinischen Studien.[134]

Der Heißhunger auf Süßes bei schlechter Stimmung

Wichtig ist, dass Nährstoffe immer zusammenarbeiten. Die Aminosäure Tryptophan benötigt zum Beispiel Zucker, um über die Blut-Hirn-Schranke zu gelangen. Das kann man sich so vorstellen: Der Weg ins Gehirn ist streng reglementiert. Es gibt eine Schranke, an der, ähnlich wie bei einer Staatsgrenze, Passkontrollen erfolgen. Wenn viele andere Aminosäuren im Blut sind, streiten sich diese sozusagen um den besten

Platz für die Fahrt ins Gehirn. Tryptophan verliert meistens zugunsten anderer Aminosäuren und bleibt zurück. Werden jedoch nun Kohlenhydrate (Zucker) gegessen, wird die Freisetzung des Hormons Insulin stimuliert. Insulin veranlasst nun, dass alle anderen Proteine, außer Tryptophan, in die Muskeln wandern. Nun bekommt Tryptophan einen Transportplatz über die Blut-Hirn-Schranke. Wenn unser Gehirn also an einem akuten Mangel von Tryptophan leidet, macht es in erster Instanz keinen Heißhunger auf Hühnchen. Primär entsteht der Heißhunger auf Zucker![135]

Es wäre möglich, bei Heißhunger auf Süßes einen Trick anzuwenden. Trinken Sie Ihren Tee gerne mit Zucker? Versuchen Sie einmal statt einem Löffel Zucker einen Löffel Glycin. Es sieht aus wie Zucker, schmeckt auch so, ist aber kein Zucker. Anders als Süßstoffe verursacht es keine Verdauungsbeschwerden und gaukelt auch dem Körper keine Energiezufuhr von »leeren« Kalorien vor. Als Eiweißstoff hat Glycin durchaus Kalorien, die jedoch keinen Insulinanstieg auslösen. Zudem hilft Glycin dem Körper, ein wichtiges Antioxidans namens Glutathion zu bilden. Es hat ebenso eine beruhigende und schlaffördernde Wirkung.

Bittersweet Symphony – künstliche Süßstoffe

Frau C. hatte im Fallbericht zu Beginn des Kapitels versucht, ihrem Heißhunger auf Süßigkeiten mit künstlichen Süßstoffen entgegenzuwirken. Sie trank Light-Getränke, konsumierte mit Süßungsmitteln gesüßte Desserts und Puddings sowie zuckerfreie Bonbons und Kaugummis. Aspartam, Sucralose und Saccharin gehören zu den bekanntesten Süßstoffen. Ebenso werden jedoch auch die Zuckeralkohole Sorbit, Xylit (Birkenzucker) und Erythrit eingesetzt. Ob künstliche Süßstoffe gesundheitsförderlich oder schädlich sind, ist Gegenstand vieler Kontroversen. Kürzlich berichtete das Forscherteam rund um Jotham Suez über die Ergebnisse einer Studie an 120 gesunden Menschen, die gezeigt haben, dass Süßstoffe Störungen der Zuckertoleranz hervorrufen, und zwar über Veränderungen der Darmflora.[136]

Mittlerweile wissen wir, dass Menschen, welche Light-Getränke konsumieren, häufiger zu Depressionen neigen, ebenso können Zuckeraustauschstoffe die Gehirnchemie und die Neurotransmitter beeinflussen. Besonders Aspartam ist vielen Light-Getränken wie Cola oder Limonaden beigesetzt. 2017 kam eine Studie heraus, die zeigen konnte, dass durch den Konsum die Herstellung und Freisetzung von Botenstoffen wie Serotonin, Noradrenalin und Dopamin gehemmt wird. Außerdem hat Aspartam oxidative Eigenschaften, führt also zu oxidativem Stress und Zellalterung bei übermäßiger Zufuhr. Eine vermehrte Oxidation sowie oxidativer Stress wurden mit Depressionen und anderen psychischen Erkrankungen in Verbindung gebracht. Sucralose und andere Süßstoffe können die Darmflora nachhaltig verändern. Sicherlich gibt es nicht für alle Süßstoffe Langzeitstudien bezüglich deren Wirkung auf das Mikrobiom und die Darm-Gehirn-Achse – ich empfehle Süßstoffe so gut wie möglich zu vermeiden.

Fertigprodukte, Frittiertes, Transfette

Gerade an schlechten und stressigen Tagen schreit das Gehirn nach Zucker – aber auch nach Fett. Frittiertes wie gebackene Champignons oder Pommes frites stehen dann selbstverständlich hoch im Kurs. Menschen, die frittierte Nahrungsmittel konsumieren, leiden insgesamt häufiger an Depressionen. Unmittelbar sind zwar Pommes mit Ketchup aufheiternd für die Stimmung – doch einige Zeit später stellt sich häufig ein Völlegefühl und eine Übersättigung ein. Das Fett, in dem zum Beispiel Pommes frittiert werden, ist von großer Bedeutung – oft werden finanziell günstige, aber gesundheitlich ungünstige Fette wie Palmöl oder Sonnenblumenöl mit hohem Omega-6-Anteil verwendet. Ebenso schädlich sind Margarine, Backfett und gehärtete Fette.

In einer Arbeit aus 2011 von der Gruppe rund um die Forscherin Almudena Sanchez-Villegas wurde festgestellt, dass jene Teilnehmer, welche im Laufe des Beobachtungszeitraums von sechs Jahren depressiv wurden, deutlich mehr Transfette in ihrer Ernährung hatten. Je mehr ungesättigte Fettsäuren (zum Beispiel in Olivenöl als einfach ungesättigte Fettsäuren; Avocados, Mandeln und Fisch als Quellen mehrfach ungesättigter Fettsäuren) aufgenommen wurden, umso geringer war das Depressionsrisiko. Was sind nun sogenannte Transfette? Transfette gehören zu den ungesättigten Fettsäuren und werden durch einen speziellen Prozess künstlich hergestellt, der partielle Hydrierung genannt wird. Damit ist es möglich, dass man flüssige Pflanzenöle in halbfeste Fette umwandelt. Transfette finden sich häufig in industriell hergestellten Backwaren, Fertigpizza, Popcorn, Fast Food und Margarine. Oft verstecken sich Transfette auch in der Bezeichnung »gehärtetes Fett«. Leider ist unser Körper mit der Struktur der Transfette nicht vertraut. Der Konsum dieser Fette wird mit Entzündungen und damit auch mit Depressionen, Stoffwechselerkrankungen und Herzerkrankungen in Verbindung gebracht. 2021 hat die EU Regelungen für den Transfettgehalt in Lebensmitteln beschlossen: Maximal 2 Gramm Transfette dürfen nun pro 100 Gramm Fett in Lebensmitteln als Höchstmenge vorhanden sein.

Wenn Sie also ein Butterbrot essen, nehmen Sie vorsichtshalber echte Butter, wenn möglich in Bioqualität und aus Weidemilch. Meiden Sie besser Margarinen und andere Streichfette. Komischerweise hatten auch meine vegan essenden Patienten mit Depressionen häufig schlechte Blutfettwerte, erhöhten Omega-6-Anteil und hohe Entzündungswerte. Gemeinsam mit einer Patientin, die extrem gerne vegane Aufstriche aß, haben wir herausgefunden, dass jene Aufstriche leider auch mit günstigen Industriefetten beziehungsweise Sonnenblumenöl hergestellt werden. Achten Sie deshalb auf die Qualität und lesen Sie die Inhaltsstoffliste vor dem Kauf genau durch. Gute Streichfette sind zum Beispiel auch Nussmus oder selbst gemachte Avocadocreme. Selbstverständlich macht die Dosis das Gift: Kleine Mengen von Sonnenblumenöl, Maisöl oder Distelöl sind noch kein Weltuntergang. Aber: Schütten Sie nicht zu viel Öl ins Feuer!

Koffein und Stimulanzien

Wenn man sich müde und antriebslos fühlt, scheint der Schritt logisch, zuerst einmal eine Tasse Kaffee zu trinken. Tatsächlich gehören auf den Stationen der Psychiatrie Kaffee, Cola und Energydrinks wohl zu den am meisten konsumierten Getränken und verkaufen sich gut in den dort aufgestellten Automaten.

Kaffee ist ein regelrechter Magnesiumkiller, da die Magnesiumausscheidung über die Nieren erhöht wird,[137] dies kann Unruhe und Ängste verstärken.

Aber auch Kalzium und Natrium gehen vermehrt verloren. Kaffee kann sich zudem auf die Verstoffwechselung von Medikamenten auswirken. Es ist deshalb ratsam, immer mindestens eine halbe Stunde Abstand zwischen Medikamenten und einer Tasse Kaffee oder Tee einzuhalten. Meinen Patienten empfehle ich deshalb, den Kaffeekonsum auf maximal zwei bis drei Tassen am Tag zu reduzieren.

Zusammenfassung: Ernährung bei Depression

Anbei eine Liste, welche ich meinen Patienten in der Praxis als allgemeine Empfehlung mitgebe. Diese Liste passe ich dann auf jeden einzelnen Patienten und jede Patientin an, je nachdem, was gerne gegessen wird und was vertragen wird. Schauen Sie mal, ob Sie einige Empfehlungen bereits aus den vorangegangenen Kapiteln wiedererkennen!

Dies könnten Sie demnächst in Ihren Speiseplan mit aufnehmen

Fermentierte Produkte: Joghurt mit lebenden Kulturen (zum Beispiel Bifidusjoghurt), Sauerkraut, Miso (je dunkler, umso mehr fermentiert), Natto, Kefir, Kimchi, eingelegtes fermentiertes Gemüse.

Ballaststoffe für die Ernährung der Darmbakterien: verschiedenfarbiges Gemüse, polyphenolreiches Gemüse (optimal: 5-mal täglich, darunter, wenn möglich und verträglich, Tomaten (Lycopin), grünes Gemüse (Folsäure), Obst (maximal zweimal täglich), Haferflocken, Beeren, Knoblauch, Zwiebeln, Spargel, Artischocken, Schwarzwurzeln, Bohnen, Nüsse, Samen (Leinsamen, Chiasamen, Flohsamenschalen).

Kohlenhydrate, die nur langsam ins Blut gehen: Vollkornprodukte, Vollkornreis, Quinoa, Haferflocken, Sesam, Kürbiskerne. Verzichten Sie nicht komplett auf Kohlenhydrate (kein extremes Low Carb oder ketogene Diät allein bei Depressionen ausprobieren)! Lassen Sie Reis und Nudeln gerne über Nacht stehen, bevor Sie diese essen (damit bildet sich resistente Stärke – dies ist ein Festmahl für Ihre Darmbakterien!).

Gesunde Fette: einfach ungesättigte Fettsäuren wie Olivenöl, Nüsse, Nussbutter, Avocados. Toll wäre eine Handvoll Nüsse täglich. Omega-3-Fettsäuren: 1–2 Esslöffel Omega-3-Öl unters Essen mischen; zweimal wöchentlich Fisch (Lachs, Makrele, Thunfisch, Sardinen, Heringe), Leinöl über den Salat geben.

Substitution der Nährstoffe, die Ihnen für die Herstellung von Nervenbotenstoffen fehlen (zum Beispiel B-Vitamine, Vitamin D, Eisen, Magnesium, Zink, Selen) – je nach Laborbefund und nach ärztlicher Anordnung.

Verwenden Sie antioxidative Gewürze und Kräuter wie Safran oder Kurkuma. Versetzen Sie täglich mehrere Ihrer Gerichte mit einem Teelöffel Kurkuma und geben Sie frisch gemahlenen Pfeffer hinzu. Geben Sie Kurkuma in Suppen, Salatdressing, Smoothie oder Tee. Weichen Sie täglich einige Fäden Safran in lauwarmem Wasser ein und fügen Sie diese Ihren Gerichten hinzu.

Dies sollten Sie möglichst vermeiden oder nur sehr selten essen

- Fertigprodukte, Produkte mit langer Zutatenliste und vielen künstlichen Zusätzen und E-Nummern (Zusatzstoffe). Essen Sie nur das, was Ihre Großeltern auch als Essen erkannt hätten!
- Zu viel Zucker: in Weißbrot, Reis, Kartoffeln, Nudeln aus Weißmehl, süßem Gebäck, Naschereien, Softdrinks, alles was mit Zucker oder Fruktosesirup oder Glukosesirup gesüßt ist – dies belastet ihr Gehirn und könnte Depressionen triggern. Vermeiden Sie zu viel Obst und Smoothies (aufgrund des Fruktosegehaltes, da dann Tryptophan nicht gut aufgenommen werden kann!).
- Künstliche Süßstoffe: Aspartam, Sucralose, Saccharin, Cyclamat (wie zum Beispiel in vielen Light-Produkten oder Light-Getränken – diese wirken sich nachteilig auf Ihre Darmflora aus).
- Frittiertes wie Pommes frites, Schnitzel und Frühlingsrollen.
- Schlechte Fette wie Margarine, Backfett, Maisöl, Sonnenblumenöl, Distelöl – damit gießen Sie Öl ins Feuer.
- Fleisch- und Wurstprodukte, besonders Speck, Salami, Wurst, stark gebratene Produkte – diese fördern Entzündungen im Körper.
- Kaffee, Cola und Energydrinks (nicht mehr als zwei bis drei Tassen Kaffee am Tag).

Nicht nur was gegessen wird, ist relevant, sondern auch die Form – deshalb serviere ich gerne ein paar Verhaltenstipps als Beilage:

Verhaltenstipps

- Essen Sie langsam, mit Zeit, achtsam, mit fünf Sinnen, in freundlicher Gesellschaft.
- Essen Sie regional und saisonal (zum Beispiel keine Erdbeeren im Winter).
- Gute Verdauung beginnt im Mund. Nehmen Sie einen kleinen Bissen, kauen Sie die Nahrung gut, sodass sie sich mit Speichel mischt. Im Speichel gibt es ein Enzym namens Amylase, welches die Zucker schon vorverdaut. Damit helfen Sie Ihrem Magen-Darm-Trakt.
- Essen Sie nur, wenn Sie Hunger haben und vermeiden Sie, sich zu »überessen«.
- Essen Sie regelmäßig. Vermeiden Sie Zwischenmahlzeiten und Snacks.
- 2 Liter Trinkmenge pro Tag wäre optimal: Wasser (ohne Kohlensäure), ungesüßte Kräutertees, Kurkumatee; fügen Sie gerne etwas Safran hinzu.
- Essen Sie nicht zu spät am Abend oder nachts (spätestens um 18 Uhr).
- Keine Fastenkuren, Spezialdiäten (wie ketogene Ernährung) oder dergleichen selbstständig durchführen!
- Bewegen Sie sich täglich.

Bipolare Erkrankung (affektive Störung)

Robert Schumann, Vincent van Gogh, Kurt Cobain – die Lebensläufe dieser Persönlichkeiten waren von der bipolaren Erkrankung geprägt. Auch als manisch-depressive Erkrankung bekannt, zeichnet sie sich durch extreme Stimmungsschwankungen (himmelhochjauchzend – zu Tode betrübt) aus. Manische Phasen sind Phasen intensiver Hochstimmung, mit übersteigerter Energie, Euphorie und impulsivem Verhalten. Diese wechseln sich mit depressiven Phasen, einhergehend mit Niedergeschlagenheit, Freudlosigkeit, Antriebs- und Interessensverlust ab. Die Ursachen der Erkrankung sind vielfältig und umfassen genetische und neurobiologische sowie Umweltfaktoren.

Das Darmmikrobiom bei der bipolaren Erkrankung ist im Vergleich zu Gesunden deutlich verändert. Wir haben an unserer Universitätsklinik in Graz vor einigen Jahren eine der ersten Studien zu diesem Thema gemacht und konnten Folgendes feststellen: Je niedriger die Artenvielfalt im Darmmikrobiom war, desto länger bestand die bipolare Erkrankung schon. Ebenso konnten wir Verbindungen des Darmmikrobioms zu Entzündungswerten, Blutfetten und oxidativem Stress zeigen.[138]

Aktuelle Forschung liefert Hinweise darauf, dass auch bipolare Erkrankungen Stoffwechselerkrankungen sind und so behandelt werden müssen. Eine Ernährungstherapie wäre somit die Basis zur Behandlung eines fehlgeleiteten Stoffwechsels. Interessant ist, dass eine Manie in seltenen Fällen auch durch Antibiotika ausgelöst werden kann – dies bezeichnet man auch als »Antibiomanie«.[139] Ebenso bemerkenswert ist, dass Aktivkohle, welche Sie vielleicht schon mal im Urlaub bei Reisedurchfall eingesetzt haben, sogar in einem Fallbericht bei einer akuten Manie wirksam war.[140] Dies weist auf tiefgreifende Veränderungen des Darmmikrobioms bei bipolarer Erkrankung hin. Tatsächlich wurden diese Veränderungen auch mittlerweile in Übersichtsarbeiten bestätigt: Neben Veränderungen der Artenvielfalt wurde eine Verminderung von antientzündlichen Bakterien und eine Erhöhung von entzündungsfördernden Bakterien bei Menschen mit bipolarer Erkrankung entdeckt.[141]

Basistherapie: Ernährung

Ähnlich wie bei Depressionen ist eine mediterrane Ernährung auch bei der bipolaren Erkrankung anzuraten.[142] Ein Verzicht auf stark fettreiches und stark kohlenhydratreiches Essen erscheint essenziell. Aus meiner Praxis weiß ich, dass einige Patienten mit Erfolg eine kohlenhydratreduzierte Ernährung praktizieren und damit Stabilität erreichen konnten. Kürzlich hat mich ein junger Patient angerufen, welcher vor Monaten noch mit ausgeprägten und schnellen Phasenwechseln von Depressionen und Hypomanien zu kämpfen hatte und sein Studium deshalb nicht abschließen konnte. Ich habe dringend die Einleitung einer stimmungsstabilisierenden Therapie empfohlen, für die sich der Patient jedoch nicht entscheiden konnte. Schließlich habe ich ihm Ernährungsempfehlungen (kohlenhydratreduzierte, mediterrane Ernährung) mitgegeben und dann länger nichts mehr vom Patienten gehört. In einem Anruf teilte der Patient mir kürzlich mit, dass er sich nun nach schrittweiser Ernährungsumstellung stabilisiert habe, die Abschlussarbeit eingereicht haben und wieder gut schlafen könne.

Die Extremform einer kohlenhydratreduzierten Kost ist, wie schon zuvor beschrieben, die sogenannte ketogene Ernährung. Diese könnte den oxidativen Stress und Entzündungen senken und so auch die Mitochondrien entlasten; denn eine gestörte Funktion der Kraftwerke unserer Zellen und der Zellenergie wurde oft mit der bipolaren Erkrankung in Verbindung gebracht.[143] Da eine ketogene Ernährung auch zur Behandlung der Epilepsie eingesetzt wird und bei der bipolaren Erkrankung Medikamente gegen Epilepsie zur Stimmungsstabilisierung eingesetzt werden, ist eine Wirkung naheliegend. Die ketogene Ernährungsform ist derzeit populär, da sie auch zu schneller Gewichtsabnahme führt. Sich ketogen ernähren heißt, fett- und proteinreich sowie kohlenhydratarm zu essen. Diese Ernährungsweise zwingt die Mitochondrien im Gehirn, statt Zucker Ketonkörper zu verwenden, welche in der Leber produziert werden. Diese Ketonkörper werden immer dann produziert, wenn der Körper nicht genug Glukose als primäre Energiequelle zur Verfügung hat.

Bitte machen Sie selbst keinesfalls ketogene Experimente ohne ärztliche Begleitung! Gerade zu Beginn einer Keto-Ernährung können Müdigkeit, Kopfschmerzen, Schwindel, Übelkeit, Erbrechen und Schlafstörungen die Folge sein. Man sollte in dieser Zeit unbedingt nährstoffreich essen und gegebenenfalls Vitamine und Mineralstoffe ergänzen. Gerade werden auch Ansätze einer weniger restriktiven Ernährungsform, der »Ketogenic Mimicking Diet«, erforscht, in der schon Lebensmittel mit Zucker, aber niedrigem glykämischem Index verzehrt werden dürfen.[144] Also keine gesüßten Getränke, keine Süßigkeiten, Kuchen, Torten, kein Reis oder Weißmehlnudeln – und wenn, dann Vollkornnudeln, Vollkornreis oder brauner Reis. Wenn Früchte gegessen werden, sollten diese am Ende einer Mahlzeit verzehrt werden, damit der Blutzuckerspiegel geringer ansteigt. Wird die Ernährung entlang dieser Kriterien angepasst, so ist die Extremform der ketogenen Ernährung vielleicht gar nicht notwendig, um die Stimmung zu stabilisieren.

Hinzufügen, was fehlt

Omega-3-Fettsäuren werden in der Leitlinie der WFSBP für den zusätzlichen Einsatz bei bipolarer Erkrankung empfohlen, und zwar mit 1–2 Gramm EPA täglich.[145] Sie scheinen sich dabei aber eher auf die depressive Symptomatik und weniger auf manische Symptome auszuwirken. Fisch und Meeresfrüchte sollten wegen der ungesättigten Fettsäuren und wegen des Zinkgehalts in den Speiseplan aufgenommen werden.

In einer rezenten Übersichtsarbeit wurden auch vereinzelte positive Studien für Kreatin, Carnitin, Vitamin D, Inositol oder N-Acetylcystein bei bipolarer Erkrankung beschrieben.[146] Es gibt jedoch auch einige gute Arbeiten zu Coenzym-Q_{10}[147] und Probiotika. Coenzym Q_{10}, auch bekannt als Ubichinon, ist eine fettlösliche Substanz, die in den Mitochondrien, den »Kraftwerken« der Zellen, vorkommt. Es spielt eine entscheidende Rolle in der Energieproduktion und dient als kraftvolles Antioxidans im Körper. Coenzym Q_{10} ist an vielen biochemischen Prozessen beteiligt und unterstützt den Zellstoffwechsel. Es wird sowohl über die Nahrung aufgenommen als auch vom Körper selbst (aus den Eiweißen Phenylalanin und Tyrosin) produziert, jedoch in sehr geringem Ausmaß. Es kommt eher in Nahrungsmitteln vor, die meist nicht mehr so gern gegessen werden:

Besonders reich daran sind Innereien wie Leber, aber es kommt auch in Fleisch, öligem Fisch (wie Sardinen, Makrelen), Soja und Nüssen vor. Bislang hatte ich keinen einzigen Patienten mit bipolarer Erkrankung oder Depression und gleichzeitig normalen Ubiquinonwerten im Blut in meiner Praxis. Ubiquinon könnte das Potenzial haben, das Therapieansprechen und depressive Symptome zu verbessern.[148] Jedoch Vorsicht: Ubiquinon ist nicht gleich Ubiquinol – es gibt Hinweise, dass Ubiquinol als aktive Form besser aufgenommen wird.[149] Deshalb auch die Preisunterschiede, wenn Sie dieses in Kapselform kaufen wollen. Sie sollten es zu einer fettreichen Mahlzeit einnehmen, genauso wie die Omega-3-Fettsäuren.

Weglassen, was schadet

Gleich wie im vorangehenden Kapitel beschrieben, sollte eine westliche Ernährung, reich an gesättigten Fetten und Zuckern, vermieden werden, um die Mitochondrien zu entlasten. Ebenso ist es wichtig, Kochsalz zuzuführen, wenn man mit Lithium behandelt wird. Bei einigen Patienten mit bipolarer Erkrankung kann es zielführend sein, Gluten oder Milchcaseine zu meiden, um zu testen, ob es dann zu einer Verbesserung der Symptome kommt. Meist merkt man dies nach zwei bis drei Wochen Ernährungsumstellung. Vermeiden Sie unnötige Antibiotikabehandlungen und künstliche Süßstoffe, welche dem Mikrobiom schaden können.

Zusammenfassung: Bipolare Erkrankung

Die Empfehlungen des letzten Kapitels zur Depression gelten auch für die bipolare Erkrankung.

Dies könnten Sie demnächst in Ihren Speiseplan mitaufnehmen

- Mediterrane und psychobiotische Ernährung (genießen Sie ein fermentiertes Lebensmittel am Tag!).
- Starten Sie einen Therapieversuch mit einer kohlenhydratreduzierten Ernährung (wenig Kuchen, Kekse, bei Reis und Nudeln die Vollkornvarianten) und führen Sie Extremformen wie die ketogene Diät nie ohne ärztliche Begleitung durch!
- Konsumieren Sie Lebensmittel reich an Omega-3 (fetter Fisch, Algenöle), Zink (Meeresfrüchte), Folsäure (Blattgemüse), Magnesium, Coenzym Q10 (Leber, Sardinen, Makrele). Supplementieren Sie zusätzlich, wenn ausgeprägte Defizite bei den Nährstoffen vorliegen.

Dies sollten Sie möglichst vermeiden oder nur sehr selten essen

- Westliche Ernährung mit hohem Gehalt an schlechten Fetten
- Unnötige oder häufige Antibiotikabehandlungen, Süßstoffe
- Salzarme Kost bei Lithiumtherapie

Ernährungstherapie bei Angstzuständen, generalisierter Angststörung, Panikattacken

Frau A., eine 25-jährige Patientin, kam mit ihrer Mutter in meine Sprechstunde. Sie gab an, nicht mehr als Eventmanagerin arbeiten zu können – täglich hatte sie eine Reihe von Panikattacken. Diese waren höchst unangenehm: Zittern, Herzrasen, Schwitzen, Todesängste. Ihre allererste Panikattacke sei in einem Einkaufszentrum aufgetreten. Nun könne sie allein gar keine Einkaufszentren mehr aufsuchen, brauche manchmal sogar beim Einkaufen im lokalen Supermarkt die Unterstützung der Mutter. Auffällig war, dass Frau A. begleitend zu den Panikattacken immer wieder an Durchfällen und Hautausschlägen litt. Medikamente halfen nur bedingt, und Beruhigungsmittel wie Alprazolam brachten zwar kurzfristig Linderung, sie hatte jedoch Angst vor einer Abhängigkeit.

Angststörungen gehören weltweit zu den häufigsten psychischen Erkrankungen. Laut Schätzungen der WHO sind mehr als 260 Millionen Menschen von Angststörungen betroffen. Dies entspricht ungefähr 3,6 Prozent der Weltbevölkerung.[150] Bis zu einem Drittel der Bevölkerung erleidet im Laufe des Lebens eine Angststörung. Oftmals bleiben diese Erkrankungen unbehandelt. Es sprechen leider auch nur 50–60 Prozent der Betroffenen auf medikamentöse Therapien an. Ein zweischneidiges Schwert ist, dass es Beruhigungsmittel namens Benzodiazepine gibt (dazu gehört auch das Alprazolam, welches meine Patientin Frau A. einnahm), welche sehr schnell und effektiv gegen Ängste wirken. Das ist im Akutfall zwar von Vorteil, da schwere Angstzustände zuverlässig gelöst werden können – nimmt man diese Beruhigungsmittel jedoch über mehrere Wochen kontinuierlich ein, so entsteht ein Gewöhnungseffekt und eine Abhängigkeit. Manche Patienten kommen ein Leben lang nicht mehr davon los. Es ist deshalb immer wichtig, zwischen der Behandlung von Symptomen und der Behandlung von Ursachen zu unterscheiden.

Stellen Sie sich vor, Sie haben massive Zahnschmerzen, und Ihr Kiefer pocht und hämmert. Es ist Sonntagvormittag, kein Zahnarzt ist verfügbar. Sie finden zu Hause noch ein Schmerzmittel und nehmen dieses ein. Der Schmerz ist binnen 30 Minuten deutlich besser, Sie können den Tag gut überstehen. Am Abend nehmen Sie nochmals ein Schmerzmittel, um gut schlafen zu können. Selbstverständlich würden die meisten Menschen dann bei nächster Gelegenheit einen Zahnarzt aufsuchen. Wir wissen intuitiv, es reicht nicht, ständig Schmerzmittel zu nehmen, man muss – wie unangenehm es auch ist – zum Zahnarzt, um die zugrunde liegende Ursache zu behandeln (dies könnte zum Beispiel ein freiliegender Zahnhals sein, Karies oder eine eitrige Zahnwurzel). Nun stellen Sie sich vor, Sie haben eine Panikattacke und darauffolgend ständig Unruhe und Ängste – auch davor, dass wieder eine auftreten könnte. Aufgrund dieser Angst vor der Angst verordnet Ihnen der Hausarzt Benzodiazepine, zum Beispiel Lorazepam oder Diazepam, welche die Ängste schnell lösen und gut wirken. Doch je öfter Sie diese einnehmen, umso kürzer. Sie müssen die Dosis steigern, es kommt zu einem Gewöhnungseffekt. Genauso wie Schmerzmittel die Schmerzen bei einer eitrigen Zahnwurzel behandeln, behandeln Benzodiazepine ein Symptom: die Angst. Beide sind jedoch keine ursächlichen Behandlungen. Die Abbildung zeigt den Unterschied der Ursachenbehandlung und der Symptombehandlung.

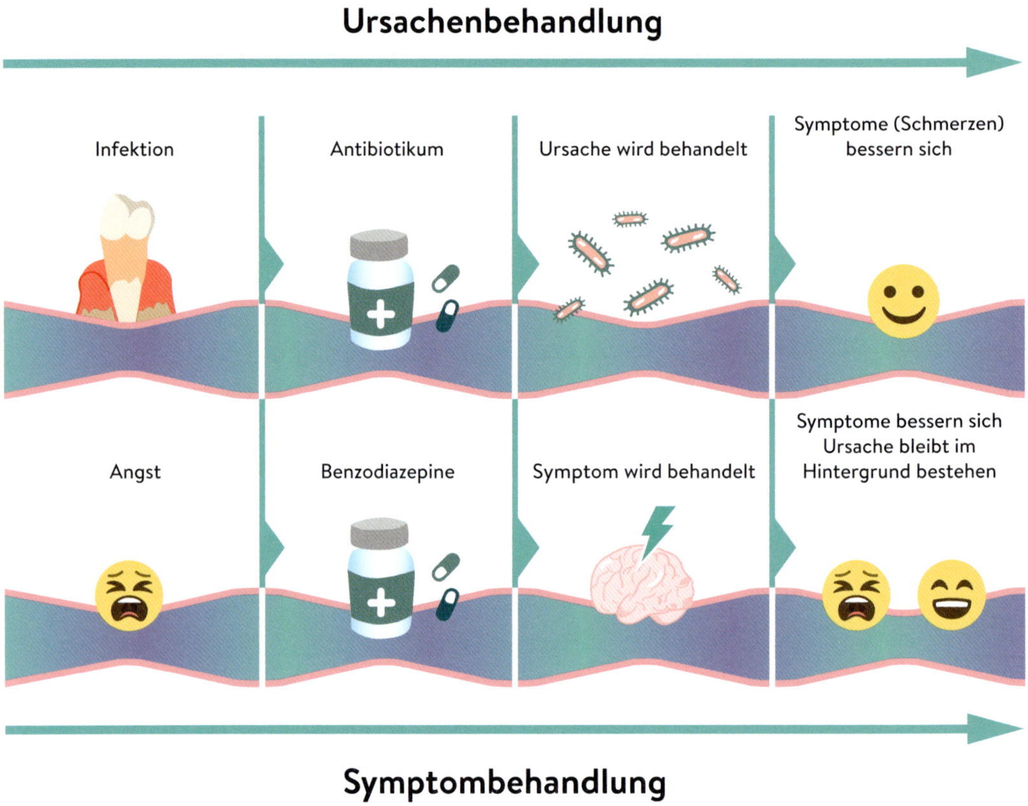

Abbildung 4: Ursachen- und Symptombehandlung

Selbstverständlich sind Ängste in gewissem Maß normal und haben unsere Vorfahren schon vor so mancher gefährlichen Situation bewahrt. Angst kann bei bedrohlichen Umgebungen ein essenzieller Überlebensfaktor sein. Heutzutage bedrohen uns jedoch keine Tiger, Löwen und Geparden mehr. Die Angstmechanismen, mit denen wir ausgestattet sind, sind jedoch noch die gleichen. Wenn wir ein wichtiges Vorstellungsgespräch haben oder einen Vortrag halten müssen, sind Alarmreaktionen wie Kampf, Flucht oder Totstellen fehl am Platz. Sind Ängste unangemessen, halten viel zu lange an oder beeinträchtigen die Lebensqualität, so sind sie krankheitswertig und sollten behandelt werden. Man unterscheidet zwischen plötzlich auftretenden Ängsten einhergehend mit Herzrasen, Zittern und Schwindel, sogenannten Panikattacken. Schließlich gibt es auch generalisierte Ängste, wenn man ständig in Sorge über Dinge unterschiedlicher Lebensbereiche ist, Ängste vor sozialen Situationen (soziale Phobie) oder Ängste vor gewissen Tieren, Gegenständen oder Plätzen (Phobien).

Die Möglichkeiten der Ernährungstherapie bei Angsterkrankungen sind leider nicht besonders gut erforscht. Deshalb gibt es in den psychiatrischen Leitlinien, so zum Beispiel in der S3-Leitlinie für

Angststörungen, noch keine konkreten Ernährungsempfehlungen. Wir können jedoch wieder pragmatisch in drei Schritten vorgehen: Basistherapie; hinzufügen, was fehlt; weglassen, was schadet.

Basistherapie: Ernährung

Zusätzlich zu allgemeinen Ernährungsrichtlinien wie der mediterranen Ernährung gelten allgemeine Prinzipien wie zum Beispiel ausreichende Flüssigkeitszufuhr. Von Vorteil dürfte ebenso ein konstanter Blutzuckerspiegel sein. Manchmal werden Angstzustände zum Beispiel durch plötzlichen Abfall des Blutzuckers ausgelöst. So auch in einem publizierten Fallbericht eines 15-jährigen Mädchens, welches an einer generalisierten Angststörung und Abfällen des Blutzuckers litt. Die Ernährung dieses 15-jährigen Mädchens bestand hauptsächlich aus Süßigkeiten. Nachdem sie gezielt Protein, Fett und Ballaststoffe zu ihrer Ernährung hinzufügte, kam es zu einem deutlichen Rückgang von Ängstlichkeit.[151] Werden sogenannte komplexe Kohlenhydrate wie zum Beispiel Vollkornprodukte gegessen, die langsamer aufgenommen werden, könnte das dazu beitragen, den Blutzuckerspiegel konstanter zu halten und Angstgefühle zu lindern.

Beobachtungsstudien deuten zudem darauf hin, dass eine mediterrane Ernährung vor Angstsymptomen schützt.[152] Wenn man sich reich an Ballaststoffen und Gemüse ernährt, kann dies über die Darm-Gehirn-Achse die Funktion des parasympathischen Nervensystems verbessern.[153] Kurz zur Rekapitulation: In uns gibt es zwei Nervensysteme, die zueinander scheinbar in Widerspruch stehen und doch einander ergänzen. Während das sympathische Nervensystem für Aktivität, Kampf und Flucht zuständig ist, so ist das parasympathische Nervensystem für Ruhe, Erholung, Entspannung, Verdauung und Regeneration bedeutsam. Bei Angsterkrankungen ist es also von Nutzen, die Funktion des parasympathischen Nervensystems zu fördern, und das sympathische Nervensystem zu beruhigen.

Hinzufügen, was fehlt

Folgend möchte ich ernährungsmedizinische Strategien näher beschreiben, welche Lebensmittel bei Ängsten hilfreich sein können.

Ein Ei für den Parasympathikus

Ein wichtiger Stoff, welchen ich Ihnen nicht vorenthalten möchte, ist das Cholin. Cholin ist ein essenzieller Nährstoff, der eine wichtige Rolle bei verschiedenen biologischen Funktionen spielt. Cholin ist von entscheidender Bedeutung für die Entwicklung und Erhaltung gesunder Zellen, da es an der Herstellung von Zellwandbestandteilen beteiligt ist. Ebenso ist es eine wichtige Bausubstanz für Acetylcholin, den Haupt-Nervenbotenstoff des parasympathischen Nervensystems. Wie Sie schon erfahren haben, wurde Acetylcholin früher als »Vagusstoff« bezeichnet. Außerdem brauchen wir Acetylcholin für das Lernen und für unsere Gedächtnisleistung. Es stellt wichtige Bausubstanz für Myelin bereit, welches unsere Nervenzellen isoliert. In der Hordaland-Gesundheitsstudie wurde bei 5918 Teilnehmern festgestellt, dass Menschen mit niedrigeren Cholinkonzentrationen eher zu ängstlichen Symptomen neigen.[154] Dieser Zusammenhang ergab sich wohlgemerkt nur für Angstsymptome, aber nicht für depressive Symptome.

Als Cholinquellen gelten zum Beispiel Eier (hier besonders das Eigelb), Leber, Fisch, Hühnerbrust, Weizenkeime, Quinoa und Brokkoli. Ein Ei für den

Parasympathikus täglich darf also schon drin sein. Auch hier haben ja einige Bedenken bezüglich des Cholesterins, aber die Dosis macht das Gift und Eier aus Freilandhaltung haben auch einen hohen Gehalt an Omega-3-Fettsäuren. Erlauben Sie es sich also, Eier zu essen, besonders, wenn Sie an Ängsten leiden. Ein bis zwei Eier pro Tag sind für die meisten Erwachsenen unbedenklich. Lecithin besteht aus Cholin sowie ungesättigten Fettsäuren. Es findet sich in den Membranen aller unserer Zellen und ist auch ein guter Emulgator – hilft also, dass sich Öle zum Beispiel nicht an der Oberfläche vom Karottensaft absetzen, und eignet sich deshalb als Bindemittel für Soßen. Pflanzliche Lecithine kommen in Pflanzenkeimlingen, Sojabohnen und Kohl vor. Lecithine sind also durchaus eine Nervennahrung für das parasympathische Nervensystem! Wenn Sie Ihren Tag mit einem Frühstücksei beginnen, erhalten Sie auch einen schnellen Schub an Tryptophan. Ein großes Ei enthält rund 77 Milligramm Tryptophan, daneben findet man in Eiern Vitamin D und Vitamin B. Besonders die Qualität der Eier spielt eine wichtige Rolle – in Bio-Eiern finden sich die meisten Nährstoffe.

Das Salz und die Würze des Lebens

Eine Krankenschwester, welche ich vor einiger Zeit behandelte, nahm selbstständig Magnesium und Kalium, um ihren Panikattacken entgegenzuwirken. Immer, wenn eine Angstattacke im Anflug war, trank sie eine Brause mit Magnesium und Kalium. Und sie hatte tatsächlich Erfolg damit! Das soll selbstverständlich keine Einladung zur Selbstmedikation sein, denn gerade bei Kalium muss man schon vorsichtig sein und sollte das mit ärztlicher Begleitung nach Blutwerten machen. Nichtsdestotrotz: Eine Übersichtsarbeit aus dem Jahr 2010 fand heraus, dass Magnesium, welches beispielsweise in magnesiumreichen Mineralwässern, Hülsenfrüchten und grünem Gemüse vorkommt, ein relevanter Nährstoff für die Behandlung von Angsterkrankungen sein könnte.[155] Da Magnesium Noradrenalin und Adrenalin, die zwei aufputschenden Nervenbotenstoffe, hemmt, wird es auch manchmal auch als »Salz der inneren Ruhe« bezeichnet.[156,157]

Kalium ist für die Erzeugung und ordnungsgemäße Weiterleitung von Nervensignalen essenziell. Kaliumreiche Lebensmittel wären beispielsweise: Obst- und Gemüsesäfte, Trockenobst (Datteln, Feigen, Rosinen), Bananen, Honigmelone, Avocado, Kartoffeln und Kakao. Da Natrium und Kalium sehr wichtige Blutsalze sind, kann jedes Labor diese bestimmen. Je nachdem, ob Kalium im Serum oder Vollblut bestimmt wird, gibt dies Auskunft über die Versorgung im Moment beziehungsweise über die langfristige Kaliumversorgung der Zellen. Kalium und Magnesium regulieren die Herzfrequenz (der Puls ist ja oft hoch bei Ängsten und Panik). Besonders Magnesium stabilisiert einen EKG-Wert, der oft durch die Einnahme von Psychopharmaka verlängert sein kann (QTc-Zeit).

Selen hat einen schlechten Ruf: Und es stimmt – zu viel Selen kann zu Vergiftungserscheinungen führen; sowohl akute als auch chronische Vergiftungen sind möglich bei zu hoher oder chronischer Zufuhr von Selen. Die meisten Menschen haben jedoch eher einen Selenmangel, da die Böden in Europa selenarm sind. Natürlicherweise ist Selen zum Beispiel in Paranüssen enthalten. Achten Sie hier auf entsprechende Qualität, um Verunreinigungen durch Schimmel oder Belastungen durch Radioaktivität auszuschließen. Tatsächlich können Paranüsse bis zu 1000-fach höhere Gehalte an Radium als die Gesamtnahrung in Deutschland aufweisen – so das deutsche Bundesamt für Strahlenschutz.[158] Tierfutter ist in Europa jedoch meist mit Selen angereichert, deshalb stellen Eier und Fleisch eine zuverlässige Selenquelle dar, Vegetarier und Veganer sind meist schlechter damit versorgt.

Etwas Buntes gegen die Angst

Flavonoide sind eine Untergruppe der Polyphenole, die antioxidative und antientzündliche Eigenschaften haben. Ab 50 Milligramm Flavonoiden am Tag kommt ein angstlösender Effekt zustande. Als Quellen für Flavonoide gelten beispielsweise Beerenfrüchte, Rotkohl oder Karotten.[159]

Als interessant in Bezug auf Angsterkrankungen tut sich unter den Flavonoidquellen auch der grüne Tee hervor – er enthält das sogenannte Theanin. Dies ist eine Aminosäure, die aus Teeblättern kommt. Es sieht für den Körper ähnlich aus wie das antreibende Glutamat und besetzt dessen Rezeptoren, sodass Glutamat dann selbst nicht mehr aufregend wirken kann. Somit kehrt dann Ruhe ein. Theanin kann auch die Blut-Hirn-Schranke überwinden und im Gehirn einen Entspannungseffekt auslösen. Die Forschungsgruppe von Lu hat die angstlösenden Effekte von L-Theanin mit dem Beruhigungsmittel Alprazolam verglichen. Auf einer Angstskala verbesserte L-Theanin signifikant die Ängstlichkeit im Vergleich zu Placebo und Alprazolam.[160] Eine Tasse Schwarz- oder Grüntee (2,5 Gramm Tee mit 150 Milliliter Wasser zubereitet) hat ungefähr einen Gehalt von 30 Milligramm Theanin.[161] Und zu guter Letzt: Unter den Gewürzen, die Ängste beeinflussen könnten, tut sich ebenso wie bei Depressionen das Kurkumin hervor.[162,163] Die gelbe Knolle gehört also bei Ängsten und Unruhe in das Curry oder den Frühstücksbrei. Ängste hängen häufig mit niedrigen Leveln von Antioxidantien zusammen.[164] Deshalb sollte, ebenso wie bei depressiven Verstimmungen, auf Lebensmittel und Gewürze geachtet werden, die sehr reich an Antioxidantien sind.[165]

Fermentiertes

Fermentierte Nahrungsmittel haben eine angstlösende Wirkung.[166] Aus Tierstudien weiß man beispielsweise, dass Mäuse ohne Mikrobiom deutlich ängstlicher sind. Auch reagiert die Hypothalamus-Hypophysen-Nebennierenrinden-Achse übertrieben auf Stress bei Mäusen ohne Mikrobiom. Wenn der Darm undicht ist, können Bestandteile aus der Nahrung und Bakterien in den Blutkreislauf gelangen. Dies löst wie schon beschrieben Entzündungen aus. Tatsächlich gibt es eine Reihe von Hinweisen, dass ein Zellwandprotein der Bakterien, das sogenannte Lipopolysaccharid (LPS), wenn es Mäusen verabreicht wird, ängstliche Verhaltensmuster auslöst. Diese können dann durch die Gabe eines Präbiotikums verbessert werden.[167] Es gibt einige Hinweise, dass Menschen mit Angsterkrankungen von Probiotika profitieren könnten.[168] Bezüglich fermentierter Nahrungsmittel ist die Datenlage jedoch uneinheitlich.[169]

Oxytocin

Gegen Ängste gibt es sicher kein Allheilmittel. Was jedoch meistens gut hilft, ist eine Umarmung von einem Menschen, den man gern hat, eine Massage oder das Streicheln einer Katze. Körperliche Nähe setzt einen Stoff namens Oxytocin frei, welcher entspannend wirkt. Aus diesem Grund wird Oxytocin auch als »Kuschelhormon« bezeichnet. Aber es gibt auch Lebensmittel, die gleichsam wie eine innere Umarmung wirken – eines davon sind Datteln, welche auf

Oxytocin-Rezeptoren wirken.[170] Wir haben Datteln in vielen Rezepten verwendet. Auch Schokolade kann indirekt über die Dopaminausschüttung die Oxytocinproduktion steigern. Interessanterweise fördert das Salz der inneren Ruhe, das Magnesium, auch die Wirksamkeit von Oxytocin.[171]

Symptomatische Behandlung, Nahrungsergänzungen, pflanzliche Mittel

Es gibt eine Reihe von Nahrungsergänzungsmitteln und pflanzlichen Mitteln, welche für den Einsatz bei Angsterkrankungen, insbesondere bei der generalisierten Angststörung, erforscht wurden. Die Leitlinie der WFSBP beschreibt Folgendes: Für die Behandlung von Angststörungen wurden Ashwagandha und Lavendel als Zusatz- oder Einzeltherapie vorläufig empfohlen, während N-Acetylcystein als Zusatztherapie und Galphimia schwach empfohlen wurden. Ashwagandha, auch bekannt als Schlafbeere oder *Withania somnifera*, ist eine in Indien heimische, traditionelle Heilpflanze, die seit Jahrhunderten eingesetzt wird. Sie wird oft als Adaptogen bezeichnet, da sie hilft, sich an verschiedene Arten von Stress anzupassen und den Cortisolspiegel zu senken. Darüber hinaus gibt es Hinweise darauf, dass Ashwagandha entzündungshemmende, antioxidative und immunmodulatorische Eigenschaften besitzt. Die Leitlinie empfiehlt 300–600 Milligramm des Wurzelextraktes (standardisiert auf 5 Prozent Withanolide) für die Behandlung der generalisierten Angststörung.[172] Als schmackhaftes Würzmittel eignet es sich wohl weniger: Ashwagandha bedeutet übersetzt: »Geruch des Pferdes«. Lavendel wird mit 80–160 Milligramm als Lavendelöl empfohlen oder mit 500 Milligramm bis 1,5 Gramm der getrockneten Blüte (circa 1 Teelöffel). Lavendel ist wohlschmeckend und wird sehr oft in der französischen Küche verwendet, zum Beispiel zu Fleischgerichten, aber auch für Desserts oder als Tee. Auch bei einigen unserer Rezepte haben wir Lavendel hinzugefügt. Wussten Sie, dass, wenn Sie zum Beispiel an Lavendelblüten riechen, im Gehirn dieselben Rezeptoren aktiviert werden wie bei der Einnahme eines Beruhigungsmittels?[173] Es kann also auch die Aromatherapie sehr sinnvoll sein, wenn Sie unter Angststörungen leiden, und selbstverständlich sollten Sie ausgiebig an Gerichten mit Lavendel schnuppern.

N-Acetylcystein wird oft im Herbst als »Schleimlöser« in Apotheken verkauft. Vielleicht haben Sie es deshalb schon einmal eingenommen. Tatsächlich hat es eine Wirkung auf Ängste, könnte aber auch in der Behandlung von Zwangserkrankungen und Schizophrenie eine Rolle spielen.[174] Eine weitere Pflanze, die in den Leitlinien erwähnt wird, ist Galphimia. Sie wird als »Goldregenpflanze« bezeichnet und stammt aus dem mexikanischen Raum. Neben ihrer Nutzung als Zierpflanze wird sie bei Ängsten eingesetzt. Es gibt sogar zwei Studien, welche die Wirkung von Galphimia im Vergleich zu einem klassischen Beruhigungsmittel untersucht haben und signifikante Wirksamkeit feststellen konnten. Galphimia-Extrakt wird in einer Dosierung von 350–700 Milligramm zweimal täglich schwach für den Einsatz bei generalisierter Angststörung empfohlen.[175] Klären Sie jedenfalls mit Ihren Behandlern ab, wenn Sie pflanzliche Extrakte nehmen wollen, da es zu Wechselwirkungen mit klassischen Medikamenten kommen kann.

Weglassen, was schadet

Zusätzlich zum Weglassen der im vorigen Kapitel beschriebenen Nahrungsmittel einer westlichen

Ernährung (viel rotes Fleisch, Frittiertes, viele »leere Kohlenhydrate« und Zucker ohne Ballaststoffanteil) möchte ich hier ein besonderes Augenmerk auf aufputschende Substanzen wie Koffein und Histamin legen.

Koffein

Eigentlich ist es selbsterklärend, dass Koffein aufputschend wirkt – trotzdem sind der tägliche Kaffee, die Cola oder der Energydrink für viele zur Gewohnheit geworden. Tatsächlich entdecke ich oft bei den ärztlichen Visiten in der Universitätsklinik koffeinhaltige Getränke auf den Nachtkästchen von Patienten mit Angststörungen.

Wer an Ängsten und Panikattacken leidet, sollte die Koffeinzufuhr definitiv zurückschrauben. Koffein kann dazu führen, dass Ängste nicht mehr reguliert werden können. Oberhalb von 400 Milligramm Koffein am Tag steigen Angstzustände signifikant an. Eine Dose Energydrink enthält etwa 80 Milligramm Koffein, etwa gleich viel wie eine Tasse Espresso. Werden täglich mehrere koffeinhaltige Getränke konsumiert, kann man das Nervensystem schnell zu sehr überreizen. Eine Alternative zum klassischen Kaffee ist zum Beispiel Getreidekaffee. Was auch nicht so bekannt ist: Schokolade enthält pro 100 Gramm etwa 43 Milligramm Koffein, sie sollte also auch eher nicht in den Abendstunden verzehrt werden. Eine Alternative zum Kaffee könnte zukünftig auch der grüne Kaffee sein, also die nicht geröstete Version. Dieser wird gerade in Bezug auf Angsterkrankungen erforscht. Die Chlorogensäure, welche gemeinsam mit Antioxidantien im grünen Kaffee enthalten ist (aber auch in Mirabellen, Äpfeln und Kirschen), könnte über den Rezeptor, über den auch Beruhigungsmittel wie Benzodiazepine wirken, eine beruhigende und angstlösende Wirkung haben.[176] Wenn Chlorogensäure als grüner Kaffee genossen wird, enthält dieser selbstverständlich ebenso Koffein, aber dennoch etwas weniger als die geröstete Variante.[177] Und noch dazu: Kaffee ist leider, wie Sie schon gelesen haben, ein »Magnesiumkiller« – das Salz der inneren Ruhe wird durch Kaffee vermehrt über die Niere ausgeschieden. Koffein kann aber auch zu einer Verarmung an anderen wichtigen Nährstoffen wie Vitamin B6 führen und die Aufnahme essenzieller Mineralien wie Kalzium, Eisen und B-Vitamine beeinträchtigen.[178]

Histamin

Wie ging es mit meiner eingangs erwähnten Patientin Frau A nun weiter? Bei ihr steckte hinter den Panikattacken tatsächlich etwas anderes. Ausschlaggebend für die Besserung war Folgendes: die kurzfristige Gabe eines Medikaments, das Histaminrezeptoren blockiert, ein sogenanntes Allergiemittel oder Antihistaminikum. Und längerfristig tatsächlich eine histaminarme Kost. Wie berichtet, litt Frau A. begleitend zu den Panikattacken immer wieder an Durchfällen und Hautausschlägen. Im Blut hatte sie auch eine verminderte Diaminooxidase; dies ist ein Enzym, das Histamin abbaut. Bei Histaminintoleranz hat der Körper Schwierigkeiten, das Enzym Diaminooxidase ausreichend zu produzieren oder es zu aktivieren; oft ist auch der Darm bei diesen Patienten aus dem Lot geraten. Werden nun histaminreiche Nahrungsmittel zugeführt, kann das Histamin nicht richtig abgebaut werden. Eine Histaminintoleranz kann sich sowohl durch Symptome im Magen-Darm-Trakt als auch durch psychische Symptome zeigen. Eine Vielzahl von Symptomen wie Hautausschläge, Kopfschmerzen, Verdauungsprobleme, Schwindel und Atembeschwerden können mit Histaminintoleranz in Zusammenhang stehen. Es gibt einige wenige kleinere Studien, die davon berichten, dass Panikattacken weggehen, wenn eine histaminarme Ernährung umgesetzt wird: Tatsächlich berichteten in der Studie von Joneja jene drei Patienten, welche an Histaminintoleranz und Panikattacken litten, alle von einem vollständigen Sistieren, also Stillstand, ihrer Panikanfälle bei histaminarmer Diät.[179] Ebenso konnte in einer weiteren Studie gezeigt werden, dass das Auftreten von Histaminintoleranz möglicherweise bei Menschen mit Angsterkrankungen höher ist als in der Allgemeinbevölkerung.[180] Für diese Patientin passte ich also die mediterrane Ernährung und die folgenden Ernährungsempfehlungen bei Ängsten hinsichtlich einer histaminreduzierten Ernährung an.

Zusammenfassung: Ernährungstherapie bei Ängsten

Basistherapie ist eine mediterrane Ernährung.

- Essen Sie den Regebogen – polyphenolreiche und ballaststoffreiche Kost (Beeren, Birnen, Äpfel, Nüsse, Gemüse, Hülsenfrüchte).
- Unterstützen Sie das parasympathische Nervensystem mit Cholin und Lecithin (in Eiern, Leber, Fisch, Hühnerbrust, Weizenkeimen, Sprossen, Quinoa und Brokkoli). Verwenden Sie etwas Soja-Lecithin, um Leinöl in Ihren Karottensaft einzurühren sowie zum Binden von Soßen.
- Achten Sie auf Tryptophan-haltige Nahrungsmittel: Diese wirken beruhigend, besonders in Kombination mit Kohlenhydraten. Tryptophan finden Sie beispielsweise in: Cashews, Datteln, Kakao, Feigen, Bananen, Fleisch (Hühnerfleisch, Rindfleisch), Linsen, Kichererbsen.
- Nehmen Sie täglich Nahrungsmittel zu sich, die reich an Kalium und Magnesium sind (Gemüse, Trockenobst wie Datteln, Feigen und Rosinen, Honigmelone, Avocado, Kakao; magnesiumreiche Mineralwässer, Hülsenfrüchte).
- Konsumieren Sie fermentierte Lebensmittel wie Joghurt, Kimchi, Sauerkraut. Achten Sie auf Probiotika oder probiotische Lebensmittel mit einer Vielfalt von Lactobacillen.
- Ersetzen Sie das, was fehlt, durch gezielte Ernährung und gegebenenfalls Supplemente in Absprache mit Ihren Behandlern.
- Fügen Sie Ihrer Nahrung reichlich Omega-3-Fettsäuren zu (zum Beispiel in fettem Fisch (Lachs, Makrele, Hering).
- Fügen Sie Ihren Hauptgerichten Datteln hinzu oder genießen Sie 1–2 Stück als Snack zwischendurch.
- Verwenden Sie Gewürze und Kräuter: Kurkuma, Lavendel, Vanille, Zimt, Sternanis, Nelkenpulver, Passionsblume, Kamille, Mohn.
- Genießen Sie tagsüber eine Tasse grünen Tee.
- Probieren Sie – unbedingt erst nach ärztlicher Rücksprache – eventuell Ashwagandha, N-Acetylcystein, Galphimia und Lavendelöl.

Lassen Sie das weg, was schadet

- Koffeinhaltige Getränke und Nahrungsmittel: Kaffee, Cola, Energydrinks, zu viel Tee aus Teeblättern mit hohem Koffein- und Teein-Gehalt (zum Beispiel Mate-Tee), Schokolade
- Alkoholische Getränke (nicht mehr als ein Getränk pro Tag, am besten Rotwein zum Essen)
- Fertigprodukte aller Art
- Zu viel Zucker: in Weißbrot, weißem Reis, Kartoffeln, Nudeln aus Weißmehl, süßem Gebäck. Schnelle Blutzuckeranstiege und -abfälle können zu Unruhe führen.
- Künstliche Süßstoffe, Light-Getränke
- Frittiertes und sehr Fetthaltiges, Margarine, Backfett, Maisöl, Sonnenblumenöl
- Fleisch- und Wurstprodukte, besonders Salami
- Histamin, wenn Sie Symptome einer Histaminintoleranz haben oder diese bei Ihnen festgestellt wurden. Da viele fermentierte Produkte wie Sauerkraut, die für das Mikrobiom sehr gesund sind, Histamin enthalten, sollte eine histaminarme Ernährung wirklich nur bei einer entsprechenden Diagnose eingehalten werden.

Histaminarme Ernährung

- Kauen Sie die Nahrung ausreichend!
- Waschen Sie Obst und Gemüse gründlich.
- Konsumieren Sie Milch und Milchprodukte wie Frischkäse, Speisequark und Butterkäse anstelle von Hartkäse, Camembert und Schimmelkäse.

Dies sollten Sie bei Histaminunverträglichkeit möglichst vermeiden oder nur sehr selten essen

- Fertigprodukte und Konserven
- Rohe Wurstsorten wie Salami
- Tomaten, Sauerkraut, Fermentiertes
- Fisch, Meeresfrüchte und Schalentiere
- Brot mit Hefeteig
- Alkohol: Kleine Mengen an Weißwein und Pils sind bei Histaminunverträglichkeit besser geeignet als Rotwein oder Weißbier.
- Lebensmittel mit hohem Gehalt an anderen biogenen Aminen, wie Bananen, Ananas, Papaya, Nüsse, Kakao sowie Schokolade
- Lebensmittel, die das im Körper gespeicherte Histamin freisetzen beziehungsweise aktivieren können; diese sind: Erdbeeren, Zitrusfrüchte, Tomaten, Alkohol und Meeresfrüchte.

Verhaltenstipps

- Essen Sie regelmäßig, nehmen Sie ein Frühstück zu sich, vermeiden Sie lange Hungerphasen.
- Ruhe, Wärme und Regelmäßigkeit sollten einen festen Stellenwert in Ihrem Alltag haben.

- Achten Sie auf Ausgleich, um Stress abzubauen.
- Setzen Sie gezielt Aromatherapie, zum Beispiel mit Lavendelöl, ein.
- Erlernen Sie Atemtechniken.
- Bei Herzrasen können Sie eine sanfte Massage auf einer Seite des Halses machen – dort wo Sie Ihren Puls fühlen können. Durch die Druckrezeptoren in der Gefäßwand werden der Puls und die Herzfrequenz nach unten reguliert. Dies kann im Fall einer beginnenden Panikattacke sehr hilfreich sein.

Ernährungstherapie bei Zwangsstörungen

»Die Freiheit des Menschen liegt nicht darin, dass er tun kann, was er will, sondern, dass er nicht tun muss, was er nicht will.«

Jean-Jacques Rousseau

Zwangsstörungen wurden ehemals dem Kapitel der »neurotischen Störungen« zugeordnet. Man unterscheidet zwischen Zwangsgedanken – unsinnige, belastende Gedanken, welche sich ständig wiederholen – und Zwangshandlungen, wie zum Beispiel ständiges Händewaschen, Kontrollieren, oder Zählen.

Zwänge sind ebenso wie Angststörungen eng mit dem Nervenbotenstoff Serotonin verknüpft. Der Hauptteil des Serotonins wird nicht im Gehirn gebildet, sondern im Darm. Es gibt leider nur wenige Studien, die sich mit dem Darmmikrobiom bei Menschen mit Zwangsstörungen befasst haben, jedoch wurde eine verminderte Diversität der Darmbakterien und eine geringere Ballaststoffaufnahme bei Menschen mit Zwangsstörungen festgestellt.[181,182]

Basistherapie: Ernährung

Leider gibt es kaum Studien zur Ernährungstherapie bei Zwangsstörungen. Wahrscheinlich ist man jedoch gut mit einer mediterranen oder traditionellen Ernährungsweise beraten. Eine Fallserie zeigte bei neun Kindern, welche eine Ernährungsberatung zur mediterranen Ernährung erhielten, eine deutliche Verminderung der Zwangssymptome.[183] Eine mediterrane Ernährung hilft auch, eine ausreichende Aufnahme von Ballaststoffen sicherzustellen, welche als Nahrung für das Darmmikrobiom dienen.

Hinzufügen, was fehlt

Die Behandlung von Zwangserkrankungen stützt sich auf die Beeinflussung des Serotonin- und Dopaminstoffwechsels. Grundsätzlich sollten alle Co-Faktoren und Proteine für die Serotonin- und Dopaminsynthese im Optimalbereich liegen. Es wurde in diesem Zusammenhang auch eine Reihe von Supplementen zur Behandlung von Zwangsstörungen untersucht, zum Beispiel Vitamin D, Vitamin B_{12} und Folsäure. Hier ist am besten, diese gut aufzufüllen, wenn sie fehlen. Grundsätzlich ist es ratsam, auf einen guten Magnesiumspiegel bei Zwangsstörungen zu achten. Je schwerer Zwangssymptome ausgeprägt waren, umso niedrigere Magnesiumwerte wurden bei Patienten in Studien gefunden.[184]

N-Acetylcystein (NAC) ist eine Aminosäure, welche eigentlich als Schleimlöser in der Erkältungszeit eingesetzt wird. Aber auch zur Behandlung von Zwangsstörungen ist sie in der Leitlinie der WFSBP – allerdings nur mit schwachem Empfehlungsgrad – als Zusatztherapie empfohlen.[185] Leider kann NAC nur als Supplement eingenommen werden. Man kann jedoch Nahrungsmittel mit Cystein zu sich nehmen, das aus NAC gebildet wird. Dies wären zum Beispiel Sojabohnen, Fisch, Fleisch, Knoblauch, Zwiebeln oder Brokkoli. NAC hemmt Glutamat, einen aktivierenden Neurotransmitter, reduziert oxidativen Stress und Entzündungen im Gehirn. Auch Glycin setzt die Glutamatfunktion im Gehirn herab und könnte wirksam sein – probieren Sie es als Zuckerersatz in Ihrem grünen Tee. 2009 wurde Patienten mit Zwangsstörungen täglich 60 Milligramm Glycin verabreicht und eine Verringerung von Zwangsstörungen festgestellt.[186] 60 Milligramm Glycin sind jedoch eine ganz schön große Menge (circa 4 Esslöffel). Myoinositol, eine Verbindung aus der Gruppe der B-Vitamine, kennen manche vielleicht aus der Kinderwunschbehandlung. Einige wenige Studien konnten zeigen, dass es möglicherweise wirksam bei Zwangsstörungen ist. Myoinositol ist in Bohnen, Nüssen, Getreide und Obst enthalten. Es wird vermutet, dass es die Wiederaufnahme von Serotonin modulieren kann. Auch Kurkuma, welches Sie schon im Kapitel »Depression« kennengelernt haben, dürfte hilfreich sein.

Weglassen, was schadet

Grundsätzlich sollten unnötige Therapien mit Antibiotika vermieden werden. Leider wird oft bei Infekten von Hausärzten vorschnell ein Antibiotikum verordnet. Sollte mal ein Antibiotikum notwendig sein, so empfehle ich immer, dieses mit Synbiotika aus der Nahrung (beispielsweise fermentiertem Gemüse) und einem Multispezies-Probiotikum zu kombinieren.

Eine Ernährung reich an Glutamat könnte Zwangsstörungen verstärken. Glutamat ist ein aktivierender Neurotransmitter und wird im Gehirn von Menschen mit Zwangsstörungen vermehrt freigesetzt. Wenn man eine Therapie mit einem Serotonin-Wiederaufnahmehemmer (SSRI) einleitet, verminderte sich in einer Studie der Glutamatgehalt in einem gewissen Gehirnbereich, welcher für die Aufrechterhaltung von Zwängen essenziell ist.[187] Deshalb sollte möglichst versucht werden, den Glutamatanteil in der Ernährung zu reduzieren. Man unterscheidet an Aminosäuren gebundenes und freies Glutamat. Das freie Glutamat kann schneller im Blut anfluten – es findet sich in Salami, Prosciutto, Parmesan, Sojasoße, reifen Tomaten, Miso und Suppenwürzen wie Suppenwürfeln sowie Instantnudeln. Häufig ist es als Mononatriumglutamat auch Fertigprodukten als Geschmacksverstärker zugesetzt. Seien Sie also vorsichtig bei Nahrungsmitteln mit Geschmacksverstärkern!

Es gibt einige wenige Hinweise, dass manchmal Zöliakie, also eine Glutenunverträglichkeit, an Zwangsstörungen beteiligt sein kann. Ein kurzfristiger Therapieversuch mit glutenfreier Ernährung ist also vertretbar. Langfristig sollte so eine Therapie wirklich nur bei Zöliakie oder definitiver Besserung der Symptome beibehalten werden, da eine glutenfreie Ernährung unter anderem den Nachteil einer nur sehr geringen Ballaststoffaufnahme hat.[188]

Tipps zur Ernährungstherapie bei Zwängen

Grundsätzlich sind auch alle Empfehlungen, die bereits bei Ängsten und Depressionen ratsam sind, hier nicht verkehrt. Zusätzlich beachten Sie Folgendes:

Zusammenfassung: Ernährung bei Zwangsstörungen

- Ernähren Sie sich mediterran.
- Konsumieren Sie täglich Ballaststoffe für die Ernährung der Darmbakterien.
- Achten Sie auf ausreichend Eiweiß, ganz besonders Tryptophan. Dieses finden Sie beispielsweise in: Cashews, Datteln, Kakao, Fleisch (Hühnerfleisch, Rindfleisch), Linsen, Kichererbsen.
- Ausreichend Magnesium beruhigt das Nervensystem. Sie finden besonders viel Magnesium zum Beispiel in Mandeln, Cashews, Kleien, Hirse, Haferflocken, magnesiumreichen Mineralwässern.
- Achten Sie auf Substitution der Nährstoffe, die Ihnen für die Herstellung von Nervenbotenstoffen (besonders Serotonin) fehlen (zum Beispiel B-Vitamine, Vitamin C, Eisen, Magnesium, Kalium, Zink, Selen).
- Zusätzlich sind Lebensmittel mit hohem Cysteingehalt empfehlenswert: Fleisch, Eier, Ricotta, Hüttenkäse, Joghurt, Zwiebeln, rote Paprikaschoten.
- Süßen Sie Ihren Tee mit Glycin; glycinreiche Nahrungsmittel sind: Fisch, Fleisch (besonders Putenfleisch), Milchprodukte, Hülsenfrüchte, Kollagen, Gelatine.
- Versuchen Sie jeden Tag ein Nahrungsmittel mit Myoinositol: Bohnen, Erdnussbutter, Rosenkohl, Vollkorngetreide, Nüsse.
- Verwenden Sie reichlich Gewürze (besonders Kurkuma, aber auch Safran, Oregano, Nelken, Zimt, Muskatnuss, Rosmarin, Thymian).

Dies sollten Sie möglichst vermeiden oder nur sehr selten essen

- Glutamathaltige Produkte: gepökeltes Fleisch, Salami, Roquefort, Parmesan, Fischsoße, Sojasoße, reife Tomaten und Brokkoli
- Fertiggerichte, alle Produkte mit Geschmacksverstärkern (Mononatriumglutamat; zum Beispiel in Würzsoßen, Dosengerichten)
- Zucker, künstliche Süßstoffe
- Frittiertes wie Pommes frites und Schnitzel, Frühlingsrollen
- Schlechte Fette wie Margarine, Backfett, Maisöl, Sonnenblumenöl, Distelöl

Ernährungstherapie bei Psychosen: Schizophrenie, schizoaffektive Störungen, wahnhafte Störungen

»Die Normalität ist wie ein gepflasterter Weg, es ist bequem darauf zu gehen, aber dort wächst keine Blume.«

Vincent van Gogh

Stimmen hören, ungewöhnliche Dinge sehen, sich bedroht und fremd fühlen in der Welt – all dies können Symptome von psychotischen Erkrankungen sein. Das sind schwere psychische Krankheiten, die mit ausgeprägten Veränderungen des Erlebens, Denkens, Verhaltens und Fühlens einhergehen. Schizophrenie, als die häufigste Form der psychotischen Erkrankungen, tritt weltweit auf und zieht sich mit der Häufigkeit von circa 1 Prozent durch alle Kulturen. Es gibt eine starke genetische Grundlage der Schizophrenie, aber auch verschiedene lebensmittelbedingte Infektionserkrankungen, wie zum Beispiel die Toxoplasmose (ausgelöst durch einen Parasiten namens *Toxoplasma gondii*, zum Beispiel vorhanden in nicht gut durch gekochtem Fleisch), erhöhen das Risiko einer Schizophrenie bis auf das Dreifache, wie eine Studie mit Daten aus 20 Ländern zeigen konnte.[189]

Ich erinnere mich an einen Patienten, nennen wir ihn Herrn K., der morgens nicht aus seinem Bett aufstehen wollte. Er wurde in die Psychiatrie gebracht, weil er zu Hause seine Fenster mit Alufolie abgeklebt und das Essen verweigert hatte. Er trug ständig eine Sonnenbrille, um sich vor Strahlung zu schützen. Halluzinationen und Wahnvorstellungen können so schwer ausgeprägt sein, dass sie das tägliche Leben schwer einschränken, ja, sogar unmöglich machen. Sie machen eine gezielte Symptombehandlung mit Medikamenten unumgänglich, da sonst auch Zustände von akuter und erheblicher Gefährdung des Lebens auftreten können. Ängste im Rahmen einer Psychose gehören sicherlich zu den schlimmsten Ängsten, die ein Mensch zu fühlen im Stande ist. Angst drängt zu sehr ungünstigen Verhaltensweisen und lässt andere Dinge des Lebens, wie zum Beispiel eine gesunde Ernährung, oft in den Hintergrund treten.

Menschen mit psychotischen Erkrankungen haben einen nachteiligen Ernährungsstil, besonders, wenn viele Symptome wie Halluzinationen oder Wahnvorstellungen da sind. Noch dazu kommt, dass eine westliche Ernährung (mit hoher Aufnahme von gesättigten Fetten, Zucker und geringem Gemüse- und Ballaststoffverzehr) häufig mit einer schlechten finanziellen Situation zusammenhängt. Fast Food ist schnell erreichbar, günstig und resultiert unweigerlich in Übergewicht und Zuckerkrankheit.[190]

Darm und Psychose

Im *New England Journal of Medicine* wurde der Fall einer Patientin publik gemacht, die mit 37 Jahren erstmals psychotische Symptome beschrieb[191]: Sie fühlte sich bedroht und verfolgt und beschrieb, dass sich ihre Familie gegen sie verschworen habe und ihre Eltern die Wohnung verwüstet hätten. Ihre Blutwerte zeigten einen ausgeprägten Eisenmangel, B12 und ebenso Vitamin D waren extrem niedrig. Die arme Frau wurde schließlich symptomatisch in der Psychiatrie behandelt. Zuvor war die Patientin immer gesund gewesen, nahm keinerlei Medikamente ein. Über Jahre wurde sie ohne großartige Besserung behandelt, bis aufgrund ihrer Mangelerscheinungen ein Test auf Glutenunverträglichkeit (Zöliakie) gemacht wurde. Drei Monate nach Umstellung auf eine glutenfreie Ernährung verschwanden sämtliche Symptome der Patientin.

Viele Menschen mit Schizophrenie weisen nicht nur ein gestörtes Darmmikrobiom, sondern auch eine gestörte Darmbarriere auf. Wenn man beispielsweise Stuhl von Patienten mit Schizophrenie im Rahmen einer Stuhltransplantation auf Mäuse überträgt, so weisen die Mäuse ebenso veränderte Verhaltensweisen auf.[192] Durch eine gestörte Darmbarriere kommt es auch häufiger zu Nahrungsmittelunverträglichkeiten und Entzündung, da Nahrungsbestandteile und Bakterien in die Blutbahn gelangen und so das Immunsystem aktivieren. Bei der Zöliakie wird, sobald Gluten in den Darm gelangt, Zonulin freigesetzt, die Darmbarriere wird löchrig, es kommt zu einem Abbau der für die Nährstoffaufnahme so wichtigen Zotten. Meistens wird dies zuerst durch eine sehr niedrige Aufnahme von Eisen augenscheinlich. Zöliakie kommt bei Menschen mit Schizophrenie fast doppelt so häufig vor wie in der allgemeinen Bevölkerung. Wenn also Hinweise auf eine Zöliakie bestehen, wie Mangelzustände an Nährstoffen (besonders Eisen) und ständige Gewichtsabnahme, sollte vom Arzt auch diese Möglichkeit abgeklärt werden.[193]

Basistherapie: Ernährung

Wie soll nun eine optimale Ernährung bei psychotischen Erkrankungen aussehen? Die optimale Ernährungsweise gibt es wohl nicht. Eine westliche Ernährung mit ungesunden Fetten und hohen Gesamtkalorien sollte selbstverständlich wegfallen. Grundlage ist wieder die bereits erwähnte Mittelmeerküche oder mediterrane Ernährung.

Liegt eine diagnostizierte Zöliakie vor, ist die Sache klar: Hier sollte eine strikte glutenfreie Diät eingehalten werden. Also muss auf gewöhnliches Brot, Pizza, Nudeln und Backwaren verzichtet werden. Gott sei Dank gibt es heute schon so ziemlich alles in glutenfreier Variante. Manchmal können aber auch Quellen von Gluten in Fertiggerichten, Suppenwürfeln, Bier, Malzextrakt und Sojasoße versteckt sein. Bei echter Zöliakie ist es wichtig, eine ganz strikte glutenfreie Ernährung einzuhalten.

Vor allem für Menschen, die schon viele Medikamente ausprobiert und dennoch Beschwerden haben, halte ich einen glutenfreien Therapieversuch für zielführend – auch wenn keine Zöliakie vorliegt. Doch Achtung: Glutenfreie Ernährung ist häufig sehr ballaststoffarm, hat häufig wenig Protein, dafür viel Fett, Zucker und Salzgehalt. Hier muss speziell auf eine ausreichende Zufuhr von Ballaststoffen geachtet werden. Als glutenfreie Getreide gelten Reis, Mais, Hirse, Buchweizen und Quinoa.

Hinzufügen, was fehlt

Interessant ist, dass auch schon eine Mangelernährung der Mutter gewisse Gene anknipsen könnte, die dann eine psychotische Erkrankung entstehen lassen. Kinder, die während der dänischen Hungersnot 1945 geboren wurden, hatten ein viel höheres Risiko für Schizophrenie.[194] Bei manchen Patienten mit Schizophrenie wurden zudem reduzierte Blutspiegel von Folsäure, Vitamin D und Vitamin C schon im Frühstadium der Erkrankung beschrieben.[195]

Metaanalysen zeigen, dass der Einsatz von Omega-3-Fettsäuren[196] und N-Acetylcystein[197], der schleimlösenden Substanz, die Sie schon vom letzten Kapitel kennen, Vorteile in der Behandlung bringen könnte. Laut der Leitlinie der WFSBP werden vor allem NAC, Vitamin D und Methylfolat empfohlen.

B-Vitamine spielen eine wichtige Rolle im Energiestoffwechsel, für die Zellfunktion und die DNA-Reparatur. Ein sehr wichtiges B-Vitamin ist die Folsäure. Methylfolat ist die biologisch aktive Form der Folsäure und wird für die zusätzliche Behandlung der Schizophrenie empfohlen. Als folsäurereiche Nahrungsmittel gelten grünes Blattgemüse und Hülsenfrüchte. Nach einer rezenten Metaanalyse dürfte NAC das wirksamste Supplement sein, wenn es zusätzlich zu Medikamenten eingesetzt wird.[198] NAC ist leider nur als Nahrungsergänzung zu erhalten. Eine wichtige Aminosäure, die im NAC enthalten ist, ist das Cystein. Man findet es in verschiedenen Lebensmitteln wie Fleisch, Fisch, Hülsenfrüchten und Eiern. Als schwefelhaltige Aminosäure ist Cystein ein wichtiger Bestandteil vieler stoffwechselrelevanter Enzyme.

Beruhigende Wirkung hat auch das Theanin sowie das Melatonin. Es könnte auch Symptome wie Halluzinationen (das Hören von Stimmen) und Schlaflosigkeit verbessern.[199] Auch die kleine Aminosäure Glycin zum Süßen könnte zusätzliche positive Effekte haben. Ein Abkömmling von Glycin wird auch als Sarcosin bezeichnet und wurde in einigen kleineren Studien erfolgreich eingesetzt.[200] Sarcosin ist jedoch nur in relativ geringen Mengen in der Nahrung und vor allem in tierischen Lebensmitteln wie Fleisch, Fisch und Eiern enthalten. Auch die Wirkung von Taurin soll zukünftig noch weiter in Studien erforscht werden. Kürzlich konnte eine Studie, in der 47 Patienten mit Schizophrenie Taurin erhielten, deutliche Verbesserungen der Symptome im Vergleich zur Kontrollgruppe aufweisen. Taurin kann der Körper selbst herstellen, es kommt aber auch in tierischen Produkten wie Fleisch, Fisch und Milch vor. Taurinreiche Energydrinks sollten jedoch eher vermieden werden – sie enthalten leider viel Zucker und auch oft zu viel Koffein.[201]

Weglassen, was schadet

Aufgrund der großen Belastungen durch die Erkrankung rauchen die meisten Menschen mit Schizophrenie oder trinken Alkohol. Leider führt dies auch zu einer ganz anderen Verstoffwechselung von Medikamenten über die Leber und zu vielen körperlichen Folgeschäden. Es kann ratsam sein, sich gerade in aktiven Phasen der Erkrankung Unterstützung zu holen, sich etwas frisch kochen zu lassen oder liefern zu lassen, wenn man es nicht schafft, zu kochen.

Zusammenfassung: Ernährungstherapie bei psychotischen Erkrankungen, Schizophrenie

- Grundlage ist eine mediterrane Ernährung. Holen Sie sich Unterstützung beim Kochen und Einkaufen. Achten Sie auf die Reduktion von Fast Food, Frittiertem und künstlichen Lebensmitteln, so gut wie eben möglich.
- Versuchen Sie kurzfristig glutenfreie Kost in Absprache mit Ihren Behandlern.

- Stellen Sie Ihre Ernährung nicht vollends auf vegan oder vegetarisch um – viele tierische Lebensmittel enthalten Stoffe, die sich in Studien positiv auf Schizophreniesymptome ausgewirkt haben, wie zum Beispiel Sarcosin, Glycin, Taurin und Cystein. Wenn Sie Fleisch essen, kochen oder braten Sie dieses jedoch bei ausreichend hohen Temperaturen!

- Medikamente sind wichtig, um Symptome und Ängste in Zaum zu halten. Die Wirkung Ihrer Medikamente kann durch Ernährung und Supplemente unterstützt werden. Supplemente sind aber kein Ersatz für eine gesunde Ernährung und Ihre antipsychotisch wirksamen Medikamente.

- Versuchen Sie, täglich Omega-3-Fettsäuren zuzuführen: zum Beispiel 2 Esslöffel Omega-3-Öl auf Salate; zweimal wöchentlich Fisch (Lachs, Makrele, Thunfisch, Sardinen, Heringe).

- Essen Sie cysteinhaltige Nahrungsmittel: Getreide, Eier, Joghurt, Paprika, Zwiebeln.

- Theanin kann beruhigen und bei Halluzinationen hilfreich sein.[202] Es ist enthalten in Grüntee, Schwarztee oder Oolong-Tee.

- Achten Sie auf ausreichende Aufnahme von B-Vitaminen, Vitamin D und Folsäure (Methylfolat und folsäurereiche Nahrungsmittel, beispielsweise grünes Blattgemüse wie Spinat oder Salat sowie Kohl, Fenchel und Gurken).

- Substituieren Sie täglich die Nährstoffe, die Ihnen für die Herstellung von Nervenbotenstoffen fehlen, je nach Ihren Laboranalysen.

Dies sollten Sie möglichst vermeiden oder nur sehr selten essen

- Kaffee und Energydrinks, Alkohol, Nikotin und andere Suchtmittel

- Fertigprodukte aller Art

- Zu viel Zucker: in Weißbrot, weißem Reis, Kartoffeln, Nudeln aus Weißmehl, süßem Gebäck, Softdrinks

- Künstliche Süßstoffe

- Frittiertes

- Schlechte Fette wie Margarine, Backfett, Maisöl

- Nicht gut durchgekochtes Fleisch (speziell Schweinefleisch oder Geflügel wegen dem Parasiten *Toxoplasma gondii!*)

Ernährungstherapie bei Traumata und Stress

»Laß dir alles geschehn: Schönheit und Schrecken. Man muß nur gehn: Kein Gefühl ist endgültig.«

Rainer Maria Rilke

Im Leben passieren viele Dinge, auf die wir keinen Einfluss haben. Ereignisse wie Naturkatastrophen, schwere Unfälle, Vergewaltigungen, Terroranschläge oder Kriegserlebnisse führen zu schweren psychischen Erschütterungen, welche als Traumata bezeichnet werden.

Mein Patient, Herr S., hatte keinerlei psychische Vorerkrankungen. Er war Bauunternehmer und hatte zwei Kinder. Zu Silvester hatte er eine Rauchfackel anzünden wollen, welche sich jedoch als Knallböller entpuppte. Er trug schwere Verletzungen am Auge und an der Hand davon. Nachdem er akut versorgt wurde, plagten ihn jedoch Unruhegefühle, Panikzustände und Albträume. Mehrere Male am Tag erlebte er dieses Ereignis wieder. Er verlor die Fähigkeit, sich zu entspannen, war schreckhaft, reizbar und unausgeglichen. Halten solche Symptome nach einem Trauma über vier Wochen an, so kann sich eine Posttraumatische Belastungsstörung (PTBS oder PTSD; englisch: Post Traumatic Stress Disorder) entwickeln.

Viele Menschen erleiden im Laufe ihres Lebens traumatische Situationen, aber Gott sei Dank entwickelt nur ein Bruchteil von ihnen wirklich eine PTSD. Tritt ein Trauma auf, so wird blitzschnell die Stressachse aktiviert. Eine akute Belastungsreaktion ist also gleichermaßen eine normale Reaktion auf ein abnormales Ereignis. Unser Organismus reagiert sehr schnell auf akuten Stress. Interessanterweise genügen schon zwei Stunden an Stress, um die Darmflora zu verändern.[203] Stress und Traumata gehen häufig mit einer veränderten Darmbarriere und somit mit Entzündungen einher.[204]

Basistherapie: Ernährung

Vor dem Hintergrund einer anhaltenden Entzündung sollte die Ernährungstherapie antientzündlich, antioxidativ und die Darmbarriere stärkend sein. Hier sind sicher erneut traditionelle Ernährungsstile wie die mediterrane Ernährung anzuraten, es gibt jedoch bis dato kaum Studien, welche sich mit dem Einsatz der mediterranen Ernährung bei Menschen mit PTSD befasst haben. Es ist bekannt, dass Menschen mit PTSD oft einen nachteiligen Ernährungsstil haben. In einer Studie an US-Veteranen mit PTSD wurde erforscht, dass diese vermehrt Zucker aufnahmen, jedoch im Vergleich wenig Vollkornprodukte, Gemüse, Hülsenfrüchte, Ballaststoffe, Kalzium und Milchprodukte.[205] Ein nachteiliger Ernährungsstil und mangelnde körperliche Aktivität führen langfristig zu Übergewicht, was wiederum zu Herz-Kreislauf-Erkrankungen und Diabetes führt.[206] Essen Sie also, wenn möglich, selbst zubereitete Speisen.

Hinzufügen, was fehlt

Chronischer Stress und das Stresshormon Cortisol lösen oxidative Schäden in den Mitochondrien, den Kraftwerken unserer Zellen, aus und können die Zellwände entzündlich verändern. Auch zum Freisetzen von Nervenbotenstoffen wie Serotonin brauchen wir eine gute Mitochondrienfunktion: Mitochondrien produzieren die Energie, damit Neurotransmitter in den Spalt zwischen den Nervenzellen (synaptischer Spalt) gelangen können. Für gesunde Zellwände und eine gute Funktion der Mitochondrien sind Omega-3-Fettsäuren, Antioxidantien (wie Vitamin C und Zink), B-Vitamine (wie Vitamin B_{12} und Folsäure) und Magnesium essenziell.[207]

Wenn wir gestresst sind, haben wir einen deutlich höheren Nährstoffbedarf. Besonders bei Magnesium fällt dies ins Gewicht: Wenn wir nicht genügend Magnesium mit der Nahrung aufnehmen, sind wir anfälliger für ein hohes Maß an Stress und Ängsten. Noch mehr Stress kann dazu führen, dass wir noch mehr Magnesium über die

Nieren ausscheiden. Koffein und Alkohol können die Geschwindigkeit der Magnesiumausscheidung beschleunigen.

Die akute Gabe von Vitaminen und Antioxidantien unmittelbar nach einem Trauma kann nützlich sein, um akuten Entzündungen, welche durch traumatische Ereignisse entstehen, zu dämpfen und das Immunsystem zu unterstützen.[208] So konnte gezeigt werden, dass 91 Erwachsene, welche nach einem Erdbeben Multinährstoffe (Vitamin B, C und Zink) für 28 Tage erhielten, deutlich weniger psychische Symptome wie schlechte Stimmung, Ängstlichkeit und ein niedriges Energielevel im Vergleich zu jenen aufwiesen, die keine extra Nährstoffe zuführten.[209]

Achten Sie deshalb nach einem Trauma auf ausreichende Zufuhr von Antioxidantien über die Nahrung (schauen Sie dafür auch auf die Tabelle Seite xy). Essen Sie polyphenolreich und achten Sie darauf, dass jeder Tellerinhalt mindestens fünf verschiedene Farben aufweist. Spielen Sie mit verschiedenen Gewürzen, Geschmäckern und Texturen, um den Gehalt von Antioxidantien zu steigern. Auch Ballaststoffe helfen dabei, dass der Darm sich erholen und gut arbeiten kann. Fermentierte Lebensmittel könnten ebenso einen Beitrag zu einer gesunden Darmflora leisten und die schädlichen Effekte von akuten Traumata verringern.

Die Vitamine C und E gelten als wichtige Antioxidantien. Vitamin E ist sozusagen das Antioxidans in der ersten Kampflinie gegen freie Radikale. Durch Vitamin C kann Vitamin E regeneriert werden. Bereits 1 Esslöffel Weizenkeimöl am Tag deckt den Vitamin-E-Tagesbedarf. Weitere Vitamin-E-Quellen sind beispielsweise Nüsse, Spinat oder Brokkoli.

Fischmahlzeiten liefern Ihnen nicht nur die Proteine zum Aufbau der Nervenbotenstoffe, sondern auch Omega-3-Fettsäuren. Bei PTSD haben mehrere Studien die Vorteile von Omega-3-Fettsäuren bestätigen können. Verabreichte man zum Beispiel Rettungskräften nach einem Erdbeben Omega-3-Fettsäuren, verringerte dies die PTSD-Symptome[210], ebenso hatten 83 Unfallopfer nach 12-wöchiger Gabe von Omega-3-Fettsäuren deutlich weniger Symptome[211]. Da es durch Stress zu bleibenden Veränderungen des Cholinstoffwechsels kommt, könnten Sie auch wieder cholinreiche Nahrungsmittel (Eier, Leber, Fisch, Hühnerbrust, Weizenkeime, Quinoa) zuführen, um den Vagusnerv mit seinem Botenstoff, dem Acetylcholin, zu unterstützen.

Gamma-Aminobuttersäure (GABA) ist eine natürlich vorkommende Aminosäure, die als hemmender, beruhigender Nervenbotenstoff im Gehirn wirkt. Wenn sich GABA an GABA-Rezeptoren im Gehirn anlagert, hat dies eine entspannende Wirkung und kann dazu beitragen, Gefühle von Angst und Stress zu reduzieren. Lebensmittel wie Kimchi, Miso, Tempeh sowie grüner Tee (GABA-Tee) können GABA durch Fermentation enthalten. Sauerkraut, Kimchi und Miso können nämlich mit speziell GABA-produzierenden Kulturen hergestellt werden, um eine beruhigende Wirkung zu erzielen.[212]

Weglassen, was schadet

Nach einem Trauma sind oft nicht genug mentale Kräfte da, um auch noch gut für sich selbst zu sorgen. Fast Food und gesüßte Getränke haben da einen beruhigenden Effekt. Es kann deshalb ratsam sein, kleine Änderungen im Speiseplan vorzunehmen, ohne alles gleich komplett umzukrempeln. Holen Sie sich in der Akutsituation unbedingt Unterstützung von Freunden oder Familie und lassen Sie auch gerne für sich kochen. Eine Ernährung, welche viele gesättigte Fette enthält, macht anfälliger für posttraumatische Belastungsstörungen.[213] Deshalb vermeiden Sie im Akutfall so gut wie möglich gesättigte Fette, wie zum Beispiel enthalten in Sahne, Speck, Palmöl, Fertiggebäck und Kuchen, Wurst und Salami. Ein Zuviel an Kohlenhydraten und Zucker wirkt sich ebenso nachteilig aus. Softdrinks sollten so gut wie möglich reduziert werden. Auch Kohlenhydrate aus Weißbrot oder weißem Reis wandelt der Körper leider in Zucker um. Es sollten deshalb eher Lebensmittel gewählt werden, die veranlassen, dass der Zucker nur langsam ins Blut übergeht. Die Kombination von Kohlenhydraten mit Eiweißen und Ballaststoffen in einem Gericht kann dazu beitragen, dass der Blutzuckerspiegel nicht zu stark ansteigt. Wählen Sie zum Beispiel Reis mit Gemüse und Ei – dieser führt zu einem weniger starken Zuckeranstieg als Reis allein.[214]

Alles, was das Nervensystem aufregt, sollte zudem vermieden werden. Dazu zählt Glutamat mit dem typischen »Umami«-Geschmack. Menschen mit posttraumatischer Belastungsstörung reagieren besonders empfindlich auf Glutamat, und eine glutamatarme Ernährung kann PTSD-Symptome verringern.[215] Meiden Sie deshalb nach einem Trauma jene Lebensmittel, die reich an Geschmacksverstärkern sind wie Austernsoße, Fischsoße, Misopaste oder Parmesan. Seien Sie sparsam bei Fleisch und essen Sie ein- bis zweimal wöchentlich Fleischgerichte. Wenn Sie Fleisch essen, achten Sie darauf, dass es hochwertig ist (Bio-Fleisch aus Weidehaltung ist eine gute Omega-3-Quelle).

Zusammenfassung: Ernährungsempfehlungen bei Trauma

Dies könnten Sie täglich genießen:

- Orientieren Sie sich an den Empfehlungen für Ernährungstherapie bei Depressionen, Schlafstörungen und Angsterkrankungen.
- Bitten Sie Freunde und Verwandte um Unterstützung im Akutfall, da es im Fall eines akuten Traumas oft nicht einfach ist, gut für sich zu sorgen.
- Essen Sie täglich verschiedenfarbiges Obst und Beeren, die reich an Antioxidantien sind.
- Probieren Sie eine Handvoll Nüsse als Nervennahrung oder Snack zwischendurch (zum Beispiel Cashewkerne, Walnüsse, Mandeln).
- Magnesiumreiche Nahrungsmittel (Mandeln, Cashews, Kleie, Hirse, Haferflocken) können unterstützen.
- Unterstützen Sie Ihr Nervensystem mit B-Vitaminen (Fleisch, zum Beispiel in Bio-Qualität und aus Weidehaltung, Meeresfrüchte).
- Fügen Sie fermentierte Produkte mit probiotischen Bakterien hinzu.
- Spezielle Lebensmittel, die GABA enthalten können, sind beispielsweise Kimchi, Miso, Tempeh sowie grüner Tee (GABA-Tee). Sie könnten Ihren Tee mit etwas Glycin süßen, um die beruhigenden Effekte noch zu verstärken.

- Integrieren Sie täglich Tryptophan-haltige Nahrungsmittel in Ihren Speiseplan: Cashews, Datteln, Kakao, Feigen, Bananen, Fleisch.

- Konsumieren Sie gesunde Fette wie Lein- oder Rapsöl, Edamame, Walnüsse, Leinsamen, Salatsamen, Rettichsamen, Fleisch aus Weidehaltung, fetten Fisch (Lachs, Hering, Makrele). Versuchen Sie, für Ihren Vitamin-E-Haushalt täglich 1 Esslöffel Weizenkeimöl über den Salat oder in eine Suppe zu geben.

- Verwenden Sie viele bunte und beruhigende Gewürze und Kräuter: Kurkuma, Lavendel, Vanille, Zimt, Sternanis, Nelkenpulver, Passionsblume, Kamille.

Dies sollten Sie möglichst vermeiden:

- Fertigprodukte aller Art
- Zucker
- Glutamatreiche Nahrungsmittel (wie Fischsoße, Austernsoße, fertige Tomatensoßen, Parmesan)
- Koffeinhaltige und alkoholische Getränke
- Künstliche Süßstoffe
- Frittiertes
- Schlechte Fette wie Margarine, Backfett, Maisöl, Sonnenblumenöl, Distelöl
- Industrielle Fleisch- und Wurstprodukte, Speck, Salami

Ernährungstherapie bei Vergesslichkeit und Demenz

Jenseits des 60. Lebensjahres kommt es bei den meisten, wenn nicht bei allen, zu einem Rückgang der kognitiven Fähigkeiten, der Gedächtnisleistung und zu Veränderungen der Gehirnstruktur. Langlebigkeit führt schließlich zu einer Anhäufung von »Abfallprodukten« im Gehirn – auch Amyloid-Plaques oder Tau-Tangles genannt – und Schäden der Blutgefäße. Demenz ist ein allmählicher Prozess, der das Denken, die Konzentration und das Gedächtnis beeinträchtigt. Die Entwicklung von Demenz kann durch eine Vielzahl von Faktoren beeinflusst werden, darunter genetische Veranlagung, Lebensstil und Umweltfaktoren. Bei den Demenzformen der vaskulären Demenz und der Alzheimer-Demenz kommt es oft zu Veränderungen der Hirngefäße. Dies beschrieb auch schon Dr. Alzheimer in seiner ersten Abhandlung bei seiner Patientin Auguste: »Die größeren Hirngefäße sind arteriosklerotisch verändert«. Die meisten Demenzformen werden erst ab 65 Jahren diagnostiziert. In Wirklichkeit beginnt die Erkrankung schleichend jedoch schon viel früher.[216] Die Wahl des Lebensstils ist entscheidend dafür, ob man Demenzerkrankungen entwickelt oder nicht.

Menschen mit Demenzerkrankungen weisen oft Ernährungsdefizite auf, die Gefäßveränderungen begünstigen: darunter eine geringe Aufnahme von Obst und Gemüse und eine deutlich erhöhte Aufnahme von Kohlenhydraten. Der nachteilige Ernährungsstil wirkt sich auch nachweislich auf das Darmmikrobiom aus und führt zu Dysbiose, einer Verminderung der bakteriellen Artenvielfalt, folglich zu Entzündungen und schließlich zur

Bildung von Abfallprodukten wie Beta-Amyloid im Gehirn. Es scheint, dass Beta-Amyloid auch über den Darm via die Darm-Gehirn-Achse (über den Vagusnerv und das Blut) ins Gehirn gelangen kann; die genauen Prozesse sind jedoch noch nicht im Detail erforscht.[217]

Ein Fallbeispiel, das die Entwicklung einer Demenz veranschaulicht, ist das meines 75-jährigen Patienten Herrn B. In der Vergangenheit führte er einen aktiven Lebensstil, achtete jedoch nicht immer auf seine Ernährung, hatte eine Vorliebe für Kuchen und Kekse, war etwas übergewichtig und hatte einen leicht erhöhten Blutdruck. Im Laufe der Zeit bemerkten seine Angehörigen, dass er zunehmend Schwierigkeiten hatte, sich an wichtige Termine zu erinnern und alltägliche Aufgaben zu erledigen. Er verlegte häufig seinen Schlüssel oder vergaß, den Herd auszuschalten. Darüber hinaus hatte er Schwierigkeiten, sich mit seinen langjährigen Freunden an gemeinsame Erlebnisse zu erinnern, auch wenn diese erst kurz zurücklagen. Nach einer umfassenden medizinischen Untersuchung wurde die Alzheimer-Krankheit diagnostiziert. Die Demenz entwickelte sich allmählich und beeinträchtigte nach und nach seinen Alltag und seine Lebensqualität. Obwohl es keine Heilung für die Alzheimer-Krankheit gibt, können bestimmte Maßnahmen wie eine gesunde Ernährung, geistige Aktivität und soziale Interaktionen dazu beitragen, das Fortschreiten der Demenz zu verlangsamen und die Lebensqualität zu verbessern.

Basistherapie: Ernährung

Die MIND-Diät ist eine Ernährungsweise, die darauf abzielt, das Risiko von Alzheimer und kognitiven Beeinträchtigungen zu vermindern. Der Name »MIND« steht dabei für »Mediterranean-DASH Intervention for Neurodegenerative Delay«. Kurz zur Rekapitulation: Interventionen mit der DASH-Diät zeigen, dass gewisse Nahrungsmittel wie Gemüse, Beerenobst, Nüsse, Vollkorn und gesunde Fette das Gehirn schützen und das Gedächtnis verbessern können. Gleichzeitig sollen rotes Fleisch, Produkte mit schlechten Fetten und zuckerhaltige Nahrungsmittel vermieden werden. Auch für die mediterrane Ernährung gibt es solide Daten aus Beobachtungsstudien: In der PREDIMED-Studie konnte gezeigt werden, dass sich die Gruppe, welche sich mediterran mit zusätzlichem Olivenöl und Nüssen ernährte, kognitiv während der Nachbeobachtungszeit von vier Jahren sogar verbesserte.[218]

Hinzufügen, was fehlt

Mit zunehmendem Alter kommt es ernährungsbedingt zu Mangelerscheinungen. Dem Körper und dem Gehirn fehlen wichtige Nährstoffe. Dies führt zu verschiedenen Symptomen wie Konzentrationsstörungen, Nachlassen der Gedächtnisleistung, Unruhe und Schlafstörungen. Umstellungen des Lebensstils können helfen, diese Symptome zu lindern. Die folgenden Ernährungstipps können helfen, das Gehirn im Alter zu unterstützen.

Fermentierte Lebensmittel

Das Altern selbst geht mit Veränderungen des Darmmikrobioms einher, was unter anderem eine Verringerung der mikrobiellen Artenvielfalt zur Folge hat. Der Verzehr von fermentierten Lebensmitteln verbessert das Darmmikrobiom und die Darmbarriere. Den Forscher Porras-Garcia veranlasste dies, alle bisherigen Studien zu fermentierten Lebensmitteln zusammenzufassen.

Eine niedrige Alkoholmenge, täglicher Genuss von Kaffee, Sojaprodukten und fermentierten Lebensmitteln gehen mit einem reduzierten Risiko für Demenz einher.[219]

Polyphenole, Vitamine, gute Fette

Eine Zusammenfassung von Studien berichtete über positive Ergebnisse bei B-Vitaminen und Omega-3-Fettsäuren bei einer Frühform der Demenz, dem sogenannten Mild Cognitive Impairment (MCI). Kleinere Studien zeigten zudem Effekte von Vitamin D, mittelkettigen Fettsäuren, Blaubeeren, Traubensaft, Kakaoflavonoiden und den selenreichen Paranüssen.[220] Auffällig ist, dass viele der genannten Lebensmittel (Blaubeeren, Trauben, Kakao) Polyphenole enthalten. Diese haben durchaus das Potenzial, die Kognition zu verbessern. In einer kleinen griechischen Pilotstudie konnte gezeigt werden, dass nach zwölf Monaten ein polyphenolreiches, hochwertiges Olivenöl bei den Teilnehmern zu Verbesserungen in den meisten kognitiven Bereichen führte.[221]

Bei Demenz kommt es häufig zu einem Mangel an Acetylcholin. Damit dieses gebildet werden kann, braucht man Vitamine, wie zum Beispiel B-Vitamine.

Gewürze gegen das Vergessen

Einige Dinge, die förderlich für das Gedächtnis sind, finden Sie tatsächlich im Gewürzregal. Es gibt Fallberichte für den Einsatz von Kurkuma bei Demenz[222,223]. Nichtsdestotrotz – die besten Daten haben wir für Safran: In einer Studie erhielt die Hälfte der Teilnehmenden Safrankapseln, die andere Hälfte ein Placebo, also Kapseln, die komplett gleich wie das Original aussahen, jedoch keinen Safran beinhalteten. Nach 16 Wochen kam es zu einer deutlichen Besserung der kognitiven Leistungen.[224] Wird Safran mit einem zugelassenen Alzheimermedikament (Donepezil, Aricept) verglichen, so zeigten sich keine signifikanten Unterschiede bezüglich der Wirksamkeit![225] Ist das nicht erstaunlich?

Auch Rosmarin, Zimt, Zitronenmelisse, Salbei, Ingwer und Pfeffer können aufgrund ihrer antioxidativen Eigenschaften gegen das Vergessen punkten.[226] Schon Ophelia sagte in Shakespeares Stück *Hamlet*: »Rosmarin ist zur Erinnerung«. Salbei, Rosmarin und Zitronenmelisse enthalten nämlich hohe Mengen an Rosmarinsäure. Diese wirkt gegen Entzündungen und ist ebenso antioxidativ. Außerdem vermindert Rosmarinsäure den Abbau des Nervenbotenstoffes Acetylcholin und könnte so ähnlich wie die bereits zugelassenen Medikamente gegen Demenz die Gedächtnisleistung verbessern.[227] Salbei konnte im Tiermodell sogar die Bildung von Amyloid-Plaques im Gehirn verhindern.[228]

Zimt hemmt die Anhäufung von Tau und Beta-Amyloid. Er weist schützende Wirkungen auf das Nervensystem auf und kann Entzündungen regulieren.[229] Außerdem mag es ratsam sein, alle Speisen großzügig zu pfeffern: Schwarzer Pfeffer macht Acetylcholin besser verfügbar und schützt das Nervensystem.[230] Mögen Sie die Schärfe des Pfeffers nicht, könnten Sie es alternativ mit Ingwer probieren! Ingwer hat sich ebenso als wertvoller Kandidat für die Behandlung von Demenz erwiesen, und es gibt Hinweise darauf, dass er auch zur Vorbeugung eingesetzt werden kann.[231] Gartenkresse ist nicht nur toll zum Garnieren, sondern ebenso ein Kandidat in der Alzheimerforschung mit den Inhaltsstoffen Lepidin B und E.[232]

Eine Tasse Tee gefällig?

Nehmen Sie ein Pfefferminzblatt und zerreiben Sie es zwischen den Fingern. Können Sie den Geruch der Pfefferminze wahrnehmen? Menschen, die dies nicht können, haben ein mehr als doppelt so hohes Risiko für die Entwicklung einer Demenz, wie eine Studie zeigen konnte.[233] Pfefferminze hemmt ebenso die Acetylcholinesterase und könnte deshalb hilfreich bei Vergesslichkeit sein. Eine deutlich bessere Datenlage gibt es jedoch hinsichtlich des Konsums von grünem Tee: Dieser wurde in einer Übersichtsarbeit, in welcher die Daten von 410 000 Personen ausgewertet wurden, mit einem 30 Prozent niedrigeren Risiko einer Demenz in Verbindung gebracht. Tee konnte ebenso das Demenzrisiko bei Personen mit höherem Alter, wenig körperlicher Bewegung, genetischen Risikofaktoren und Rauchern senken.[234] Generell wird der Genuss von drei großen Tassen Tee (250 ml) pro Tag empfohlen.[235]

Sojaprodukte

Soja-Isoflavone dürften ebenso einen positiven Effekt auf die kognitive Funktion und das visuelle Gedächtnis bei Frauen nach den Wechseljahren haben. Diese sind in Sojabohnen, Sojaflocken oder Natto (fermentierten Sojabohnen) zu finden. Auch Sojalecithin hat kurzfristige Wirkungen auf das Gedächtnis und die Kognition in einer Studie zeigen können.[236]

Weglassen, was schadet

Zu viele Kalorien und zu viel Zucker könnten zur Entwicklung einer Demenz beitragen, während Ernährungsstile mit wenig Zucker zu Verbesserungen führten.[237]

Sirtuine sind Proteine, welche unsere DNA in Ordnung halten. Sie sind sowohl an gesundem Altern als auch an der Langlebigkeit beteiligt. Sind diese nicht aktiv, so kommt es leichter zur Entstehung von Plaques im Gehirn. Sogenannte AGEs (»Advanced Glycosylation Endproducts«) sind Gifte, die zum Altern führen. Sie drücken beim Altern auf das Gaspedal, verhärten das Gewebe, fördern oxidativen Stress und Entzündungen. AGEs werden häufig im Gehirn von Alzheimerpatienten gefunden. Sie entstehen durch übermäßigen Verzehr von Fleisch und Fleischprodukten, frittierten Nahrungsmitteln, Kombinationen von Fett und Protein (wie in gebackenem Camembert oder frittiertem Speck). Es kommt auch auf die Kochmethode an: Wird ein Würstchen gekocht, so hat es weniger AGEs, als wenn es frittiert oder in Öl angebraten wird. Dämpfen und Kochen ist deshalb besser als Braten für die Gehirngesundheit.[238] Sogenannte SIRT Foods, also Lebensmittel, die Sirtuine aktivieren, werden deshalb derzeit als »Jungbrunnen« zelebriert. Dazu zählen beispielsweise Chilis, Buchweizen, Kapern, Staudensellerie, Kaffee, Olivenöl »extra nativ« oder grüner Tee.[239]

Zusammenfassung: Ernährung fürs Gedächtnis

- Genießen Sie eine mediterrane Ernährung oder MIND-Diät.
- Essen Sie täglich fermentierte Produkte.
- Verzehren Sie täglich Präbiotika, Ballaststoffe für die Ernährung der Darmbakterien.

- Achten Sie auf Zufuhr von verschiedenfarbigen, polyphenolreichen Lebensmitteln (wie Beeren, Kirschen, Auberginen).

- Verwenden Sie ausreichend Olivenöl für Salate, essen Sie täglich Nüsse.

- Verwenden Sie reichlich Gewürze: Rosmarin, Kurkuma, Zimt, Ingwer, Salbei (vermindert Amyloid), Schwarzen Pfeffer, Pfefferminze. Geben Sie ordentlich Rosmarin auf Gemüse, Ofenkartoffeln, Brathuhn oder Nüsse.

- Soja-Isoflavone, Phosphatidylserin, Phosphatidylcholin (Lecithin) aus Sojabohnen (in Sojaprodukten, Sojabohnen, Natto) könnten hilfreich sein.

- Unterstützen Sie das parasympathische Nervensystem mit Cholin und Lecithin (in Eiern, Leber, Fisch, Hühnerbrust, Weizenkeimen, Sprossen, Quinoa und Brokkoli).

- Verwenden Sie reichlich Sprossen und Kresse zum Verfeinern Ihrer Gerichte.

- Drei Tassen Tee am Tag wären optimal (Schwarztee oder Grüntee). Verwenden Sie Matchapulver, zum Beispiel, um Desserts zu verfeinern, rühren Sie es in Joghurt und Porridge.

- Versuchen Sie SIRT-Foods wie Chilis, Buchweizen, Kapern, Staudensellerie, Olivenöl »extra nativ«, Grünkohl, Datteln, Rucola.

- Bevorzugen Sie die Zubereitungsmethoden Dämpfen und Kochen statt Braten und Grillen.

Dies sollten Sie möglichst vermeiden oder nur sehr selten essen

- Zu viele Kalorien, Fertigprodukte, Zucker, Kuchen, Softdrinks

- Fleisch und Fleischprodukte, Frittiertes, Kombinationen von Fett und Eiweiß (wie gebackener Camembert, frittierter Speck)

- Schlechte Fette wie Margarine, Backfett, Maisöl, Sonnenblumenöl, Distelöl, Mayonnaise

- Fleisch- und Wurstprodukte, Speck, Salami, Wurst

Ernährungstherapie bei Schlafstörungen

Schlaf ist die Grundlage des Lebens. In keinem anderen Zustand sind wir verwundbarer und angreifbarer. Trotzdem hat die Natur eingerichtet, dass wir optimal sieben bis acht Stunden schlafen sollten – und das ist lebenswichtig. Schlafen wir schlecht, steigt unser Stresslevel, die Hormonspiegel kommen durcheinander, Mitochondrien produzieren weniger Energie, die Stimmung geht in den Keller. Viele psychische Erkrankungen kündigen sich zudem mit Schlafstörungen an (wie zum Beispiel die manische Phase bei einer bipolaren Erkrankung!).

Falls Sie schon einmal Schlafstörungen hatten, sind Sie definitiv nicht allein. Schlafstörungen gehören zu den häufigsten Störungen weltweit. Rund ein Drittel der Weltbevölkerung ist davon betroffen. [240] Ständige Reizquellen, Blaulichtanteile, Nachtschichten – all dies trägt zu einem

Ungleichgewicht unserer inneren Uhr bei. Schlafstörungen können das Darmmikrobiom durcheinanderbringen.[241] Kann sich der Körper nicht erholen und steht unter Stress, wird zudem mehr Cortisol ausgeschüttet. Cortisol wirkt anabol, also aufbauend – das heißt, es wird auch mehr zugenommen und Fett eingelagert. Dies könnte auch der Grund sein, warum Schichtarbeiter zu Übergewicht neigen.[242]

Basistherapie: Ernährung

Liegt eine gesunde Ernährungsweise wie beispielsweise die mediterrane Ernährung vor, so ist auch die Schlafqualität besser.[243]

Hinzufügen, was fehlt

Folgende Lebensmittel und Nährstoffe können Ihren Schlaf sinnvoll unterstützen und die besten Voraussetzungen für eine erholsame Nachtruhe schaffen.

Fett, Eiweiß und Melatonin

Omega-3-Fettsäuren verringern Entzündungen und können den Schlaf normalisieren.[244] Fettsäuren sind zudem an der Bildung von Melatonin beteiligt. Melatonin ist das Schlafhormon, das aus dem Serotonin gebildet wird, und außerdem ein großartiges Antioxidans (deshalb war es auch in Covid-Zeiten sehr beliebt!). Es ist als Nahrungsergänzungsmittel erhältlich, meist jedoch in niedriger Dosierung, entweder als Tablette, als Spray oder in Tropfenform und kann leicht die Blut-Hirn-Schranke überwinden.

Tryptophan, ein Eiweißstoff, aus dem Serotonin und schließlich Melatonin gebildet wird, ist als Schlafmittel zugelassen. Kombiniert man Tryptophanquellen mit etwas Kohlenhydraten oder Zucker – wie zum Beispiel Haferflocken mit Milch oder Frischkäse auf Brot – kommt Tryptophan leichter über die Blut-Hirn-Schranke und kann über den Zwischenschritt 5-Hydroxytryptophan (5-HTP) schließlich in Serotonin umgewandelt werden.

Um besser einzuschlafen, *könnte man also Lebensmittel mit etwas Zucker zu sich nehmen* – dies ist auch der Grund, warum »Betthupferl«, also kleine Süßigkeiten vor dem Einschlafen, so beliebt sind. Allerdings ist nach Zuckergenuss der Schlaf auch weniger erholsam.

Kiwis, Kirschen und Salat

Ich staunte nicht schlecht, als ein Psychiater bei unserer weltweiten Umfrage zu Ernährung und Psyche angab, dass er Schlafstörungen bei seinen Patienten mit Kirschen behandeln würde. Tatsächlich gibt es dazu wissenschaftliche Evidenz: Sauerkirschen sind sehr reich an Melatonin und Polyphenolen. Zweimal täglich 30 Milliliter Sauerkirschsaft führten in einer Studie zu signifikanten Melatoninanstiegen, gesteigerter Schlafqualität und Schlafdauer.[245] Auch andere Lebensmittel wie Hafer, Reis, Mais, Walnüsse, Leinsamen und Tomaten enthalten Melatonin. Gewürze sind ebenfalls melatoninhaltig: Bockshornklee oder Senfsamen enthalten einiges an diesem Hormon. Auch »extra natives« Olivenöl enthält Melatonin.[246] Die Mengen sind jedoch überschaubar – deshalb ist es ratsam, mehrere melatoninhaltige Lebensmittel miteinander zu kombinieren.

Kiwis enthalten eine Reihe von Nährstoffen, welche den Schlaf fördern: Vitamin C, E, K, Folsäure, Carotinoide, Lutein, Kupfer, Kalium und Ballaststoffe. Eine kleinere Studie mit 25 Freiwilligen, welche nach eigenen Angaben unter Schlafstörungen litten, zeigte, dass der Verzehr von zwei Kiwis eine Stunde vor dem Schlafengehen über einen Zeitraum von vier Wochen zu einer signifikanten Verbesserung der gemessenen Gesamtschlafdauer führte, es gab jedoch in dieser Studie leider keine Kontrollgruppe.[247]

Gibt es aber auch ein Gemüse, das bei Schlafstörungen hilft? Ja, definitiv: Salat, genauer gesagt *Lactuca sativa*, der Gartensalat, und dessen Samen wurden in der Behandlung von Schlafstörungen bei Schwangeren erforscht. Dies ist insbesondere bedeutsam, da gerade in der Schwangerschaft Auswirkungen von konventionellen Schlafmitteln auf das Kind zu erwarten sind. In einer Studie mit sehr hohem Evidenzgrad konnte die Gruppe, welche die Salatsamen erhielt, deutlich besser schlafen und zeigte keinerlei Nebenwirkungen.[248] Salatsamen enthalten schlaffördernde Substanzen, welche sehr bitter schmecken. Seit der Römerzeit wird Salat anekdotisch als beruhigendes Mittel eingesetzt. Bitterstoffe im Salat regen zudem das Verdauungssystem an und aktivieren das parasympathische Nervensystem über den Vagusnerv, sodass wir während der Verdauung entspannt sind.[249]

B-Vitamine und Magnesium

Ich frage meine Patienten während der Untersuchung manchmal, ob sie sich an ihre Träume erinnern können. Manche erzählen mir dann detailreich die Träume der letzten Wochen und fragen mich, wie diese zu interpretieren wären. Da Traumdeutung nicht gerade Teil der medizinischen Ausbildung ist, kann ich deshalb nur dazu sagen, dass ich interpretieren kann, dass wahrscheinlich kein Vitamin-B-Mangel vorliegt! Besteht keine Traumerinnerung, so ist dies ein Hinweis, dass insbesondere Vitamin B_6 nicht passt. Es ist wissenschaftlich erwiesen, dass die Vitamin-B_6-Zufuhr die Traumerinnerung steigert.[250] Vitamin B_6 fördert zudem die Bildung des Nervenbotenstoffes Dopamin. Quellen von Vitamin B_6 sind beispielsweise: Walnüsse, Rinderleber, Hühnerfleisch, Lachs und Sardinen. B-Vitamine spielen eine wichtige Rolle bei der Melatoninproduktion. Es wird auch angenommen, dass Magnesium die Melatoninsekretion steigert und den Schlafbeginn fördert. Magnesium wirkt auch auf GABA, den hemmenden Nervenbotenstoff im Zentralnervensystem.

Kräuter: Kamille, Passionsblume, Baldrian, Melisse, Lavendel

Kräuter und pflanzliche Stoffe werden oft in der Erfahrungsheilkunde zur Behandlung von Schlafstörungen eingesetzt. Eine der bekanntesten Pflanzen ist Baldrian, dessen Wurzel als mildes Beruhigungsmittel eingesetzt wird. Ebenso ist die Passionsblume wegen ihrer schlaffördernden Eigenschaften beliebt. Lavendel, oft als ätherisches Öl oder als Tee verwendet, ist für seine beruhigenden Aromen bekannt. Die Kamille ist ein weiteres beliebtes Kraut, das beruhigende Eigenschaften hat und bei Schlafproblemen eine unterstützende Rolle spielen kann. Aber auch Bitterorange und Melisse spielen eine Rolle in vielen Schlaftees.

Weglassen, was schadet

Schwere Mahlzeiten, vor allem abends, sollten eher vermieden werden – besonders, wenn diese besonders fett- und kohlenhydratreich sind. Sie verringern den Tiefschlaf nachweislich.[251] Eventuell haben Sie es schon selbst einmal erlebt: Isst man abends sehr viel und reichlich, ist guter

Schlaf beinah unmöglich. Fertigprodukte wirken pro-entzündlich und können dadurch den Umbau von Tryptophan in Serotonin und Melatonin behindern. Deshalb sollten sie so gut wie möglich vermieden werden.

Getränke

Besonders Kaffee sollte nicht vor dem Schlafengehen getrunken werden, optimalerweise nur bis zum frühen Nachmittag. Koffein stört zudem empfindlich das Adenosin, welches uns beim Einschlafen hilft, indem es die aufputschenden Hormone Adrenalin und Dopamin hemmt. Ohne Adenosin bleiben diese Nervenbotenstoffe wirksam und wir kommen nicht zur Ruhe. Viele Menschen benützen Alkohol als Schlafhilfe. Denn es stimmt: Alkohol wirkt im Gehirn auf dieselben Bereiche wie ein Beruhigungsmittel. Er stört jedoch empfindlich den Schlafzyklus. Außerdem wird durch Alkohol der Traumschlaf unterdrückt.[252] Umstellungen des Lebensstils können helfen, Schlafstörungen zu lindern und gegebenenfalls schlaffördernde und zum Teil abhängig machende Schlafmedikamente zu reduzieren.

Zusammenfassung: Ernährung für den Schlaf

- Basistherapie ist eine mediterrane Ernährung beziehungsweise DASH-Ernährung
- Omega-3-Fettsäuren: Lachs, Makrele, Hering, Sardine
- Melatonin-haltige Nahrungsmittel: Eier, Fisch, Milch, Getreide (Hafer, Reis), Walnüsse, Tomaten, Trauben, Sauerkirschen, Olivenöl, Leinsamen, Bockshornklee, Senfsaat
- Magnesiumreiche Nahrungsmittel: Mandeln, Cashews, Soja, Bohnen
- Tryptophanhaltige Nahrungsmittel: Cashews, Datteln, Kakao, Feigen, Bananen, Fleisch (Hühnerfleisch, Rindfleisch), Linsen, Kichererbsen
- B-Vitamine, wenn Sie sich an Ihre Träume erinnern wollen. Besonders Vitamin B_6 ist reichlich vorhanden in Hummer, Lachs, Sardinen, Walnüssen, Speisekleie
- Fermentierte Produkte: Joghurt mit lebenden Kulturen, Sauerkraut, Miso, Natto, Kefir, Kimchi, fermentiertes Gemüse
- Aminosäuren: Supplemente Tryptophan und 5-HTP bitte immer mit den Behandlern absprechen, besonders wenn Sie Antidepressiva einnehmen! Glycin kann wie Zucker zum Beispiel zum Süßen von Tee verwendet werden.
- Gewürze: Lavendel, Vanille, Zimt, Passionsblume, Kamille, weißer Mohn, Bockshornklee, Senfsaat
- Bittere Kräuter: Bitterstoffe wie zum Beispiel in Salat (Gartensalat, Rucola, Chicoree, Endivien, Löwenzahn). Versuchen Sie Salatsamen (1 Gramm – hier ist eine Feinwaage hilfreich!) vor dem Schlafengehen einzunehmen, um die Schlafqualität zu erhöhen.
- Tees beispielsweise aus Hopfen, Baldrian, Melisse, Kamille, Lavendel, Bitterorange, Ashwagandha (indische Schlafbeere)
- Probieren Sie das Kamille-Sauerkirschgetränk oder die gewürzte Dattelmilch.

Kamille-Sauerkirschgetränk

Kirschen enthalten das Schlafhormon Melatonin, Kamille beruhigt das Nervensystem, ein wenig Honig führt dazu, dass Tryptophan (Vorläuferstoff aus dem Serotonin und Melatonin gebildet werden) besser durch die Blut-Hirn-Schranke kommt. Lassen Sie zwei Beutel Kamillentee circa 20 Minuten in einer Tasse heißem Wasser ziehen, geben Sie anschließend eine halbe Tasse Sauerkirschsaft hinzu, süßen Sie mit einem Löffel Honig. Vor dem Schlafengehen schluckweise trinken.

Gewürzte Dattelmilch

Eine tryptophanreiche Abendmilch, die Oxytocin (das Kuschelhormon) aktiviert und zu gutem Schlaf führt. Rezept für eine Tasse: 2–3 weiche, gedörrte Datteln halbieren, entkernen, in kleine Stücke schneiden. Datteln mit 250 Milliliter Schaf-, Ziegen- oder Pflanzenmilch in einen Topf geben und zum Kochen bringen. Hitze reduzieren, fünf Minuten köcheln lassen, dann jeweils eine Messerspitze Kardamom, Zimt, Muskatnuss, Kurkuma, Nelken und Vanille hinzufügen, nochmals kurz aufkochen. Vor dem Schlafengehen schluckweise und warm trinken.

Dies sollten Sie möglichst vermeiden oder nur sehr selten essen

- Kaffee, Cola, Energydrinks, Alkohol
- Fertigprodukte aller Art

Verhaltenstipps für ruhigen Schlaf

- Achten Sie auf Ruhe, Wärme und einen geregelten Tagesrhythmus.
- Vermeiden Sie langes Aufbleiben, Schichtdienste und Nachtdienste.
- Erstellen Sie Schlafrituale.
- Essen Sie nicht zu spät am Abend (spätestens um 18 Uhr), bevorzugen Sie leichte Kost.
- Schalten Sie alle elektronischen Geräte beim Bett aus und versuchen Sie sonst das Tragen einer Blaulichtfilterbrille ab 18 Uhr.
- Schlafen Sie wenn möglich in einem Zirbenbett oder benützen Sie Zirbenspray vor dem Einschlafen! Dies entspannt das parasympathische Nervensystem.
- Achten Sie auf die äußeren Umstände beim Schlafen: eine gute Matratze, geeignetes Bettzeug, Dunkelheit, angenehme Temperatur.

Nicht nur was gegessen wird, ist wichtig, sondern auch wie: das achtsame Essen

Um Achtsamkeit aus erster Hand zu lernen, habe ich mich während meiner Assistenzarztausbildung erstmals in ein buddhistisches Retreat begeben. Es gibt dort einen wirklich sehr strengen Tagesablauf, fixe Zeiten zum Aufstehen, zum Meditieren, zum Essen. Das Ziel ist es bei allen Tätigkeiten, im Hier und Jetzt präsent zu sein und immer wieder in den jetzigen Moment zurückzukehren. Das ist definitiv schwerer als gedacht. Meine Aufgabe war es jeden Morgen, für die anderen Teilnehmer Tee zuzubereiten. In den ersten Tagen hat mich das frühe Aufstehen und Teemachen geärgert; ich habe den Tee entweder zu kurz oder zu lange ziehen lassen, weil ich mit den Gedanken irgendwo anders war. Weil jedoch alle schweigen mussten, durfte sich Gott sei Dank auch niemand über die Teequalität beschweren! Ein buddhistischer Mönch kam im Laufe der Woche zu mir und sagte: »Weißt du, du kannst Tee machen, als würde das ganze Universum davon abhängen.« Ich habe folglich gelernt: Es macht einen großen Unterschied, ob der Tee »irgendwie« oder »nebenbei« zubereitet wird. Oder ob man dies mit Intention, einem Ziel und mit Liebe zum Detail macht.

Wie häufig ist es ja auch beim Essen so, dass man dieses nicht bewusst genießt, sondern nur schnell in der Pause reinschaufelt, während man daneben Zeitung liest oder abends vor dem Fernseher durch die Programme zappt. Zu selten wird auch gemeinsam mit der Familie am Tisch gegessen. Jedes Familienmitglied ist für sich mit dem Smartphone oder dem Computer beschäftigt. In Restaurants sitzen sich Paare gegenüber, die nicht mehr miteinander sprechen oder sich aufs Essen konzentrieren, sondern daneben telefonieren, und E-Mails beantworten. Tatsächlich erhöht Essen vor dem Fernseher die Kalorienzufuhr um 36 Prozent. Teilnehmende einer Studie aßen im Schnitt ein Stück mehr Pizza und um 71 Prozent mehr Makkaroni mit Käse, wenn sie durch Fernsehen abgelenkt waren. Im Schnitt wurden 288 Kilokalorien mehr verzehrt.[253]

Wissenschaftliche Studien zeigen, dass das individuelle Wohlbefinden, aber auch die körperliche und psychische Gesundheit von Achtsamkeitsübungen profitieren können.[254] Für das Wort Achtsamkeit gibt es mehrere Definitionen – eine wäre zum Beispiel: »Achtsamkeit ist die individuelle Beobachtung des unmittelbaren Erlebens. Dieses Beobachten ist offen und nicht wertend.« Es geht darum, mit einer offenen Haltung, Körperempfindungen und Emotionen wahrzunehmen und diese so zu akzeptieren, wie sie sind.

Ein Programm zur achtsamkeitsbasierten Reduktion von Stress (MBSR) wurde von Jon Kabat-Zinn etabliert. Seit den 1990er-Jahren gibt es das »achtsame Essen« (Mindful Eating). Wie Sie schon gelesen haben, ist emotionales Essen leider besonders bei Essstörungen, aber auch bei anderen psychischen Erkrankungen wie Depressionen, Angststörungen und Traumafolgestörungen (PTSD) weit verbreitet.

Achtsames Essen soll dabei helfen, ein Bewusstsein für die verschiedenen Arten von Hunger zu entwickeln. Manchmal haben wir körperlichen Hunger – wir merken, dass der Magen knurrt, wir werden nervös wegen des Blutzuckerabfalls, eventuell beginnen wir zu schwitzen. Dann gibt es aber noch den psychischen Hunger, wenn wir gestresst, wütend, traurig oder einsam sind. Oder wir reagieren auf Umweltreize wie zum Beispiel eine Lebensmittelverpackung oder eine Werbung, die gute Gefühle gemeinsam mit einem Nahrungsmittel bewirbt.

Achtsamkeit soll die Fähigkeit trainieren, Gefühle und Gedanken schon im Vorfeld zu bemerken, diese zu erkennen und dann die Wahl zu haben, sie vorüberziehen zu lassen oder danach zu handeln. Durchführung von Achtsamkeitspraxis kann die Aktivität gewisser Hirnregionen, die für die subjektive Bewertung von Gefühlen,

Lernen und für die selbstbezogene Verarbeitung zuständig sind, nachweislich verändern. In einer Studie wurde Folgendes gemacht: Es wurde drei Gruppen von schokoladeliebenden Teilnehmern jeweils eine Schokoladepackung gegeben, mit der Aufforderung, diese eine Woche lang bei sich zu tragen und keinesfalls davon zu essen. Der ersten Gruppe wurde nur diese Anordnung gegeben. Die zweite Gruppe erhielt die Aufforderung, bei Verlangen nach Schokolade die Gedanken umzustrukturieren – also zum Beispiel statt »Ich möchte jetzt diese Schokolade essen« zu denken: »Ich brauche keine Schokolade. Ich könnte statt Schokolade einen Apfel essen.« Diese Methode war jedoch nicht erfolgreich. Viel erfolgreicher war die Achtsamkeitsmethode (»kognitive Defusion«), welche die dritte Gruppe verwendete. Diese umfasst, aufkommende Gedanken an Schokolade einfach zu beobachten. Wenn also der Wunsch aufkommt, Schokolade zu essen, so wird dieser beobachtet, im Sinne von: »Interessant, in mir kommt der Wunsch auf, Schokolade zu essen«.[255] Man nimmt also auftretende Wünsche zur Kenntnis, so wie ein Pilot Wünsche und Anregungen der Passagiere entgegennimmt – aber das Steuern des Flugzeugs, und damit die Entscheidung, nach den Anregungen zu handeln oder nicht, bleibt dem Piloten überlassen.

Achtsames Essen stellt ein wertvolles Tool zur Änderung des Essverhaltens und zum Management von Heißhungerattacken dar.[256] Es kann helfen, das Gegessene besser zu genießen und mehr im Moment zu leben. So fallen wir weder auf unsere Gefühle, Gedanken, Ablenkungen oder auf Werbung herein, die uns verleiten, mehr als gewollt oder das zu essen, was uns eigentlich schadet.

Wie Viktor Frankl auch treffend schrieb: »Zwischen Reiz und Reaktion liegt ein Raum. In diesem Raum liegt die Macht unserer Wahl. In unserer Reaktion liegen unsere Entwicklung und unsere Freiheit.«

Achtsamkeit kann diesen Raum vergrößern.

PRAKTISCHER TEIL UND REZEPTE

Hallo liebe Leserin und lieber Leser,

mein Name ist Attila Várnagy. Ich bin Koch und Ernährungstherapeut. Willkommen zu dieser kulinarischen Reise! Bevor Sie sich in die köstlichen Rezepte stürzen, möchte ich einige nützliche Hinweise geben.

Da sich verschiedene psychische Erkrankungen überlappen und es generell nicht nur eine einzige Zutat ist, die für die positiven Effekte verantwortlich ist, wurden die folgende Rezepte zu Ihrer Orientierung in die Kategorien aktivierend, beruhigend, Mikrobiom-stabilisierend und gehirngesund eingeteilt. Probieren Sie gerne Gerichte aus mehreren Kategorien aus! Vegetarische und vegane Gerichte finden Sie ebenso wie Gerichte mit Fleisch und Fisch. Es ist ratsam, ein- bis zweimal pro Woche Fleisch und ebenso oft Fisch in den Speiseplan zu integrieren. Wichtig ist eine bunte Vielfalt der verwendeten Lebensmittel und Gewürze.

Bitte kochen Sie nicht nur die Rezepte, die Sie auf den ersten Blick ansprechen, sondern probieren Sie auch andere, vielleicht etwas ungewöhnlichere Gerichte aus. Eine abwechslungsreiche Ernährung ist immer empfehlenswert. Wenn Sie eine Zutat nicht kennen oder mögen, versuchen Sie diese trotzdem so zuzubereiten, wie es im Rezept steht. Vielleicht kommen Sie auf den Geschmack!

Frisches Gemüse schmeckt natürlich am besten. Falls Sie keinen üppigen Gemüsegarten besitzen, empfehlen ich Ihnen, wenn möglich, auf Bioprodukte zurückzugreifen. Waschen Sie frisches Obst und Gemüse immer gut unter fließendem, klaren Wasser. Falls Sie einmal nicht wissen, wie Sie eine Obstsorte oder ein bestimmtes Gemüse vorbereiten sollen (zum Beispiel Granatapfel entkernen, Zwiebel schneiden), gibt es auf Youtube nützliche Videos.

Bitte verwenden Sie jodiertes Salz, dieses gibt es überall zu kaufen. Bei vielen Rezepten habe ich getrocknete Gewürze verwendet, da diese eine gute antioxidative Wirkung haben und fast immer verfügbar sind. Wenn Sie jedoch frische Kräuter zur Hand haben, greifen Sie gerne darauf zurück. Auch habe ich Lavendelblüten zu einigen Gerichten hinzugefügt. Diese zählen in manchen Ländern zur Grundausstattung des Gewürzregals und können, neben ihrer Wirkung auf die Psyche, sowohl süßen als auch herzhaften Gerichten das gewisse Etwas verleihen. Achten Sie beim Einkauf der Lavendelblüten unbedingt auf Lebensmittelqualität.

Falls Safran gerade nicht griffbereit ist, kann Kurkuma eine großartige Alternative sein. Viele der Rezepte enthalten kalt gepresste Öle. Fügen Sie diese erst kurz vor dem Servieren hinzu und verwenden Sie sie nicht zum Kochen oder Braten. Durch Erhitzen verlieren Leinöl und Olivenöl leider viele gesundheitsfördernde Eigenschaften.

Tipp: Bei Gerichten, denen Zucker zugefügt ist, können Sie – wo ich es gekennzeichnet habe – statt Zucker auch Glycin verwenden. Das ist ein Eiweiß, das Ihr Körper auch selbst herstellen kann. Es ist gesundheitlich vorteilhafter als Zucker oder künstliche Süßstoffe und hat einen ebenso süßen Geschmack. Glycin kann etwas müde machen, besonders, wenn man sehr viel davon verwendet.

Falls Sie nur für sich oder zwei Personen kochen, können Sie natürlich die angegebenen Mengen in den Rezepten vierteln oder halbieren, aber bitte beachten Sie, dass die Gewürzmenge sich ändern könnte. Lustig kann es auch sein, ein Gericht einmal zu zweit zu kochen – holen Sie sich gerne Unterstützung von Freunden oder Familie. Gemeinsames Essen fördert nachgewiesenermaßen die psychische Gesundheit!

KÜCHENUTENSILIEN

Nun will ich über einige nützliche Utensilien sprechen, die Sie in der Küche unterstützen können. Ein Gemüseschäler, ein scharfes Gemüsemesser und ein zuverlässiges Schneidebrett machen das Kochen zum Vergnügen. Backpapier ist praktisch zum Backen und eine Folie hält Ihre Speisen frisch. Natürlich dürfen auch verschiedene Töpfe und Pfannen nicht fehlen. Mit einer Salz- und Pfeffermühle können Sie Ihren Gerichten den letzten Geschmackskick verleihen. Die Knoblauchpresse ist ein kleiner Helfer, der Ihnen die Zubereitung von Knoblauch erleichtert. Nicht zu vergessen: ein Sieb für das Waschen von Gemüse und Salat sowie ein Nudelsieb. Und jetzt kommt noch ein absoluter Küchenheld hinzu: der Standmixer! Mit diesem praktischen Gerät können Sie im Handumdrehen leckere Shakes, Soßen und Suppen zaubern. Nun sind Sie mit diesen praktischen Küchenutensilien bestens gerüstet, um Ihre Kochabenteuer zu meistern. Ich wünsche Ihnen viel Freude beim Ausprobieren und Genießen!

VORRATSKAMMER – WAS SOLLTE ICH ZU HAUSE HABEN?

Es hat viele Vorteile, sich zu Wochenbeginn einen Essensplan zusammenzustellen. Wenn Sie einen Blick auf die Zutaten der Kochrezepte werfen und überlegen, welche frischen Lebensmittel Sie dafür einkaufen müssen, sind Sie auch schnell mit der Einkaufsliste fertig. Es gibt einige Grundnahrungsmittel, die Sie auf Vorrat lagern könnten. Dazu gehören Hülsenfrüchte (wie Linsen oder Kichererbsen), tiefgekühlte Beeren, Fisch in Dosen, Öle sowie Nüsse. Nicht zuletzt lassen sich auch getrocknete Gewürze sowie Kräuter sehr gut bevorraten. Die folgende Tabelle gibt einen Überblick über die wichtigsten Zutaten der Rezepte.

Wichtigste Zutaten		
Kürbiskernöl	Cashews	Vollkornreis
Leinöl	Kürbiskerne	Wildreis
Olivenöl	Leinsamen, geschrotet	Vollkornnudeln
Rapsöl	Walnüsse	Sauerkraut
Salz und Pfeffer, aus der Mühle	Schnittlauch	Dinkel
Salz jodiert	Petersilie	Haferschrot
tiefgekühlte Beeren	Linsen	Kichererbsen
Kurkumapulver	Fisch in Dosen	Nüsse
getrockneter Thymian	getrockneter Rosmarin	getrockneter Oregano
gemahlener Koriander	getrockneter Lavendel	Gemüsefond (Glas)

Zum Umgang mit diesem Buch:

Bei jedem Rezept sind ausführliche Nährwertangaben angeführt.
Folgende Abkürzungen werden verwendet:

kcal = Kilokalorien
P = Protein
F = Fett
KH, ges. = Kohlenhydrate gesamt
KH, res. = resorbierbare Kohlenhydrate
BAL = Ballaststoffe

AKTIVIERENDE REZEPTE

Brokkoli-Camembert-Laibchen auf Apfel-Paprika-Salat mit Karottendressing

NÄHRWERTE (PRO 100 G):
100 KCAL | 4,5 G P | 4,6 G F | 11,6 G KH, GES. | 8,4 G KH, RES. | 3,2 G BAL

Für 4 Personen

- 2 Eier
- 2 Äpfel (300 g)
- 1 Gurke (300 g)
- 2 rote Paprikaschoten (300 g)
- Saft und Abrieb von 1 Bio-Zitrone
- 1 TL Kurkumapulver
- 200 ml Karottensaft
- 1 EL Senf
- 3 EL Leinöl (15 g)
- 700 g Brokkoli
- 5 Knoblauchzehen
- 1 TL jodiertes Salz
- 30 Cashewkerne (60 g)
- ½ TL Thymian
- 1 EL Leinsamen, geschrotet (20 g)
- 4 EL Parmesan (80 g)
- 20 EL Vollkornpaniermehl oder -brösel (2 × 80 g)
- 1 Camembert (100 g)
- 2 EL Rapsöl (10 g)
- 1 Tasse Weizenkeimlinge (50 g), optional
- Salz und Pfeffer aus der Mühle

1. Eier waschen und in Salzwasser hart kochen. Nach ca. 10 Minuten aus dem Wasser nehmen, mit kaltem Wasser abschrecken und schälen. Äpfel, Gurken und Paprika waschen, anschließend halbieren, entkernen und in Würfel schneiden. Apfel-Paprika-Gurken-Mix gut verrühren und mit Zitronensaft und Abrieb sowie ½ TL Kurkuma marinieren. Im Kühlschrank kalt stellen.

2. Die gekochten Eier mit 200 ml Karottensaft, Senf, 2 EL Leinöl, etwas Salz und Pfeffer in einem Mixer zu einem feinen Dressing mixen. In den Kühlschrank stellen.

3. Brokkoli putzen, den unteren, holzigen Teil großzügig abschneiden. Die Röschen abschneiden und zur Seite stellen. Restliche Brokkoli-Stücke grob schneiden. Knoblauch schälen.

4. 2 l Wasser und Jodsalz in einen Topf geben und aufkochen. Brokkoli-Stücke mit Cashews und Knoblauch (ganz) ins kochende Wasser geben und 5–7 Minuten lang kochen lassen. Wenn die Brokkoli-Stücke weich sind, Brokkoli-Röschen dazugeben und weitere 4–5 Minuten lang kochen. Abseihen und abkühlen lassen.

5. Den gekochten Brokkoli, Cashews und Knoblauch in einen Mixer geben, ½ TL Kurkuma, Thymian, 1 EL Leinöl, Leinsamen und Parmesan dazugeben und grob mixen. Aus dem Mixer in eine Schüssel geben. Mit Salz und Pfeffer würzen. 10 EL Paniermehl nach und nach dazugeben und gut umrühren. Die Masse sollte nun eine festere Konsistenz bekommen. Camembert in 8 gleiche Stücke schneiden. Aus der Masse 8 Klöße formen, jeweils ein Stück Camembert in die Mitte drücken und flach zu einem Laibchen zusammendrücken. Die Laibchen in den restlichen 10 EL Paniermehl wälzen und auf ein mit Backpapier ausgelegtes Backblech legen.

6. Mit reichlich Rapsöl bepinseln und in den vorgeheizten Backofen bei 200 °C (Umluft 180 °C) stellen. Ca. 15 Minuten lang fertig backen. Salat auf 4 Tellern verteilen, Brokkoli-Laibchen auf dem Salat anrichten und mit dem Dressing übergießen. Mit Weizenkeimlingen servieren, wenn vorhanden.

Geräucherter Tofu auf orientalischem Bulgur

NÄHRWERTE (PRO 100 G):
166 KCAL | 7,0 G P | 5,9 G F | 21,1 G KH, GES. | 18,9 G KH, RES. | 3,2 G BAL

Für 4 Personen

150 g Aprikosen
150 g getrocknete Datteln
3 EL Olivenöl (15 g)
1 Zwiebel (50 g)
125 g Bulgur
½ TL Kreuzkümmel
½ TL Currypulver
½ TL Kurkumapulver
1 Prise Muskatnuss, gemahlen
½ TL Chili rot, getrocknet (optional)
3 EL Gemüsefond (Glas)
25 g Rosinen
30 g Pinienkerne
400 g geräucherter Tofu
3 EL Rapsöl (15 g)
Saft und Abrieb von 1 Bio-Limette
1 Bund Koriander
Salz und Pfeffer aus der Mühle

1. Aprikosen waschen, entkernen und in Würfel schneiden. Datteln entkernen und ebenso in Würfel schneiden. 2 EL Olivenöl in einem Topf erwärmen. Zwiebel klein schneiden, dazugeben und glasig dünsten. Den Bulgur und die Gewürze hinzufügen und 1 Minute lang auf mittlerer Temperatur rösten. 200 ml Wasser und Gemüsefond dazugeben, gut umrühren, kurz aufkochen und zugedeckt bei mittlerer Temperatur ca. 10 Minuten kochen lassen.

2. Datteln und Aprikosen mit den Rosinen, Pinienkernen und 1 EL Olivenöl zum Bulgur geben, weitere 5 Minuten zugedeckt dämpfen, anschließend vom Herd nehmen. 5 Minuten ruhen lassen, anschließend gut umrühren und mit Salz und Pfeffer würzen.

3. Geräucherten Tofu in Würfel schneiden. In einer Pfanne das Rapsöl erwärmen und die geräucherten Tofu-Würfel durchbraten. Die Tofu-Würfel samt Bratöl, Limettensaft und -abrieb in eine Schüssel geben. Koriander klein hacken und dazugeben. Mit Pfeffer würzen. Warmen Bulgur in 4 Gläser verteilen und mit Tofu-Würfeln garnieren.

Wenn keine frischen Aprikosen vorhanden sind, können getrocknete Aprikosen verwendet werden. Getrocknete Aprikosen in Wasser einweichen und wie oben beschrieben verarbeiten.

Brokkoli-Romanesco-Salat mit Parmesan und gerösteten Pinienkernen

NÄHRWERTE (PRO 100 G):
93 KCAL | 5,9 G P | 5,3 G F | 6,5 G KH, GES. | 3,7 G KH, RES. | 2,8 G BAL

Für 4 Personen

2 Orangen
2 Limetten
400 g Romanesco
400 g Brokkoli
3 EL Gemüsefond (Glas)
1 rote Paprikaschote (150 g)
6 getrocknete Tomaten (ohne Öl, 30 g)
1 Bund Petersilie
40 g milder Senf
2 EL Olivenöl (10 g)
1 EL Leinöl (5 g)
1 TL brauner Zucker (6 g) oder Glycin
60 g Pinienkerne
50 g Kürbiskerne
100 g Parmesanspäne
Salz und Pfeffer aus der Mühle

1. Orangen und Limetten entsaften. Romanesco und Brokkoli putzen und in kleine Röschen schneiden. 3 l Wasser mit ½ TL Salz und Gemüsefond aufkochen, Romanesco zu dem kochenden Wasser geben, 3–5 Minuten (bis der Romanesco bissfest ist) kochen lassen. Danach den Romanesco mithilfe eines Siebes aus dem Wasser nehmen und in Eiswasser legen. Kochwasser wieder aufkochen und Brokkoli hinzugeben. 1 Minute aufkochen lassen, danach aus dem Kochwasser nehmen und zum Romanesco geben. 100 ml Kochwasser aufheben. Wenn das Gemüse kalt ist, abseihen und in eine große Schüssel geben.

2. Die Paprikaschote in kleine Würfel schneiden und die getrockneten Tomaten fein hacken. Petersilie waschen, abtropfen und klein schneiden. Romanesco mit Brokkoli, Paprika, Tomaten und Petersilie vermengen.

3. Für das Dressing den Senf mit Orangensaft, Limettensaft, Olivenöl, Leinöl und Zucker oder Glycin in einer Schüssel gut vermischen. Mit Salz und Pfeffer abschmecken und unter ständigem Rühren das Kochwasser dazugeben, abschmecken. Das Dressing über das Brokkoli-Romanesco-Gemüse gießen, gut durchmischen und 10 Minuten lang stehen lassen.

4. Pinienkerne und Kürbiskerne in einer Pfanne ohne Öl rösten, bis sie goldbraun sind.

5. Den Salat auf 4 tiefe Teller verteilen und mit den gerösteten Pinienkernen und Kürbiskernen bestreuen. Mit Parmesanspänen servieren.

Chili sin (con) Carne

NÄHRWERTE FÜR CHILI SIN CARNE (PRO 100 G):
117 KCAL | 5,7 G P | 3,7 G F | 17,1 G KH, GES. | 12,8 G KH, RES. | 4,0 G BAL

Für 4 Personen

100 g Kidneybohnen (bei Bedarf aus der Dose)
100 g Sojagranulat (alternativ 400 g mageres Rinderhack oder Rinderfaschiertes in Bioqualität)
2 Zwiebeln (100 g)
5 Knoblauchzehen
2 rote Paprikaschoten
10 getrocknete Datteln (25 g)
100 g Cherrytomaten
3 EL Rapsöl (15 g)
1 TL edelsüßes Paprikapulver
1 TL geräuchertes Paprikapulver
½ TL Chiliflocken (nach Geschmack) plus etwas mehr zum Garnieren
500 g passierte Tomaten
1 TL Kreuzkümmel
½ TL Kurkumapulver
½ TL getrockneter Thymian
½ TL getrockneter Rosmarin
½ TL getrockneter Oregano
½ TL gemahlener Koriander
1 Prise Zimt
1 Prise Piment
1 Dose Mais (Abtropfgewicht 140 g)
1 EL Leinöl (5 g)
4 Vollkorn-Tortillas
Salz und Pfeffer aus der Mühle

1. Getrocknete Kidneybohnen ggf. in reichlich kaltem Wasser über Nacht einweichen.

2. Sojagranulat laut Herstellerangabe einweichen. (ergibt ca. 350 g eingeweichtes Sojagranulat.) Zwiebeln und Knoblauch schälen und klein schneiden. Paprikaschoten waschen, entkernen und in kleine Würfel schneiden. Datteln entkernen und klein schneiden. Cherrytomaten waschen und vierteln.

3. Eingeweichte Bohnen abseihen, abwaschen und in einem Topf mit Wasser und etwas Salz zum Kochen bringen. Abgedeckt ca. 30 Minuten kochen lassen. Wenn die Bohnen weich sind, in einem Sieb abseihen (alternativ Bohnen aus der Dose abgießen).

4. Öl in einem großen Topf erwärmen. Zwiebeln, Knoblauch und Paprikawürfel in Öl anschwitzen. Topf vom Herd nehmen. Beide Paprikapulversorten, Chiliflocken und 1 TL Salz einrühren. Eingeweichtes Sojagranulat und die geschnittenen Datteln dazugeben, gut umrühren und wieder auf den Herd geben. Passierte Tomaten dazugeben und mit Kreuzkümmel, Kurkuma, Thymian, Rosmarin, Oregano, Koriander, Zimt und Piment würzen. Abgedeckt bei mittlerer Hitze 15 Minuten kochen lassen. Immer wieder umrühren. Falls nötig, mit etwas Wasser aufgießen. Nach 15 Minuten die gekochten Bohnen und die geschnittenen Cherrytomaten dazugeben und abgedeckt weitere 10 Minuten kochen. Mit Salz und Pfeffer abschmecken.

5. Mais in einem Sieb abtropfen und zum Chili geben. Kurz aufkochen, die Hitzezufuhr reduzieren und weitere 5 Minuten köcheln lassen. Chili nach Geschmack abschmecken. Zum Schluss Leinöl einrühren.

6. Tortillas in einer Pfanne ohne Öl erwärmen, jeweils in einen tiefen Teller geben und Chili sin Carne darin anrichten. Beliebig mit Chiliflocken garnieren.

ALTERNATIVE MIT FLEISCH

1. Getrocknete Kidneybohnen ggf. in reichlich kaltem Wasser über Nacht einweichen.

2. Zwiebeln und Knoblauch schälen und klein schneiden. Paprikaschoten waschen, entkernen und in kleine Würfel schneiden. Datteln entkernen und klein schneiden. Cherrytomaten waschen und vierteln.

3. Öl in einem großen Topf erwärmen, Rinderhack dazugeben und unter ständigem Rühren anbraten. Zwiebeln, Knoblauch und Paprikawürfel hinzufügen und kurz mitbraten. Topf vom Herd nehmen, beide Paprikapulversorten, Chiliflocken und 1 TL Salz einrühren, Datteln dazugeben, gut umrühren und wieder auf den Herd geben. Passierte Tomaten hinzufügen und mit Kreuzkümmel, Kurkuma, Thymian, Rosmarin, Oregano, Koriander, Zimt und Piment würzen. Abgedeckt bei mittlerer Hitze 15 Minuten kochen lassen. Immer wieder umrühren. Falls nötig, mit etwas Wasser aufgießen. Nach 15 Minuten die gekochten Bohnen und die Cherrytomaten dazugeben und abgedeckt weitere 10 Minuten kochen. Mit Salz und Pfeffer abschmecken. Mais in einem Sieb abtropfen und zum Chili geben, kurz aufkochen, die Hitzezufuhr reduzieren und weitere 5 Minuten köcheln lassen. Chili nach Geschmack abschmecken. Zum Schluss Leinöl einrühren.

4. Tortillas in einer Pfanne ohne Öl erwärmen, jeweils in einen tiefen Teller geben und das Chili con Carne darin anrichten. Beliebig mit Chilis und Chiliflocken garnieren.

Frischkäse-Kürbiskern-Bällchen mit marinierten Tomaten und Rucola

NÄHRWERTE (PRO 100 G):
10 KCAL | 8,0 G P | 4,0 G F | 8,5 G KH, GES. | 6,6 G KH, RES. | 1,9 G BAL

Für 4 Personen

500 g Frischkäse (von Schaf oder Ziege)
1 EL Kürbiskernöl (10 g)
1 EL frisches Basilikum, klein gehackt
4 EL gehackte Kürbiskerne (40 g)
1 Bund Schnittlauch
250 g Kirschtomaten
10 getrocknete Tomaten in (Oliven-)Öl eingelegt (50 g)
2 EL Balsamico bianco
1 Orange
2 EL Leinöl (10 g)
100 g Rucola
2 Scheiben Pumpernickel (100 g)
Salz und Pfeffer aus der Mühle

1. Frischkäse mit 1 EL Kürbiskernöl, Basilikum, Kürbiskernen und etwas Pfeffer zusammenrühren und 24 kleine Bällchen formen. Den Schnittlauch waschen, trocken schütteln und hacken. Die Frischkäsebällchen im Schnittlauch rollen. Im Kühlschrank kalt stellen.

2. Kirschtomaten halbieren. Getrocknete Tomaten klein schneiden. Mit Tomaten und Balsamico zusammenrühren. Mit Salz und Pfeffer abschmecken. Orange entsaften, den Saft mit Leinöl, Salz und Pfeffer verrühren. Rucola mit der Orangenmarinade vermengen. Pumpernickel in kleine Stückchen zerbröseln und auf 4 Teller verteilen. Den marinierten Salat in die Mitte des Tellers setzen, rundherum die Tomaten verteilen und anschließend jeweils Frischkäsebällchen auf die Tomaten setzen.

Statt mariniertem Tomatensalat kann man es auch mit selbst fermentierten Tomaten probieren:
3 l Wasser mit 90 g Salz aufkochen und auskühlen lassen. Die Kirschtomaten gründlich waschen, mit einem Zahnstocher jede Tomate 2- bis 3-mal einstechen. Die Tomaten anschließend mit etwas frischem Basilikum, ein paar Korianderkörnern und Senfsaat in einen Sauerkraut- oder Gärtopf geben und mit lauwarmem Salzwasser aufgießen. Abdecken und 5 Tage fermentieren lassen. Anschließend mindestens 1 Woche im Kühlschrank reifen lassen.

Gedämpfter Lachs mit Matcha-Meerrettich-Gemüse

NÄHRWERTE (PRO 100 G):
88 KCAL | 6,8 G P | 3,1 G F | 8,6 G KH, GES. | 7,1 G KH, RES. | 1,5 G BAL

Für 4 Personen

5 EL Gemüsefond (Glas)
½ TL jodiertes Salz
2 Blätter Nori-Algen (5 g)
480 g Lachs oder anderer Fisch (4 × 120 g)
Saft von 1 Zitrone
5 Karotten (400 g)
2 gelbe Rüben oder Karotten (100 g)
2 Pastinaken (100 g)
500 g festkochende Kartoffeln
1–2 TL Matcha (Pulver aus grünem Tee)
2 EL Meerrettich (40 g, nach Geschmack mehr)
Salz und Pfeffer aus der Mühle

1. 300 ml Wasser mit Gemüsefond, ½ TL jodiertem Salz und Nori-Algenblättern aufkochen. Zudecken und auf der kleinsten Stufe 5 Minuten ziehen lassen.

2. Den Lachs, falls nötig, entgräten und mit Salz, Pfeffer und Zitronensaft würzen.

3. Karotten, gelbe Rüben, Pastinaken und Kartoffeln schälen, waschen und in Würfel (1 × 1 cm) schneiden. Die Nori-Algen herausnehmen und beiseitestellen. Geschnittenes Gemüse mit dem Matchapulver zum Wasser hinzufügen und mit Salz und Pfeffer würzen.

4. Zugedeckt 10 Minuten köcheln lassen. Gut umrühren. Wenn die Kartoffeln bissfest sind, den Meerrettich hinzugeben und gut umrühren.

5. Das gewürzte Lachsfilet mit der Hautseite nach unten auf das Gemüse setzen und abgedeckt 8 Minuten lang köcheln lassen. Das Fischfilet umdrehen und zugedeckt weitere 5–8 Minuten köcheln lassen.

6. Die Nori-Algen klein schneiden. Wenn die Fischfilets gar sind, diese in 4 tiefe Teller platzieren. Das Gemüse kurz abschmecken und wenn nötig mit etwas Pfeffer nachwürzen. Die Fischfilets mit Gemüse bedecken und mit den geschnittenen Algen servieren.

Gedämpfter Zander mit Tomatenkraut und Pellkartoffeln

NÄHRWERTE (PRO 100 G):
64 KCAL | 5,9 G P | 1,7 G F | 6,6 G KH, GES. | 5,3 G KH, RES. | 1,3 G BAL

Für 4 Personen

500 g junger Weißkohl (Kraut)
1 TL geschroteter Kümmel
1 TL Salz
1 Zwiebel (50 g)
2 EL Rapsöl (10 g)
300 g Kirschtomaten
480 g Zanderfilet (4 × 120 g)
600 g Pellkartoffeln
1 EL Petersilie, gehackt (50 g)
1 EL Kürbiskerne (12 g)
1 TL Kürbiskernöl (3 g)
1 EL Leinöl (5 g)
Salz und Pfeffer aus der Mühle

1. Äußere Blattschicht des Weißkohls entfernen. Kohlkopf in 4 Teile schneiden, den Strunk entfernen und die Blätter in feine Streifen schneiden oder raspeln. Mit ½ TL Salz, Pfeffer und ½ TL Kümmel würzen, ein paar Minuten stehen lassen.

2. Zwiebeln schälen und ganz fein schneiden. In einer Pfanne 1 EL Rapsöl erhitzen, die Zwiebeln dazugeben, gut umrühren und glasig dünsten. Den geschnittenen Kohl mit der entstandenen Flüssigkeit zu den Zwiebeln geben und zugedeckt bei mittlerer Temperatur ca. 10 Minuten kochen lassen.

3. Kirschtomaten waschen, vierteln und dazugeben. Gut umrühren und weitere 5 Minuten abgedeckt bei mittlerer Temperatur kochen lassen.

4. Zanderfilet portionieren, mit 1 Prise Salz und ½ TL Kümmel würzen und auf den Kohl legen. Bedeckt bei mittlerer Temperatur 8–10 Minuten kochen lassen. Zander herausnehmen und den Kohl gut umrühren und aufkochen.

5. Kartoffeln waschen, in daumengroße Stücke schneiden und im Salzwasser weich kochen, abseihen. 1 EL Rapsöl in einer Pfanne erwärmen, gekochte Kartoffeln dazugeben, mit etwas Pfeffer würzen und goldgelb braten. Anschließend die Petersilie darüberstreuen.

6. Serviervorschlag: Pellkartoffeln auf die Teller geben, gedämpften Zander beträufeln, auf die Kartoffeln legen und mit dem Kohl bedecken. Kürbiskerne, Kürbiskern- und Leinöl darübergeben.

Gedämpfter Kabeljau mit Kurkuma, Fenchel und Erbsen

NÄHRWERTE (PRO 100 G):
60 KCAL | 7,4 G | 1,0 G | 6,2 G KH, GES. | 4,0 G KH, RES. | 2,1 G BAL

Für 4 Personen

- 2 Fenchelknollen (400 g)
- 2 weiße oder gelbe Paprikaschoten
- 1 Zwiebel (50 g)
- Saft und Abrieb von 1 Bio-Orange
- 480 g Kabeljaufilets (4 × 120 g)
- 2 EL Olivenöl (10 g)
- ½ TL Kurkumapulver
- 300 g Erbsen (gefroren)
- Salz und Pfeffer aus der Mühle

1. Fenchel waschen, abtupfen, wenn nötig die äußeren holzigen Blätter entfernen, den Strunk abschneiden. Das Fenchelgrün fein hacken und beiseitestellen. Den Fenchel in dünne Scheiben schneiden. Paprika waschen, abtrocknen, entkernen und in dünne Scheiben schneiden. Zwiebel schälen, der Länge nach halbieren und in ganz feine Streifen schneiden.

2. Orange schälen, die Schale in feine Streifen schneiden oder mit einer feinen Reibe abreiben, anschließend entsaften.

3. Kabeljaufilets entgräten, auf einen Teller legen und mit etwas Salz, Pfeffer und dem Orangensaft marinieren.

4. 2 EL Olivenöl in einer Pfanne bei mittlerer Hitze erhitzen. Die geschnittenen Zwiebeln und Paprika hinzufügen und für etwa 1 Minute anbraten. Den geschnittenen Fenchel dazugeben, mit Kurkuma, Salz und Pfeffer würzen. 100 ml Wasser und den Orangenabrieb hinzufügen. Abdecken, kurz aufkochen. Die tiefgekühlten Erbsen dazugeben, gut umrühren und wieder aufkochen. Die marinierten Kabeljaufilets samt dem Orangensaft auf das Fenchel-Erbsen-Gemüse legen. Hitzezufuhr reduzieren und abgedeckt 10 Minuten dämpfen. Nach ca. 10 Minuten Garzeit den Fisch kontrollieren. Wenn er durchgegart ist, Fischfilets auf 4 Teller legen, mit dem Fenchel-Erbsen-Ragout bedecken und mit dem gehackten Fenchelgrün garnieren.

Kartoffel-Tomaten-Paprika-Auflauf mit Feta und Nüssen

NÄHRWERTE (PRO 100 G):
127 KCAL | 5,2 G P | 8,2 G F | 8,3 G KH, GES. | 7,1 G KH, RES. | 1,3 G BAL

Für 4 Personen

4 faustgroße Kartoffeln (700 g)
250 g Tomaten
250 g Spitzpaprikaschoten
2 Knoblauchzehen
400 g Feta-Käse
1 TL getrockneter Thymian
2 EL Rapsöl (10 g)
4 EL gemahlene Walnüsse (40 g)
Salz und Pfeffer aus der Mühle

1. Den Backofen auf 170 °C Ober-/Unterhitze (150 °C Umluft) vorheizen.

2. Kartoffeln mit Schale in einem Topf mit reichlich Salzwasser weich kochen. Wasser vorsichtig abschütten. Die Kartoffeln etwas abkühlen lassen.

3. Tomaten und Paprika waschen. Paprika entkernen und mit den Tomaten in Würfel schneiden. Knoblauch schälen und klein schneiden. Feta würfeln.

4. Kartoffeln schälen und in ca. 1 cm dicke Scheiben schneiden, mit etwas Salz und Pfeffer, dem gehackten Knoblauch, Thymian, Feta sowie den gewürfelten Tomaten und Paprika vorsichtig vermengen. Eine kleine Backform mit Rapsöl einfetten und mit den Walnüssen bestäuben. Die Kartoffel-Gemüse-Feta-Mischung in die Backform geben und gleichmäßig verteilen.

5. Im vorgeheizten Backofen 20–25 Minuten fertig backen.

Gefüllte Forelle auf einem Kurkuma-Mangold-Beet

NÄHRWERTE (PRO 100G):
72KCAL | 8,8G P | 2,5G F | 4,0G KH, GES. | 2,6G KH, RES. | 1,3G BAL

Für 4 Personen

4 Karotten (200g)
2 gelbe Rüben (200g)
4 Pastinaken (100g)
½ TL getrockneter Salbei
½ TL getrockneter Basilikum
10 Safranfäden
2 EL Leinöl (10g)
4 ganze Forellen ohne Kopf und Flossen (4 × 250g)
4 EL Olivenöl (20g)
2 Zwiebeln
5 getrocknete Tomaten (ohne Öl 25g)
1 Mangold (500g)
½ TL Kurkumapulver
Salz und Pfeffer aus der Mühle

1. Den Backofen auf 180 °C Ober-/Unterhitze (160 °C Umluft) vorheizen.

2. Wurzelgemüse waschen, schälen und in feine Streifen schneiden. Gemüse mit Salbei, Basilikum, Safran und 2 EL Leinöl würzen. Forelle säubern, gut auswaschen und gut abtupfen. Die Bauchhöhle mit etwas Salz bestreuen. Die geschnittenen und gewürzten Gemüsestreifen in die Forellen füllen. 4 Quadrate (20 × 20 cm) aus Backpapier zuschneiden. Je 1 Stück gefüllte Forelle auf ein Quadrat legen, mit etwas Olivenöl beträufeln und die Forelle in Backpapier einrollen.

3. Die Forellenpäckchen auf ein Backblech legen und im vorgeheizten Backofen ca. 25–30 Minuten fertig garen.

4. Zwiebeln schälen, halbieren und in dicke Scheiben schneiden. Getrocknete Tomaten in feine Streifen schneiden.

5. 2 EL Olivenöl in einer Pfanne erwärmen, die Zwiebeln dazugeben und bei mittlerer Hitze anschwitzen. Die Tomatenstreifen hinzufügen.

6. Mangold putzen, waschen und gut abtropfen. Die Blätter abschneiden. Die Stiele in dicke Scheiben schneiden. Die geschnittenen Mangoldstiele mit Kurkumapulver zu den Zwiebeln geben. Mit Salz und Pfeffer würzen und abgedeckt ca. 2 Minuten lang dämpfen. Inzwischen die Mangoldblätter in Streifen schneiden und zu den Mangoldstielen geben. Abdecken, Hitzezufuhr reduzieren. Nach weiteren 2 Minuten Kochzeit die Pfanne zur Seite stellen.

7. Wenn die Forellen fertig sind, vorsichtig aus dem Backpapier auspacken (Vorsicht, heiß!). Geschmorten Mangold auf 4 Teller verteilen und die Forellen daraufsetzen.

Putenbrust auf Weizenrisotto und Korianderjoghurt

NÄHRWERTE (PRO 100 G):
69 KCAL | 3,4 G P | 1,8 G F | 10,8 G KH, GES. | 8,5 G KH, RES. | 2,3 G BAL

Für 4 Personen

3 Karotten (300 g)
1 gelbe Rübe (100 g)
1 Zucchini (125 g)
200 g Zuckerschoten
3 Knoblauchzehen
1 Stück Ingwer (25 g)
1 Zwiebel (40 g)
250 g Brokkoli
40 g Cashewkerne
2 EL Olivenöl (10 g)
1 TL Kurkumapulver
240 g Zartweizen
10 EL Gemüsefond (Glas)
480 g Putenbrust (4 × 120 g)
4 EL Sojasoße (28 g)
700 ml Wasser
1 kleiner Bund Koriander
200 g Naturjoghurt (3,5 % Fett)
Saft von 1 Limette
1 Tasse Erbsensprossen oder Sprossen nach Geschmack (50 g)
Salz und Pfeffer aus der Mühle

1. Karotten und gelbe Rüben schälen, waschen und schräg in Scheiben schneiden. Zucchini waschen, die Enden abschneiden und ebenso in Scheiben schneiden. Zuckerschoten putzen und waschen und schräg halbieren. Knoblauch schälen und reiben. Ingwer schälen und in Scheiben schneiden.

2. Zwiebel schälen und fein würfeln. Brokkoli putzen, waschen und in Röschen schneiden. Cashewkerne grob hacken.

3. Olivenöl in einem Topf erhitzen. Zwiebel, ½ TL Kurkumapulver und die gehackten Cashews darin andünsten. Zartweizen dazugeben, kurz mitdünsten, 700 ml Wasser und den Gemüsefond hinzufügen. Aufkochen und 15 Minuten zugedeckt bei geringer Temperatur köcheln lassen, bis die Flüssigkeit aufgesogen ist.

4. 5 Minuten vor Ende der Garzeit Brokkoli zugeben. Mit Salz und Pfeffer abschmecken. Nach ca. 20 Minuten Kochzeit den Topf vom Herd nehmen.

5. Putenbrust in Scheiben schneiden und mit etwas Salz, Pfeffer und 4 EL Sojasoße würzen.

6. In einem breiteren Topf 300 ml Wasser mit Salz, Pfeffer, geriebenem Ingwer, Knoblauch und ½ TL Kurkumapulver aufkochen. Das geschnittene Gemüse dazugeben, einmal umrühren und die marinierten Putenscheiben darüberlegen. Die restliche Sojasoße, die von den Putenscheiben nicht aufgesogen wurde, darübergeben. Aufkochen und 20 Minuten zugedeckt bei mäßiger Temperatur dämpfen.

7. Für den Joghurt Koriander waschen und hacken. Mit Joghurt, etwas Salz, Pfeffer und Limettensaft glatt rühren.

8. Weizenrisotto auf 4 Teller verteilen, Gemüse und Putenbrust darübersetzen und mit dem Koriander-Joghurt bedecken. Mit frischen Erbsensprossen garnieren.

Safran-Tofu mit Artischocken, Spinat und Wildreis

NÄHRWERTE (PRO 100 G):
138 KCAL | 7,2 G P | 4,1 G F | 19,0 G KH, GES. | 16,3 G KH, RES. | 2,8 G BAL

Für 4 Personen

8 Safranfäden
1 Tasse Wildreis (240 g)
300 g Tofu, in Würfel geschnitten
200 g Karotten
300 g Artischockenböden (Dose)
200 g junge Spinatblätter
4 EL Olivenöl (20 g)
2 TL Paprikapulver
2 EL Gemüsefond (Glas)
Saft und Abrieb von 1 Bio-Limette
Salz und Pfeffer aus der Mühle

1. Die Safranfäden in 50 ml heißem Wasser einweichen und beiseitestellen.

2. Den Wildreis in ein Sieb geben und mehrmals mit kaltem, klarem Wasser waschen. In reichlich kochendes Salzwasser geben, bei geringer Temperatur zugedeckt köcheln lassen. Nach ca. 20 Minuten Kochzeit den Topf vom Herd nehmen, das überschüssige Kochwasser abseihen. Den bissfest gekochten Wildreis warm stellen.

3. Tofu in Würfel schneiden.

4. Karotten schälen und in Scheiben schneiden.

5. Artischockenböden aus der Dose nehmen, abtropfen und in Scheiben schneiden.

6. Blattspinat waschen, abtropfen.

7. Eine Pfanne mit 2 EL Olivenöl erhitzen und die Tofuwürfel darin von allen Seiten goldbraun anbraten, anschließend herausnehmen.

8. In derselben Pfanne wieder 2 EL Olivenöl erhitzen, die Artischockenscheiben hineingeben, mit Salz und Pfeffer würzen, kurz anbraten. Paprikapulver und Gemüsefond dazugeben, gut umrühren und den Safran mit dem Einweichwasser aufgießen. Abgedeckt 5 Minuten bei mittlerer Temperatur kochen lassen. Karottenscheiben, Limettensaft und -schale dazu geben.

9. Tofu und Spinat hinzufügen, alles gut vermengen und abgedeckt 5 Minuten lang auf der kleinsten Stufe ziehen lassen.

10. Mit Wildreis servieren.

Vollkornnudeln mit Feta, Oliven und Tomaten

NÄHRWERTE (PRO 100 G):
146 KCAL | 7,3 G P | 8,5 G F | 10,7 G KH, GES. | 8,6 G KH, RES. | 2,1 G BAL

Für 4 Personen

50 g Zwiebeln
4 Knoblauchzehen
1 gelbe Paprikaschote (150 g)
500 g Kirschtomaten
2 EL Olivenöl (10 g)
½ TL getrockneter Thymian
½ TL getrockneter Oregano
½ TL getrockneter Rosmarin
400 g Vollkornnudeln
(Fusilli oder Penne)
400 g Feta
100 g grüne Oliven, geschnitten
80 g Parmesan, gerieben
Salz und Pfeffer aus der Mühle

1. Zwiebeln und Knoblauch schälen und klein schneiden. Paprika waschen, entkernen, anschließend in feine Würfel schneiden. Kirschtomaten waschen und halbieren. 2 EL Olivenöl in einer Pfanne erwärmen, Zwiebeln und Paprika dazugeben und glasig dünsten. Die Kirschtomaten und die Gewürze hinzufügen, gut umrühren und 2 Minuten lang anrösten. Mit 100 ml Wasser aufgießen, mit Salz und Pfeffer abschmecken. Zugedeckt, bei mittlerer Temperatur, 5 Minuten kochen lassen.

2. Nudeln laut Anleitung in leicht gesalzenem Wasser kochen, abseihen und zum Tomatenragout geben, kurz aufkochen. Fetakäse würfeln und mit den Oliven zum Tomatenragout geben. Das Gericht vom Herd nehmen, gut umrühren.

3. In 4 tiefen Tellern anrichten und mit Parmesan servieren.

Zitronenhuhn mit Melisse und Sesam

NÄHRWERTE (PRO 100 G):
76 KCAL | 7,6 G P | 2,1 G F | 6,7 G KH, GES. | 5,7 G KH, RES. | 1,0 G BAL

Für 4 Personen

250 g Vollkornreis
4 EL Gemüsefond (Glas)
3 Karotten (240 g)
1 kleiner Brokkoli (300 g)
480 g Hühnerbrust
Saft von 3 Zitronen
1 EL Mais- oder Kartoffelstärke (10 g)
2 EL Rapsöl (10 g)
2 EL Sesamöl (10 g)
½ TL Kurkumapulver
12 Zitronenmelissenblätter
2 EL Sesam (20 g)
Salz und Pfeffer aus der Mühle

1. Den Reis in ein Sieb geben und unter kaltem Wasser waschen. 450 ml Wasser mit 2 EL Gemüsefond in einen Topf geben, den Reis und ½ TL Salz hinzufügen. Mit Deckel einmal aufkochen. Dann bei mittlerer Temperatur ca. 20 Minuten köcheln lassen. Dann Topf vom Herd nehmen.

2. Karotten schälen, waschen und in dünne Scheiben schneiden. Brokkoli putzen und klein schneiden.

3. Hühnerbrust waschen, trocken tupfen und in Streifen schneiden. Mit Salz, Pfeffer, Saft von 1 Zitrone und Stärke marinieren.

4. Rapsöl in einer Pfanne erwärmen, die marinierten Hühnerstreifen darin anbraten. Die Hühnerbrust herausnehmen und zur Seite stellen. In derselben Pfanne Sesamöl erwärmen, die Karottenscheiben kurz anrösten, Kurkumapulver dazugeben und mit 150 ml Wasser, 2 EL Gemüsefond und Saft von 2 Zitronen aufgießen. Abgedeckt 2 Minuten lang köcheln lassen. Die angebratenen Hühnerstreifen dazugeben, 5 Minuten lang kochen lassen. Nach 5 Minuten Brokkoli dazugeben und zugedeckt weitere 3 Minuten kochen lassen. Die Pfanne vom Herd nehmen und 3 Minuten lang zugedeckt ziehen lassen. Zitronenmelisse waschen, abtupfen. 8 Blätter in Streifen schneiden und unter das Hühner-Gemüse-Ragout heben. Reis auf 4 Teller verteilen, mit dem Ragout bedecken und mit der restlichen Zitronenmelisse und Sesam servieren.

BERUHIGENDE REZEPTE

Artischockennudeln mit Lavendel und Cashewkernen

NÄHRWERTE (PRO 100 G):
143 KCAL | 5,3 G P | 5,1 G F | 21,7 G KH, GES. | 16,0 G KH, RES. | 5,6 G BAL

Für 4 Personen

1 Dose Artischockenherzen (240 g Abtropfgewicht)
1 Zwiebel (60 g)
1 Bund Petersilie
ca. 30 Cashewkerne (60 g)
5 getrocknete Tomaten ohne Öl (25 g)
400 g Vollkornnudeln (am bestens Fusilli)
3 EL Rapsöl (15 g)
½ TL getrockneter Thymian
½ TL getrockneter Oregano
½ TL getrockneter Lavendel
½ TL Kurkumapulver
2 EL Walnussöl (10 g)
Salz und Pfeffer aus der Mühle

1. Artischocken abtropfen, abwaschen und vierteln. Zwiebel schälen und klein schneiden. Petersilie waschen, abtropfen und hacken. Cashewkerne hacken. Getrocknete Tomaten klein schneiden.

2. Die Nudeln laut Herstellerangabe bissfest kochen. ½ l des Kochwassers aufheben. Die gehackten Cashews ohne Öl in eine Pfanne geben und unter ständigem Rühren goldgelb rösten. Die gerösteten Nüsse auf einem Teller zur Seite stellen.

3. In derselben Pfanne das Rapsöl erwärmen, die Zwiebeln dazugeben und gut anschwitzen. Anschließend Artischockenviertel und Tomatenwürfel dazugeben und auch gut anschwitzen. Mit Thymian, Oregano, Lavendel, Kurkuma und Pfeffer würzen. Mit etwa ¼ l Nudel- Kochwasser aufgießen, aufkochen und 5 Minuten kochen lassen. Die gekochten Nudeln dazugeben. Wenn nötig, mehr Nudelwasser hinzufügen. Vorsichtig mit Salz und Pfeffer abschmecken.

4. Vom Herd nehmen. Petersilie, Cashewkerne und Walnussöl darübergeben, umrühren und servieren.

Thymian-Lavendel-Aprikosen mit Mozzarella

NÄHRWERTE (PRO 100 G):
183 KCAL | 8,6 G P | 14,3 G F | 5,6 G KH, GES. | 4,5 G KH, RES. | 1,0 G BAL

Für 4 Personen

8 Aprikosen (320 g)
400 g Mozzarella
50 g Nussmischung
160 g Cherrytomaten
1 kleiner Bund Petersilie
2 EL Rapsöl (10 g)
10 Safranfäden
½ TL getrockneter Thymian
½ TL getrockneter Lavendel
1 EL Leinöl (5 g)
Salz und Pfeffer aus der Mühle

1. Aprikosen waschen und halbieren. Mozzarella abtropfen und in Scheiben schneiden.

2. Nüsse hacken. Cherrytomaten waschen und halbieren. Petersilie waschen, abtrocknen und hacken. Rapsöl in einer größeren Pfanne erwärmen, die Aprikosen mit der Schnittfläche nach unten hineingeben. Mit Safran, Salz, Pfeffer, Thymian und Lavendel würzen. Die gehackten Nüsse dazugeben, kurz mitrösten. Die geschnittenen Tomaten zwischen die Aprikosenhälften geben. Abgedeckt 1 Minute anrösten. Die Mozzarellascheiben vorsichtig auf die Aprikosen legen und zugedeckt bei reduzierter Hitze 2 Minuten garen. Heiß mit gehackter Petersilie und einigen Tropfen Leinöl servieren.

Lachs mit Karotten, Safran und Topinamburwedges

NÄHRWERTE (PRO 100 G):
104 KCAL | 6,8 G P | 5,6 G F | 9,0 G KH, GES. | 3,9 G KH, RES. | 5,1 G BAL

Für 4 Personen

1 kleiner Bund Petersilie (60 g)
600 g Topinambur
½ TL Chiliflocken
1 Prise gemahlener Koriander
2 EL Rapsöl (10 g)
400 g Karotten
8 Safranfäden
2 Limetten
3 EL Olivenöl (15 g)
1 EL Leinöl (5 g)
1 TL Honig (10 g)
1 Orange
480 g Lachsfilets (4 × 120 g)
2 EL Sojasoße (20 g)
Salz und Pfeffer aus der Mühle

1. Petersilie waschen, abtupfen und fein hacken. Zur Seite stellen.

2. Für die Topinamburwedges zuerst den Backofen auf 200 °C Ober-/Unterhitze (180 °C Umluft) vorheizen.

3. Topinambur waschen, schälen, vierteln und in eine Schüssel geben. Mit etwas Salz, Pfeffer, Chiliflocken und gemahlenem Koriander würzen. Rapsöl hinzufügen und alles gut miteinander vermengen. Backblech mit Backpapier auslegen, den marinierten Topinambur darauf verteilen und im vorgeheizten Backofen ca. 30 Minuten lang backen.

4. Die Karotten schälen und in dünne Streifen schneiden oder mit einem Spiralschneider zu Karottenspaghetti verarbeiten.

5. Den Safran in 2 EL warmem Wasser einweichen und zur Seite stellen.

6. Den Saft der Limetten auspressen und mit 1 EL Olivenöl und dem Leinöl vermischen. Honig hinzufügen und gut verrühren. Mit Salz und Pfeffer abschmecken.

7. Orange entsaften. Den Lachs mit Sojasoße und etwas Pfeffer würzen. In einer Pfanne 2 EL Olivenöl erhitzen und die Lachsfilets auf der Hautseite anbraten. Nach etwa 3–4 Minuten wenden und auf der anderen Seite weitere 3–4 Minuten braten, bis der Lachs gar ist und leicht bräunlich aussieht. Aus der Pfanne nehmen und warm halten.

8. In derselben Pfanne die Karottenstreifen oder -spaghetti anbraten. Orangensaft und den eingeweichten Safran dazugeben. Abgedeckt und auf kleinster Hitze 2 Minuten lang köcheln lassen. Die fertigen Topinamburwedges auf 4 Teller verteilen, den gebratenen Lachs auf die Wedges legen und mit den gebratenen Karotten garnieren. Das Limettendressing darübergießen und mit frischer Petersilie bestreuen.

Mariniertes Lachsfilet auf Gemüsereis mit Kurkumakohl

NÄHRWERTE (PRO 100 G):
109 KCAL | 455 KJ | 5,9 G P | 3,6 G F | 13,8 G KH, GES. | 12,3 G KH, RES. | 1,6 G BAL

Für 4 Personen

3 Knoblauchzehen
1 Orange
4 Datteln (40 g)
100 g Cherrytomaten
2 EL Dattelsirup (12 g)
½ TL Kreuzkümmel
480 g Lachsfilet oder anderer Fisch (4 × 120 g)
2 Karotten (100 g)
1 gelbe Rübe (50 g)
250 g Vollkornreis
6 EL Gemüsefond (Glas)
400 g Kohl (Kraut)
1 gelbe Paprikaschote
3 EL Rapsöl (15 g)
1 TL Kurkumapulver
Salz und Pfeffer aus der Mühle
Petersilie zum Garnieren

1. Für die Marinade den Knoblauch schälen und klein hacken. Orangenschale abreiben und die Orange entsaften. Datteln entkernen und in Scheiben schneiden. Cherrytomaten halbieren, mit Dattelsirup, geschnittenen Datteln, Orangensaft und -schale, Knoblauch und Kreuzkümmel aufkochen. Abkühlen lassen.

2. Lachsfilet entgräten, abwaschen, abtupfen und in die Marinade legen. 30 Minuten in der Marinade ziehen lassen. Karotten und gelbe Rüben schälen, waschen und ganz fein reiben.

3. Den Reis in ein Sieb geben und unter kaltem Wasser waschen. 450 ml Wasser mit 3 EL Gemüsefond in einen Topf geben, den Reis und ½ TL Salz hinzufügen und auf dem Herd mit Deckel einmal aufkochen. Bei mittlerer Temperatur ca. 10 Minuten köcheln lassen. Nach 10 Minuten geriebenes Gemüse dazugeben und weitere 15 Minuten köcheln lassen.

4. Kohl in sehr feine Streifen schneiden oder reiben. Paprika entkernen und in feine Würfel schneiden. Rapsöl in einer Pfanne erwärmen, Paprikawürfel dazugeben, kurz andünsten, Kurkuma dazugeben, umrühren, anschließend den Kohl und 3 EL Gemüsefond. Mit Pfeffer würzen. Mit Deckel einmal aufkochen. Bei mittlerer Temperatur ca. 15 Minuten köcheln lassen.

5. Backofen auf 160 °C Ober-/Unterhitze (140 °C Umluft) vorheizen.

6. Lachs aus der Marinade nehmen und auf ein mit Backpapier ausgelegtes Backblech legen. Im vorgeheizten Backofen 10 Minuten garen lassen. Danach Marinade auf den Lachsfilets verteilen und weitere 8 Minuten fertig braten.

7. Kohl auf einen Teller legen, das Lachsfilet darauf betten, Gemüse-Reis hinzufügen. Optional mit etwas Petersilie garnieren.

Mit Tomaten, Auberginen und Feta gefüllte Kartoffeln

NÄHRWERTE (PRO 100 G):
90 KCAL | 3,4 G P | 4,4 G F | 9,2 G KH, GES. | 8,2 G KH, RES. | 1 G BAL

Für 4 Personen

25 Cashewkerne (50 g)
240 g Fetakäse
1 Aubergine (Melanzani), (500 g)
200 g Cherrytomaten
2 EL Olivenöl
½ TL Kurkumapulver
½ TL getrockneter Rosmarin
½ TL getrockneter Thymian
½ TL getrockneter Oregano
4 faustgroße Kartoffeln (4 × 300 g)
1 EL Leinöl (5 g)
Salz und Pfeffer aus der Mühle

1. Cashewkerne ohne Öl in eine Pfanne geben und unter ständigem Rühren goldgelb rösten. Fetakäse in Würfel schneiden.

2. Den Backofen auf 200 °C Ober-/Unterhitze (180 °C Umluft) vorheizen.

3. Auberginen der Länge nach halbieren, die Schnittfläche mit etwas Olivenöl bepinseln. Die Auberginenhälfte mit der Schnittfläche nach unten auf ein mit Backpapier ausgelegtes Backblech legen und im vorgeheizten Backofen 20 Minuten backen.

4. Cherrytomaten waschen, gut abtropfen und mit 1 EL Olivenöl beträufeln.

5. Nach der Backzeit die Tomaten zu den Auberginen geben und weitere 10 Minuten miteinander backen. Anschließend das Backblech aus dem Ofen nehmen, Gemüse etwas abkühlen lassen. Die Auberginen mit einem Löffel aus der Schale kratzen und mit den gerösteten Cashews, Tomaten, Kurkuma, Rosmarin, Thymian, Oregano, Salz und Pfeffer in einen Blender geben und ganz kurz mixen. (Alternativ die Aubergine und die Tomaten mit den Gewürzen und den Nüssen auf einem Schneidebrett zusammen hacken).

6. Kartoffeln waschen und ungeschält 15 Minuten vorkochen. Anschließend der Länge nach halbieren und mit einem Teelöffel aushöhlen. Es soll noch eine 2 cm dicke Wand übrig bleiben. Das Innere der Kartoffeln mit dem Auberginen-Tomaten-Mix, 1 EL Leinöl und den Fetawürfeln gut miteinander vermengen. Mit Salz und Pfeffer würzen und in die Kartoffeln füllen. Die Kartoffeln auf ein mit Backpapier ausgelegtes Backblech legen und im vorgeheizten Backofen ca. 15–20 Minuten lang goldbraun backen. Optional mit etwas Basilikum garnieren.

Putenschnitzel mit Pellkartoffeln und Fenchel-Tomaten-Paprika-Ragout

NÄHRWERTE (PRO 100 G):
72 KCAL | 303 KJ | 7,9 G P | 1,6 G F | 6,9 G KH, GES. | 5,6 G KH, RES. | 1,4 G BAL

Für 4 Personen

400 g Pellkartoffeln
½ TL jodiertes Salz
1 Zucchini (150 g)
1 Fenchel (200 g)
1 Zwiebel
2 rote Paprikaschoten (300 g)
100 g Cherrytomaten
480 g Putenbrust (4 × 120 g)
4 EL Rapsöl (20 g)
½ TL Kurkumapulver
½ TL getrockneter Thymian
½ TL getrockneter Rosmarin
½ TL getrockneter Oregano
Salz und Pfeffer aus der Mühle

1. Pellkartoffeln waschen, säubern und in einen Topf geben, mit Wasser aufgießen, ½ TL Salz dazugeben und zugedeckt bissfest kochen. Gemüse waschen. Zucchini der Länge nach halbieren, entkernen und in grobe Stücke schneiden. Fenchel in kleine Stücke schneiden. Zwiebel schälen, halbieren und anschließend in 6 gleich große Stücke schneiden. Paprika halbieren, entkernen und in grobe Stücke schneiden. Cherrytomaten halbieren.

2. Putenbrustschnitzel etwas plattieren (klopfen), mit Salz und Pfeffer würzen.

3. Wenn die Kartoffeln bissfest sind, abseihen.

4. In einer Pfanne 2 EL Rapsöl erwärmen, die Schnitzel von beiden Seiten anbraten und nebeneinander auf ein tiefes Backblech geben.

5. In derselben Pfanne weitere 2 EL Rapsöl erwärmen. Fenchel und Zwiebel dazugeben und gut anbraten. Dann die Paprika und die Zucchiniwürfel und schließlich Kurkuma und die Kräuter hinzufügen. Gut umrühren und aufkochen. Die Tomatenhälften und die Pellkartoffeln dazugeben, mit Salz und Pfeffer nachwürzen. Das Ragout auf die vorgebratene Putenbrust verteilen.

6. Das Backblech mit Alufolie bedecken und den Ofen auf 170 °C Ober-/Unterhitze (150 °C Umluft) vorheizen.

7. Im vorgeheizten Backofen ca. 30 Minuten lang garen. Danach die Folie vorsichtig entfernen. Den Backofen auf 190 °C Ober-/Unterhitze (170 °C Umluft) einstellen und weitere 20 Minuten lang fertig garen.

Quinoa-Linsen-Lavendel-Salat mit Meerrettichdressing

NÄHRWERTE (PRO 100 G):
140 KCAL | 6,9 G P | 4,6 G F | 19,3 G KH, GES. | 15,8 G KH, RES. | 3,2 G BAL

Für 4 Personen

150 g Linsen
200 g Quinoa
450 ml Wasser
5 EL Gemüsefond (Glas)
1 TL Kurkumapulver
1 TL getrockneter Lavendel
160 g Tofu
250 g gegarte Rote Bete
150 g frischer oder gefrorener Blattspinat
2 EL Rapsöl (10 g)
½ TL Kümmelsamen
6 EL Balsamico bianco
2 EL Leinöl (10 g)
1 EL Meerrettich
1 Tasse Linsensprossen oder andere Sprossen nach Geschmack und Verfügbarkeit (50 g)
8 Walnusskerne (24 g)
Salz und Pfeffer aus der Mühle

1. Linsen abwaschen und in leicht gesalzenem Wasser weich kochen, anschließend abseihen.

2. Quinoa in einem Sieb abwaschen und abtropfen lassen. 400 ml Wasser mit dem Gemüsefond und Kurkuma aufkochen, Quinoa hinzufügen, Hitze reduzieren und zugedeckt 10 Minuten kochen, dabei öfter umrühren. Nach 10 Minuten Lavendel dazugeben und weitere 5 Minuten lang zugedeckt kochen lassen. Vom Herd nehmen, mit einer Gabel auflockern und abkühlen lassen.

3. Tofu trocken tupfen und in Würfel schneiden. Rote Bete aus der Verpackung nehmen, Saft aufheben. Rote Bete in Würfel schneiden. Spinat waschen und grob zupfen.

4. In einer Pfanne 2 EL Rapsöl erwärmen, Kümmel dazugeben, kurz anrösten, Tofuwürfel dazugeben und kurz mitrösten. Nach 1 Minute Rote Bete und Spinat dazugeben. Mit Salz und Pfeffer würzen, abgedeckt bei mäßiger Hitze 3–4 Minuten köcheln lassen.

5. Für das Dressing Rote-Bete-Saft mit 50 ml Wasser, Balsamico, 2 EL Leinöl und Meerrettich vermengen.

6. Quinoa, Linsen und Tofu-Rote-Bete-Spinat-Mischung in eine große Schüssel geben, gut umrühren und mit dem Dressing marinieren. Abschmecken und in 4 Schüsseln verteilen, mit Sprossen und Walnüssen garnieren.

Reisfleisch (Puten-Reis-Eintopf)

NÄHRWERTE (PRO 100 G):
95 KCAL | 3,5 G P | 4,8 G F | 10,2 G KH, GES. | 8,5 G KH, RES. | 1,7 G BAL

Für 4 Personen

20 Mandelkerne (40 g)
20 Cashewkerne (50 g)
2 rote Paprikaschoten (300 g)
4 Tomaten (140 g)
5 Knoblauchzehen
1 Zwiebel (50 g)
10 getrocknete Datteln ohne Kern (70 g)
480 g Putenbrust
1 TL jodiertes Salz (7 g)
4 EL Rapsöl (20 g)
10 Safranfäden
1 TL Kreuzkümmel
½ TL Kurkumapulver
½ TL gemahlener Koriander
1 Prise Zimt
1 Prise Piment
200 g Vollkornreis
3 EL Gemüsefond (Glas)
Salz und Pfeffer aus der Mühle
Petersilie zum Garnieren

1. Mandeln und Cashewkerne in einer Pfanne ohne Öl unter ständigem Rühren anrösten.

2. Paprika und Tomaten waschen. Paprika entkernen und in 1 × 1 cm große Würfel schneiden. Tomaten auch in kleine Würfel schneiden. Knoblauch schälen und pressen oder klein hacken. Zwiebel schälen und klein schneiden. Datteln in Würfel schneiden.

3. Putenbrust waschen, abtupfen, und in 2 × 2 cm große Würfel schneiden. Mit jodiertem Salz vermengen.

4. 2 EL Rapsöl in einem größeren Topf erwärmen, Putenbrust in Rapsöl anbraten, aus der Pfanne nehmen und zur Seite stellen. Im selben Topf weitere 2 EL Rapsöl erwärmen, die Zwiebel darin anschwitzen, Knoblauch und Paprikawürfel dazugeben und kurz miteinander anschwitzen. Die vorgebratene Putenbrust, die Gewürze und die Datteln dazugeben, mit Salz und Pfeffer würzen, gut umrühren, anschließend 2 Minuten lang kochen lassen.

5. Den Reis und die Tomatenwürfel zugeben, umrühren und mit 500 ml Wasser aufgießen. Gemüsefond dazugeben und aufkochen. Hitze reduzieren und zugedeckt 2 Minuten lang köcheln lassen.

6. Den Backofen auf 160 °C Ober-/Unterhitze (140 °C Umluft) vorheizen.

7. Den Topf zugedeckt in den vorgeheizten Backofen stellen und ca. 50 Minuten lang fertig garen. Vor dem Anrichten mithilfe einer Gabel das Reisfleisch auflockern. Mit den gerösteten Nüssen und Mandeln servieren. Optional mit etwas Petersilie garnieren.

Süßkartoffel-Bohnen-Eintopf mit Quinoa

NÄHRWERTE (PRO 100 G):
124 KCAL | 3,9 G P | 3,2 G F | 21,7 G KH, GES. | 17,4 G KH, RES. | 4,0 G BAL

Für 4 Personen

200 g Quinoa
3 EL Gemüsefond (Glas)
600 g Süßkartoffeln
2 EL Olivenöl (10 g)
1 Zwiebel (50 g)
2 rote Paprikaschoten (300 g)
8 getrocknete Datteln (16 g)
200 g Cherrytomaten
1 Dose Schwarze Bohnen (Abtropfgewicht 265 g)
2 EL Rapsöl (10 g)
½ TL jodiertes Salz
½ TL Kurkumapulver
½ TL getrockneter Thymian
½ TL gemahlener Koriander
1 TL getrockneter Lavendel
½ TL Kreuzkümmel
1 Prise Zimt
1 Prise Piment
Saft und Abrieb von 2 Bio-Limetten
½ Bund Koriander
2 EL Sesam (40 g)
Salz und Pfeffer aus der Mühle

1. Quinoa in ein Sieb geben, gründlich abwaschen, anschließend mit 400 ml Wasser und Gemüsefond in einen Topf geben. Kurz aufkochen und zugedeckt ca. 10 Minuten köcheln lassen. Herdplatte abschalten und ca. 15 Minuten quellen lassen.

2. Den Backofen auf 200 °C Ober-/Unterhitze (180 °C Umluft) vorheizen.

3. Süßkartoffeln waschen, schälen und in Würfel schneiden. Auf ein mit Backpapier ausgelegtes Backblech legen. Mit Salz und Pfeffer und Olivenöl würzen und im vorgeheizten Backofen 20 Minuten lang backen.

4. Zwiebel schälen und klein schneiden. Paprika waschen, entkernen und in kleine Würfel schneiden. Datteln entkernen und klein schneiden. Cherrytomaten waschen und vierteln. Schwarze Bohnen in ein Sieb geben, gründlich abwaschen.

5. 2 EL Rapsöl in einem Topf erwärmen, Zwiebel dazugeben und glasig dünsten. Paprikawürfel, Datteln, Tomaten, 100 ml Wasser, ½ TL Salz und alle Gewürze bis auf den Koriander dazugeben. Kurz aufkochen und zugedeckt 10 Minuten köcheln lassen. Bohnen und Limettensaft und -abrieb dazugeben, aufkochen. Falls nötig weitere 100 ml Wasser hinzufügen und zugedeckt weitere 5 Minuten köcheln lassen.

6. Die gebackenen Süßkartoffeln dazugeben, gut umrühren und zugedeckt kurz aufkochen lassen. Herdplatte abschalten und ca. 15 Minuten stehen lassen. Umrühren und falls nötig mit Salz und Pfeffer nachwürzen. Koriander waschen und hacken.

7. Quinoa auf 4 tiefe Teller verteilen, mit dem Süßkartoffel-Bohnen-Ragout bedecken und mit frischem Koriander und Sesam servieren.

Tofu-Aprikosen-Curry an Dattelreis

NÄHRWERTE (PRO 100 G):
101 KCAL | 4,5 G P | 3,0 G F | 14,9 G KH, GES. | 12,9 G KH, RES. | 2,0 G BAL

Für 4 Personen

50 g Cashewkerne
300 g Tofu
10 Datteln (70 g)
250 g Vollkornreis
3 EL Gemüsefond (Glas)
1 TL Salz
250 g Brokkoli
100 g Zwiebeln
100 g Austernpilze
120 g Weintrauben
220 g Aprikosen
1 rote Paprikaschote (150 g)
3 EL Rapsöl (15 g)
2 TL Currypulver (20 g)
5 EL Sojasoße (75 g)
200 g Kokosmilch
1 Tasse Erbsensprossen oder Sprossen nach Geschmack (50 g)
Salz und Pfeffer aus der Mühle

1. Cashewkerne ohne Öl in einer Pfanne unter ständigem Rühren goldgelb rösten.

2. Tofu würfeln. Datteln entkernen und klein schneiden. Den Reis in ein Sieb geben und unter kaltem Wasser waschen. 450 ml Wasser mit 3 EL Gemüsefond in einen Topf geben, den Reis mit ½ TL Salz hinzufügen und mit Deckel aufkochen. Bei mittlerer Temperatur ca. 20 Minuten köcheln lassen. Den Topf vom Herd nehmen, die geschnittenen Datteln dazugeben, umrühren und abgedeckt stehen lassen.

3. Brokkoli waschen und in Röschen schneiden. Zwiebeln schälen und in dünne Scheiben schneiden. Austernpilze waschen und 1- bis 2-mal durchschneiden. Die Trauben und die Aprikosen waschen und die Aprikosenkerne entfernen. Paprikaschote waschen, entkernen und in grobe Stücke schneiden.

4. Rapsöl in eine Pfanne geben, Zwiebeln kurz darin anbraten, Paprikawürfel und Austernpilze hinzufügen und unter gelegentlichem Rühren ca. 5 Minuten lang dünsten. Currypulver untermischen und gut umrühren. Mit 10 ml Wasser, Sojasoße und Kokosmilch aufgießen. Tofu und Aprikosen hinzufügen. Abgedeckt bei mittlerer Temperatur ca. 5 Minuten kochen lassen. Brokkoli und die Trauben dazugeben und abschmecken. Weitere 3 Minuten köcheln lassen.

5. Dattelreis auf Tellern verteilen, mit dem Curry bedecken und mit gerösteten Cashewkernen und Erbsensprossen garnieren.

Vollkornnudeln in Blumenkohl-Cashew-Soße mit Leinsamen-Parmesan-Crunchy

NÄHRWERTE (PRO 100 G):
125 KCAL | 6,1 G P | 6,2 G F | 12,5 G KH, GES. | 9,9 G KH, RES. | 2,6 G BAL

Für 4 Personen

100 g Parmesan (ganzes Stück)
2 EL Leinsamen (16 g)
Pfeffer aus der Mühle
1 Bund Petersilie
1 Blumenkohl (kleines Stück ca. 400 g)
3 EL Gemüsefond (Glas)
½ TL gemahlener Kümmel
1 TL Kurkumapulver
2 EL Leinöl
100 g Cashewkerne
½ TL getrockneter Lavendel
400 g Vollkornnudeln (Linguine oder Pappardelle)
Salz und Pfeffer aus der Mühle

1. Den Backofen auf 180 °C Ober-/Unterhitze (160 °C Umluft) vorheizen.

2. Parmesan grob reiben, mit den Leinsamen und etwas grobem Pfeffer vermengen. Jeweils 1 EL Parmesan in einem Abstand von 10 cm auf ein mit Backpapier belegtes Blech geben und etwas flach drücken. Im vorgeheizten Backofen 6–8 Minuten goldbraun backen. Parmesan-Crunchy vollständig auf dem Blech abkühlen lassen.

3. Petersilie waschen, abtupfen, abzupfen und fein hacken.

4. Die äußeren Blätter vom Blumenkohl entfernen. Blumenkohl säubern und in Röschen schneiden. Die Röschen in ein Sieb geben und unter kaltem Wasser waschen. In einem Topf ca. 1,5 l Wasser mit Gemüsefond und Kümmel aufsetzen. Wenn das Wasser kocht, Blumenkohlröschen hineingeben und ca. 5 Minuten lang weich kochen. Wenn der Blumenkohl weich ist, abseihen. Kochwasser auffangen.

5. Den noch heißen Blumenkohl mit Kurkuma, etwas Pfeffer, Leinöl und Cashews in einen Mixer geben und mit löffelweiser Zugabe des Kochwassers zu einer cremigen Masse pürieren.

6. Das restliche Kochwasser mit 2–3 l Wasser in einem Topf aufsetzen und die Vollkornnudeln darin laut Herstellerangabe bissfest kochen und anschließend abseihen.

7. Blumenkohl-Cashew-Creme in einem Topf aufwärmen, die Nudeln, Lavendel und die klein geschnittene Petersilie hinzufügen. Kurz umrühren, anschließend auf 4 tiefe Teller verteilen. Mit Parmesan-Crunchy garnieren.

Vollkornreisrisotto mit Artischocken und Pfifferlingen

NÄHRWERTE (PRO 100 G):
84 KCAL | 2,5 G P | 4,6 G F | 9,6 G KH, GES. | 6,4 G KH, RES. | 3,2 G BAL

Für 4 Personen

20 Cashewkerne (50 g)
1 Zwiebel (50 g)
200 g Vollkornreis
4 EL Rapsöl (20 g)
10 Safranfäden
3 EL Gemüsefond (Glas)
1 Dose Artischocken (240 g Abtropfgewicht)
200 g Pfifferlinge (Eierschwammerl) oder andere Pilze
1 Bund Petersilie (60 g)
1 Zehe Knoblauch
½ TL getrockneter Thymian
½ TL getrockneter Oregano
½ TL getrockneter Lavendel
½ TL Kurkumapulver
2 EL Leinöl (10 g)
Salz und Pfeffer aus der Mühle

1. Cashewkerne in 100 ml Wasser einweichen. Die Zwiebel schälen und fein schneiden.

2. Den Reis in ein Sieb geben und unter kaltem Wasser waschen. 2 EL Rapsöl in einem Topf erwärmen, die geschnittene Zwiebel dazugeben und glasig werden lassen. Gewaschenen Reis und Safran dazugeben, umrühren. Mit 500 ml Wasser und 3 EL Gemüsefond aufgießen, Salz hinzufügen und zugedeckt einmal aufkochen. Bei mittlerer Temperatur ca. 20 Minuten köcheln lassen. Den Topf vom Herd nehmen. Artischocken in ein Sieb geben, abwaschen und vierteln. Pilze sorgfältig putzen und waschen, anschließend trocken tupfen und schneiden. Knoblauch schälen und klein schneiden oder pressen. Petersilie waschen, abtupfen und fein hacken. Die eingeweichten Cashews samt Wasser in einem Mixer zu einer homogenen Masse pürieren.

3. 2 EL Rapsöl in einer Pfanne erhitzen, die geviertelten Artischocken dazugeben und kurz anrösten. Die geschnittenen Pilze, Knoblauch und die Gewürze dazugeben, gut umrühren und aufkochen. Abgedeckt auf mittlerer Hitze kochen lassen.

4. Gedämpften Reis und die Cashew-Creme dazugeben. Hitzezufuhr reduzieren und unter ständigem Rühren vorsichtig aufkochen. Der Risotto sollte eine cremige Konsistenz haben. Falls er zu trocken wird, einfach 1–2 EL Wasser dazugeben. Vom Herd nehmen, 2 EL Leinöl und die gehackte Petersilie hinzufügen. Gut umrühren und in tiefen Tellern servieren.

Aprikosen-Quark-Dessert

NÄHRWERTE (PRO 100 G):
162 KCAL | 7,7 G P | 5,2 G F | 21,6 G KH, GES. | 19,0 G KH, RES. | 2,7 G BAL

Für 4 Personen

2 Blatt Gelatine (4 g)
300 g Aprikosen (Marillen)
10 g Honig
10 Safranfäden
1 frischer Zweig Zitronenthymian
2 EL Leinöl (10 g)
4–5 Scheiben Pumpernickel (100 g)
3 EL brauner Zucker (60 g) oder Glycin
1 EL geschrotete Leinsamen (10 g)
5 EL Kürbiskerne (50 g)
250 g Magerquark
Abrieb von 1 Bio-Zitrone
1 TL getrockneter Lavendel (nach Geschmack)

1. Blattgelatine in kaltem Wasser einweichen.

2. Aprikosen waschen, halbieren, entkernen und vierteln. Mit Honig, 5 Safranfäden und Zitronenthymian in einen Topf geben, aufkochen, vom Herd nehmen und etwas abkühlen lassen. Zitronenthymian aus dem Topf entfernen. Die eingeweichte Gelatine gut ausdrücken, mit dem Leinöl zu den Aprikosen geben und dort auflösen. Die lauwarme Fruchtmasse 1–2 cm hoch in Gläser füllen und in den Kühlschrank stellen.

3. Essbare Erde: Pumpernickel mit 1 EL braunem Zucker, 1 TL Leinsamen und Kürbiskernen im Standmixer fein mahlen.

4. Den Quark mit 5 Safranfäden, 2 EL braunem Zucker und Zitronenabrieb gut verrühren. In die vorbereiteten Gläser verteilen und erneut kalt stellen.

5. Vor dem Servieren den Quark mit der essbaren Erde großzügig bedecken und mit Lavendel garnieren.

Veganes Bananen-Schoko-Mousse

NÄHRWERTE (PRO 100 G):
212 KCAL | 6,1 G P | 9,9 G F | 26,4 G KH, GES. | 18,5 G KH, RES. | 4,8 G BAL

Für 4 Personen

1 Bio-Orange
1 Bio-Limette
25 g Mandeln
25 g Erdnüsse, geschält
25 g Haselnüsse, geschält
25 g Macadamianüsse
3 Bananen (330 g)
1 Becher Kokosnuss-Joghurt
50 g Agavendicksaft
300 g Kochschokolade
1 EL Leinöl (5 g)

1. Orange und Limette waschen, die Schale abreiben und anschließend entsaften.

2. Mandeln, Erdnüsse, Haselnüsse und Macadamianüsse in einen Mixer geben und ganz fein mixen. Aus dem Mixer nehmen. In denselben Mixer die geschälten Bananen, den pflanzlichen Joghurt, Agavendicksaft, den Saft und Abrieb von den Orangen und die Limette zu einer homogenen Masse pürieren.

3. Schokolade und Leinöl in eine Schüssel geben und über heißem Wasser oder in der Mikrowelle vorsichtig schmelzen. Gut durch rühren.

4. Die gemahlenen Nüsse zu der Bananen-Joghurt-Mischung geben, gut durchmixen. Die Geschwindigkeit reduzieren und die geschmolzene Schokolade zu der Masse geben, kurz mitlaufen lassen. Anschließend die Bananen-Schoko-Mousse in 4 Gläser füllen und im Kühlschrank gut durchkühlen.

Buchweizen-Leinsamen-Schmarrn

NÄHRWERTE (PRO 100G):
169KCAL | 4,3G P | 5,8G F | 25,7G KH, GES. | 22,3G KH, RES. | 2,6G BAL

Für 4 Personen

120g Granatapfelkerne (gefroren oder frisch)
50g getrocknete Datteln (7–8 Stück)
50g Haselnüsse
10 Safranfäden
20g Vanillezucker
600ml Wasser
50g geschroteter Leinsamen
Saft und Abrieb von 2 Bio-Limetten oder nach Vorliebe 1 Orange
300g Buchweizenmehl
3EL Rapsöl (15g)
3EL Agavendicksaft (15g)
3EL getrockneter Lavendel

1. Granatapfelkerne auftauen.

2. Datteln, falls nötig, entkernen. Haselnüsse grob zerhacken.

3. Datteln, Safranfäden, Vanillezucker mit 600ml Wasser in einem Mixer ganz fein pürieren. Leinsamen, Limettensaft und -abrieb dazugeben und gut durchmixen. Nun Buchweizen und die Haselnüsse hinzufügen und durchmixen.

4. Rapsöl in einer breiten Pfanne erwärmen, die Masse dazugeben. Abgedeckt und auf kleiner Flamme ca. 8 Minuten braten. Wenn die obere Seite gestockt ist, die Masse wenden. Wieder abdecken und weitere 5 Minuten braten. Nach 5 Minuten den Teig in der Pfanne mithilfe von 2 Holzlöffeln zerreißen. Agavendicksaft dazugeben und den gesamten Schmarrn vorsichtig karamellisieren. Die Lavendelblüten und Granatapfelkerne dazugeben, kurz umrühren und servieren.

Mohn-Dattel-Kürbis-Dessert

NÄHRWERTE (PRO 100 G):
209 KCAL | 8,6 G P | 9,6 G F | 22,8 G KH, GES. | 19,5 G KH, RES. | 3,3 G BAL

Für 4 Personen

50 g Kürbiskerne
25 Cashewkerne (50 g)
15 Datteln (100 g)
150 g Kürbis
100 ml Milch
100 g brauner Zucker
3 Päckchen Vanillezucker
Abrieb von 2 Bio-Zitronen
100 g gemahlener Mohn
300 g Quark
100 g Sauerrahm
4 Safranfäden

1. Kürbiskerne und Cashews in eine Pfanne geben und ohne Zugabe von Öl vorsichtig anrösten. Die Mischung abkühlen lassen und klein hacken. Als Alternative kann geröstete Nussmischung ohne Salz verwendet werden. Datteln entkernen und klein hacken.

2. Kürbis schälen und reiben.

3. Milch mit 50 g Zucker, 2 Päckchen Vanillezucker und Abrieb von 1 Zitrone aufkochen. Mohn, gehackte Datteln und geriebenen Kürbis dazugeben, aufkochen und vorsichtig 5 Minuten lang unter ständigem Rühren köcheln lassen. Abschmecken, auskühlen lassen.

4. Quark mit Sauerrahm, 50 g Zucker, 1 Päckchen Vanillezucker, Abrieb von 1 Zitrone und den Safranfäden glatt rühren.

5. Quark-Sauerrahm-Creme mit Mohn-Kürbis schichtweise in 4 Gläser verteilen und mit der Nussmischung bedecken. Kalt genießen.

MIKROBIOM-REGULIERENDE REZEPTE

Zweierlei Aufstriche: mit Tomaten oder Datteln (vegan)

NÄHRWERTE (PRO 100 G):
254 KCAL | 9,5 G P | 14,9 G F | 23,3 G KH, GES. | 18,3 G KH, RES. | 4,4 G BAL

Für 4 Personen

220 g Kichererbsen (1 Dose mit 330 g)
50 Cashewkerne (100 g)
2 EL Leinöl (10 g)
1 rote Zwiebel (50 g)
3 Knoblauchzehen
5 getrocknete Tomaten (25 g)
1 ½ TL geschroteter oder gemahlener Kümmel
½ TL edelsüßes Paprikapulver
½ TL geräuchertes Paprikapulver
½ TL Chiliflocken (nach Geschmack)
5 Datteln (10 g)
½ TL Kreuzkümmel
½ TL getrockneter Thymian
½ TL getrockneter Oregano
½ TL Kurkumapulver
½ TL gemahlener Koriander
1 Prise Zimt
1 Prise Piment
Salz und Pfeffer aus der Mühle

Für das Grundrezept die Kichererbsen abtropfen, in ein Sieb geben und abwaschen. Die Flüssigkeit beiseitestellen. Cashewkerne mit den Kichererbsen, Salz, Pfeffer und Leinöl in einen Mixer geben und zu einer feinen Masse pürieren. Falls nötig, etwas Flüssigkeit löffelweise dazugeben. Die erhaltene Masse in 2 Schüsseln verteilen.

FÜR DEN AUFSTRICH MIT TOMATEN:

1. Die Zwiebel und den Knoblauch schälen und klein hacken. Getrocknete Tomaten fein würfeln.

2. Eine Hälfte der Kichererbsen-Cashew-Masse mit gehackter Zwiebel, Knoblauch, Tomatenwürfeln, Kümmel, beiden Paprikapulversorten und Chiliflocken gut umrühren und abschmecken. Eine Stunde ziehen lassen, nochmals umrühren und bei Bedarf nachwürzen.

FÜR DEN AUFSTRICH MIT DATTELN:

Für diesen Aufstrich die zweite Hälfte der Kichererbsen-Cashew-Masse verwenden. Datteln entkernen und klein schneiden. Mit Kreuzkümmel, Thymian, Oregano, Kurkuma, Koriander, Zimt und Piment gut unter die Masse rühren und abschmecken. Eine Stunde ziehen lassen, nochmals umrühren und bei Bedarf nachwürzen.

Buchweizen-Kräuter-Kartoffelrösti auf Rahmsauerkraut

NÄHRWERTE (PRO 100 G):
92 KCAL | 2,6 G P | 3,9 G F | 12,3 G KH, GES. | 9,7 G KH, RES. | 2,5 G BAL

Für 4 Personen

100 g Buchweizen
6 EL Gemüsefond (Glas)
1 Zwiebel (50 g)
6 EL Rapsöl (30 g)
400 g Sauerkraut (am besten selbst gemacht oder in Bio-Qualität)
1 Bund Petersilie
1 Bund Schnittlauch
6 getrocknete Tomaten (ohne Öl, 30 g)
30 g geschrotete Leinsamen
500 g mehligkochende Kartoffeln
1 Bund Dill (40 g)
100 g Sauerahm oder Sahne (nach Geschmack pflanzlich)
Salz und Pfeffer aus der Mühle

1. Buchweizen gründlich waschen. 200 ml Wasser mit 3 EL Gemüsefond in einen Topf geben. Buchweizen hinzufügen und auf höchster Temperaturstufe aufkochen. Sobald das Wasser kocht, die Temperatur auf die kleinste Stufe stellen, mit geschlossenem Deckel etwa 15 Minuten quellen lassen. Gedämpften Buchweizen in eine Schale geben und auskühlen lassen.

2. Die Zwiebel schälen und klein schneiden. 3 EL Rapsöl in einem Topf erwärmen, die Zwiebel dazugeben und glasig dünsten. Sauerkraut, 200 ml Wasser und 3 EL Gemüsefond dazugeben, gut umrühren, aufkochen. Sobald das Kraut kocht, die Temperatur reduzieren und mit geschlossenem Deckel bei gelegentlichem Umrühren etwa 20–30 Minuten köcheln lassen.

3. Petersilie und Schnittlauch waschen und abtropfen. Getrocknete Tomaten, Petersilie und Schnittlauch klein hacken und mit den Leinsamen zum Buchweizen geben. Mit Salz und Pfeffer würzen.

4. Kartoffeln schälen und grob reiben, ausdrücken und die geriebenen Kartoffeln zum Buchweizen geben. Gut verrühren und 8 kleine Rösti formen.

5. Den Backofen auf 190 °C Ober-/Unterhitze (170 °C Umluft) vorheizen.

6. Rösti auf ein mit Backpapier ausgelegtes Backblech legen. Beide Seiten mit etwas Rapsöl bestreichen und im vorgeheizten Backofen ca. 15 Minuten backen, wenden und weitere 10 Minuten goldgelb backen.

7. Dill waschen, abtropfen, anschließend klein hacken. Dill und Rahm oder Sahne zum Sauerkraut geben, kurz aufkochen, abschmecken.

Gerste-Linsen-Eintopf mit Kurkuma und Lavendel

NÄHRWERTE (PRO 100 G):
74 KCAL | 2,7 G P | 1,7 G F | 13,4 G KH, GES. | 10,6 G KH, RES. | 2,7 G BAL

Für 4 Personen

1 Zwiebel (50 g)
25 g getrocknete Tomaten ohne Öl
3 Karotten (150 g)
1 Pastinake (50 g)
1 gelbe Paprikaschote (150 g)
½ rote Paprikaschote (75 g)
1 Bund Petersilie
50 g braune Linsen
2 EL Rapsöl (10 g)
1 TL Kurkumapulver
750 ml Wasser
Gemüsefond (Glas)
½ TL getrockneter Thymian
½ TL getrockneter Oregano
½ TL getrockneter Rosmarin
100 g Gerste
1 TL getrockneter Lavendel
1 EL Leinöl
Salz und Pfeffer aus der Mühle

1. Zwiebel schälen und fein hacken. Getrocknete Tomaten in kleine Würfel schneiden.

2. Karotten und Pastinaken schälen, waschen, putzen und in kleine Würfel schneiden (oder grob reiben.) Gelbe und rote Paprika waschen, halbieren, entkernen und getrennt in kleine Würfel schneiden. Die roten Paprikawürfel beiseitestellen. Petersilie waschen, abtropfen und fein hacken. Linsen in ein Sieb geben und abwaschen. Rapsöl in einem Topf erwärmen, die geschnittene Zwiebel und gelbe Paprikawürfel dazugeben und gut anschwitzen. Kurkumapulver und Tomatenwürfel hinzufügen. Linsen waschen und dazugeben, kurz mitdünsten und mit 750 ml Wasser aufgießen. Mit Gemüsefond, Salz, Pfeffer, Thymian, Oregano und Rosmarin würzen. Abgedeckt 10 Minuten lang kochen lassen.

3. Gerste in ein Sieb geben, abwaschen und abtropfen. Die Gerste samt dem geschnittenen Gemüse zu den Linsen geben und zugedeckt kochen lassen.

4. Nach 30 Minuten Kochzeit Lavendel dazugeben, den Eintopf abschmecken und ohne Deckel fertigkochen. Wenn die Linsen und die Gerste weich sind, vom Herd nehmen. Petersilie, rote Paprikawürfel und 2 EL Leinöl dazugeben und zugedeckt 5 Minuten ziehen lassen.

Geschmorter Sellerie mit Kimchi-Linsen-Ragout und Dattelreis

NÄHRWERTE (PRO 100 G):
96 KCAL | 3,2 G P | 1,6 G F | 18,7 G KH, GES. | 15,7 G KH, RES. | 2,2 G BAL

Für 4 Personen

1 Knollensellerie ca. 500 g
2 EL Leinöl (16 g)
5 EL glutenfreie Sojasoße (35 g)
2 EL Asia-Wok-Gewürz
25 Datteln (50 g)
240 g Vollkornreis
450 g Wasser
3 EL Gemüsefond (Glas)
½ TL Kreuzkümmel
1 Dose braune Linsen (240 g)
200 g Kimchi
2 EL Asia-Wok-Gewürz
2 Frühlingszwiebeln
Salz und Pfeffer aus der Mühle

1. Den Backofen auf 190 °C Ober-/Unterhitze (170 °C Umluft) vorheizen.

2. Sellerie gründlich schälen und waschen. Alufolie in 8 Stücke (je 15 × 15 cm) schneiden. Dabei immer 2 Blatt Folie übereinanderlegen.

3. Sellerie in 4 gleiche Stücke schneiden. Die Selleriestücke mit Leinöl, Sojasoße, 4 EL Wasser und 1 EL Asia-Wok-Gewürz gut marinieren und in doppelte Folie einpacken. Auf ein Backblech legen und im vorgeheizten Backofen ca. 45 Minuten lang weich schmoren.

4. Datteln entkernen und halbieren. Den Reis in ein Sieb geben und unter kaltem Wasser gut waschen. 450 g Wasser mit 3 EL Gemüsefond, Salz und Pfeffer in einen Topf geben, den Reis hinzufügen, ½ TL Salz sowie Kreuzkümmel hinzufügen. Reis auf dem Herd mit Deckel einmal aufkochen. Bei mittlerer Temperatur ca. 20 Minuten köcheln lassen. Den Topf vom Herd nehmen. Die Dattelhälften dazugeben, umrühren und abgedeckt stehen lassen.

5. Linsen in ein Sieb geben und unter kaltem Wasser gut waschen. Kimchi in einem Topf erwärmen, Linsen dazugeben und aufkochen. Mit 1 EL Asia-Wok-Gewürz würzen.

6. Reis auf 4 Teller verteilen und das Kimchi-Linsen-Ragout auf den Reis geben. Sellerie vorsichtig aus der Folie nehmen, in Scheiben schneiden und auf das Kimchi legen. Sellerie mit der in der Folie entstandenen Soße übergießen.

7. Mit Frühlingszwiebeln garnieren.

Haferflocken-Quark-Plätzchen

NÄHRWERTE (PRO 100 G):
87 KCAL | 4,4 G P | 3,2 G F | 10,7 G KH, GES. | 8,7 G KH, RES. | 2,0 G BAL

Für 4 Personen

250 g Magerquark
100 g Haferflocken
800 g Karotten
1 Zwiebel
2 EL Petersilie
3 EL Olivenöl (15 g)
1 Zweig Thymian
1 Prise geriebener Muskat
½ TL Kreuzkümmel
200 ml Orangensaft
2 Eier
1 TL Kurkumapulver
3 EL Rapsöl zum Braten (15 g)
Salz und Pfeffer aus der Mühle

1. Quark mit Haferflocken verrühren und abgedeckt 30 Minuten im Kühlschrank quellen lassen. Karotten schälen, waschen und in kleine Stücke schneiden. Zwiebel schälen und klein schneiden. Petersilie waschen, trocken tupfen und klein hacken.

2. Olivenöl in einem Topf erwärmen, klein geschnittene Zwiebel dazugeben und auf mittlerer Temperatur glasig dünsten. Karotten und Thymian hinzufügen. Mit Salz, Pfeffer, Muskat und Kreuzkümmel würzen. Mit Orangensaft aufgießen. Die Karotten zugedeckt auf mittlerer Temperatur bissfest schmoren. Vom Herd nehmen und abgedeckt stehen lassen.

3. Haferflocken-Quark-Mischung aus dem Kühlschrank nehmen. Eier, 1 EL gehackte Petersilie, und Kurkuma dazugeben und gut vermengen. 8 gleichmäßige Plätzchen formen und mit wenig Rapsöl braten.

4. Karotten wieder aufkochen, 2 EL Leinöl und die restliche Petersilie dazugeben und sofort auf 4 Teller verteilen. Die fertigen Plätzchen auf die Karotten platzieren.

Hühner-Erdnuss-Bällchen-Tandoori mit gedämpftem Vollkornreis und Kimchi

NÄHRWERTE (100 G):
117 KCAL | 7,9 G P | 4,8 G F | 12,8 G KH, GES. | 10,0 G KH, RES. | 1,3 G BAL

Für 4 Personen

480 g Hühnerbrust ohne Haut
1 ½ TL Salz
1 rote Paprikaschote
1 kleiner Bund Petersilie
100 g Erdnüsse
3 TL Tandoori-Gewürz
½ TL Kurkumapulver
2 EL Leinöl
240 g Vollkornreis
3 EL Gemüsefond (Glas)
600 g Kimchi
1 Tasse frische Sojasprossen (50 g)
Chiliflocken und Petersilie zum Garnieren
Salz und Pfeffer aus der Mühle

1. Hühnerbrust waschen, gut abtropfen, in grobe Stücke schneiden und mit 1 TL Salz vermengen. Durch einen Wolf drehen und kalt stellen.

2. Paprika entkernen und halbieren. Petersilie waschen und trocken tupfen. ½ Paprika, Erdnüsse und die Hälfte der Petersilie durch den Wolf drehen und sofort mit 3 TL Tandoori-Gewürz, Kurkumapulver und 1 EL Leinöl zu dem Hühnerhack geben. Gut durchrühren und 12 kleine Bällchen formen. Die Bällchen auf ein mit Backpapier ausgelegtes Backblech legen, mit etwas Rapsöl bepinseln und bei 170 °C ca. 20 Minuten lang gut durchbraten.

3. Den Vollkornreis in ein Sieb geben und unter kaltem Wasser waschen. 450 ml Wasser mit Gemüsefond in einen Topf geben, den Reis und ½ TL Salz hinzufügen und auf dem Herd mit Deckel einmal aufkochen. Bei mittlerer Temperatur ca. 20 Minuten köcheln lassen.

4. Die restliche Paprika in kleine Stücke schneiden. Die restliche Petersilie hacken.

5. Kimchi mit 1 EL Leinöl und den Paprikastücken kurz erwärmen.

6. Die Bällchen auf den gedämpften Reis legen und mit dem Kimchi bedecken. Mit Sojasprossen, gehackter Petersilie und Chiliflocken garnieren.

Das Gericht schmeckt auch mit Joghurt statt Kimchi. Den Joghurt mit etwas gehacktem Koriander, Pfeffer und Saft sowie Abrieb einer Zitrone glatt rühren.

Crispy Tofu mit lauwarmem Paprika-Kohl-Salat

NÄHRWERTE (PRO 100G):
99KCAL | 6G P | 3,7G F | 11,4G KH, GES. | 8,3G KH, RES. | 2,5G BAL

Für 4 Personen

800g Weißkohl (Kraut)
1 kleines Stück Ingwer (10g)
2 rote Paprikaschoten (300g)
6–8 EL Apfelessig (ca. 60g oder nach Geschmack)
1 EL Currypulver
½ TL Salz
2 EL Agavendicksaft (16g)
300 ml Wasser
1 EL Leinöl (5g)
500g Tofu
5 EL Sojasoße (35g)
100g ungesüßte Cornflakes
50 Cashewkerne
½ TL gemahlener Rosmarin
2 EL Rapsöl (10g)
50g Zuckerschoten
1 Tasse Erbsensprossen (50g oder nach Geschmack)
Salz und Pfeffer aus der Mühle

1. Die äußeren Blätter vom Kohl entfernen. Den Kohl vierteln und den Strunk ausschneiden. Mit einem scharfen Messer in feine Streifen schneiden oder mit einem Küchenhobel fein raspeln. Ingwer schälen und fein reiben. Paprika waschen, halbieren, die Kerne entfernen und auch in ganz dünne Streifen schneiden. Die Paprika und den Ingwer samt Kohl in eine große Schüssel geben. Essig, Currypulver, ¼ TL Salz und Agavendicksaft hinzufügen und gut durchrühren. 300 ml Wasser aufkochen und über den Kohl gießen. Mithilfe von 2 Gabeln gut vermischen. Leinöl dazugeben und abgedeckt ziehen lassen.

2. Den Backofen auf 200 °C Ober-/Unterhitze (180 °C Umluft) vorheizen.

3. Tofu aus der Packung nehmen und gut abtropfen. In 8 gleichmäßige Scheiben schneiden und mit heller Sojasoße marinieren. Cornflakes und Cashews mit Rosmarin in einen Blender geben und grob zerhacken. Die Tofu-Scheiben in der Cornflakes-Mischung wälzen und auf ein mit Backpapier ausgelegtes Backblech legen. Mit etwas Rapsöl bepinseln und im vorgeheizten Backofen ca. 20 Minuten lang knusprig backen.

4. Zuckerschoten in feine Streifen schneiden und mit den Erbsensprossen vermengen.

5. Kohlsalat noch einmal gut durchrühren und mit etwas Pfeffer würzen.

6. Den Kohl auf 4 Teller verteilen, die knusprigen Tofu-Scheiben darüber platzieren und mit der Zuckererbsen-Sprossen-Mischung garnieren.

Kichererbsen-Cashew-Gazpacho

NÄHRWERTE (PRO 100 G):
93 KCAL | 3,3 G P | 5,0 G F |9,5 G KH, GES. | 7,3 G KH, RES. | 2,0 G BAL

Für 4 Personen

150 g Salatgurke
150 g rote Paprikaschote
150 g Kichererbsen (Dose)
200 ml Wasser
5 EL Gemüsefond (Glas)
2 El Balsamico bianco
2 Knoblauchzehen
2 EL Leinöl (10 g)
1 Prise geschroteter Kümmel
½ TL gemahlener Kreuzkümmel
50 g Cashewkerne
Saft von 1 Zitrone
Salz und Pfeffer aus der Mühle

1. Gurken schälen, entkernen und in kleine Stücke schneiden. Paprika waschen, entkernen und ebenfalls in kleine Stücke schneiden. Kichererbsen aus der Dose in ein Sieb geben und gründlich abwaschen (das Kichererbsen-Wasser aus der Dose können Sie für ein anderes Rezept im Kühlschrank aufheben).

2. 200 ml Wasser mit den Paprikawürfeln und dem Gemüsefond zum Kochen bringen. Balsamico und Kichererbsen hinzufügen. Die Mischung bei mittlerer Hitze 10 Minuten lang kochen lassen. Dann vom Herd nehmen und abkühlen lassen. Knoblauch schälen.

3. Die Suppe zusammen mit Leinöl, Gurke, Knoblauch, Kümmel, Kreuzkümmel und Cashews in einen Mixer geben und gründlich pürieren. Mit Zitronensaft, Salz und Pfeffer abschmecken.

Mit Gemüsechips oder Croûtons servieren.

Lachs auf Ananas-Kimchi-Chutney

NÄHRWERTE (PRO 100 G):
90 KCAL | 7,9 G P | 4,4 G F | 6,7 G KH, GES. | 4,3 G KH, RES. | 0,6 G BAL

Für 4 Personen

2 Knoblauchzehen
1 Zwiebel (50 g)
1 ½ TL gemahlener Koriander
1 TL gemahlener Kreuzkümmel
1 TL gemahlener Ingwer
2 TL Chiliflocken
8 EL Sojasoße (64 g)
560 g Lachsfilet (4 × 140 g)
300 g Ananas
2 EL brauner Zucker
1 TL Kurkumapulver
600 g Kimchi
Salz und Pfeffer aus der Mühle

1. Knoblauch und Zwiebel schälen und in ganz feine Würfel schneiden. Mit Koriander, Kreuzkümmel, Ingwer, 1 TL Chiliflocken und 4 EL Sojasoße zu einer Marinade mischen.

2. Den Backofen auf 160 °C Ober-/Unterhitze (140 °C Umluft) vorheizen.

3. Lachsfilet in 4 Stücke schneiden, in die Marinade legen und ca. 20 Minuten darin marinieren. Den marinierten Lachs samt der Marinade auf ein mit Backpapier ausgelegtes Backblech geben. Im vorgeheizten Backofen 15 Minuten lang fertig braten.

4. Ananas schälen und in kleine Würfel schneiden.

5. 2 EL braunen Zucker mit 4 EL Sojasoße, Kurkuma und 1 EL Chiliflocken aufkochen. Ananaswürfel und Kimchi dazugeben und aufkochen.

6. Kimchi auf 4 Teller aufteilen, gebratenen Lachs anrichten, das Ananas-Chutney hinzufügen. Lachs mit der restlichen Marinade übergießen.

Nudeln mit Kimchi, Miso und Pilzen

NÄHRWERTE (PRO 100 G):
128 KCAL | 5,0 G P | 3,9 G F | 21,3 G KH, GES. | 16,5 G KH, RES. | 3,6 G BAL

Für 4 Personen

2 rote Paprikaschoten (300 g)
2 Lauchzwiebeln
300 g Austernpilze
5 Knoblauchzehen
320 g Kimchi
250 g Mie-Nudeln (Vollkorn, Bio-Qualität) oder Vollkornspaghetti
2 EL Sesamöl (10 g)
1 TL Kurkumapulver
2 EL Misopaste (20 g)
20 Cashewkerne (50 g)
2 EL Sesam (20 g)
1 Tasse Sprossen
Salz und Pfeffer aus der Mühle

1. Paprika waschen, halbieren, entkernen und in Streifen schneiden.

2. Lauchzwiebeln waschen, die Enden abschneiden, anschließend in Ringe schneiden. Einen kleinen Teil zur Dekoration aufheben. Austernpilze waschen, abtropfen und in Scheiben schneiden. Knoblauch schälen und klein schneiden oder pressen. Kimchi in ein Sieb geben und abtropfen.

3. Die Mie-Nudeln laut Herstellerangabe kochen (nach Belieben schon am Vortag und über Nacht im Kühlschrank lassen).

4. In einer Pfanne 2 EL Sesamöl erhitzen, die Pilze dazugeben, kurz anschwitzen. Knoblauch, Kurkuma, etwas Pfeffer, weißen Teil der Lauchzwiebelringe und Paprikastreifen hinzufügen, abdecken und 2 Minuten lang auf mittlerer Hitze schmoren lassen. Die Misopaste dazugeben, gut umrühren. Kimchi hinzufügen. Auf mittlerer Hitze aufkochen. Die Nudeln und die Cashewkerne dazugeben, kurz umrühren. Mit Sesam, den restlichen Lauchzwiebelringen und Linsensprossen servieren.

Putenbällchen mit Lavendel und würzigem Sauerkraut

NÄHRWERTE (PRO 100 G):
61 KCAL | 6,7 G P | 1,6 G F | 5,0 G KH, GES. | 3,5 G KH, RES. | 1,5 G BAL

Für 4 Personen

8 getrocknete Datteln (16 g)
100 g Vollkornreis
2 EL Gemüsefond (Glas)
1 ½ TL jodiertes Salz
1 Zwiebel (50 g)
1 gelbe Paprikaschote (150 g)
3 Tomaten (150 g)
600 g Sauerkraut (am besten selbst gemacht oder in Bio-Qualität)
2 EL Rapsöl (10 g)
½ TL Kurkumapulver
½ TL getrockneter Thymian
½ TL getrockneter Rosmarin
½ TL getrockneter Oregano
½ TL gemahlener Koriander
1 TL getrockneter Lavendel
400 g Putenbrust
1 TL Kreuzkümmel
1 Prise Zimt
1 Prise Piment
2 EL Sesam (40 g)
Salz und Pfeffer aus der Mühle
Petersilie zum Garnieren

1. Datteln entkernen und in kleine Würfel schneiden.

2. Den Vollkornreis in ein Sieb geben und unter kaltem Wasser waschen. 200 ml Wasser, ½ TL Salz, die Dattelwürfel und 2 EL Gemüsefond in einen Topf geben. Den Reis mit ½ TL Salz hinzufügen und auf dem Herd mit Deckel einmal aufkochen. Bei mittlerer Temperatur ca. 20 Minuten köcheln lassen. Abkühlen lassen.

3. Zwiebel schälen und klein schneiden. Paprika und Tomaten waschen. Paprika halbieren, entkernen und in Würfel schneiden. Tomaten ebenso in Würfel schneiden. Sauerkraut abwaschen.

4. 2 EL Rapsöl im Topf erwärmen, klein geschnittene Zwiebel dazugeben und glasig dünsten. Paprika und Tomatenwürfel dazugeben und zugedeckt 3 Minuten lang schmoren. Sauerkraut, 200 ml Wasser, Kurkuma, Thymian, Rosmarin, Oregano, Koriander und Lavendel dazugeben, gut umrühren, aufkochen. Sobald das Kraut kocht, die Temperatur reduzieren und mit geschlossenem Deckel, unter gelegentlichem Umrühren, etwa 10 Minuten köcheln lassen.

5. Putenbrust waschen und trocken tupfen. Das Fleisch in grobe Stücke schneiden und mit 1 TL Salz, Kreuzkümmel, Zimt und Piment gut durchrühren. Gewürztes Fleisch durch einen Wolf drehen. Den Dattelreis zum Putenhack geben. Gut durchrühren, mit etwas Pfeffer würzen, 12 kleine Bällchen formen, auf das Sauerkraut setzen. Zugedeckt ca. 30 Minuten lang fertig kochen. Wenn die Fleischbällchen fertig sind, auf 4 Tellern verteilen.

6. Sauerkraut umrühren, kurz aufkochen und wenn nötig mit etwas Salz und Pfeffer nachwürzen. Kraut zu den Fleischbällchen geben und mit Sesam und optional Petersilie servieren.

Vollkornnudeln mit Linsen-Sugo

NÄHRWERTE (PRO 100 G):
85 KCAL | 4,3 G P | 1,6 G F | 14,5 G KH, GES. | 11,7 G KH, RES. | 2,7 G BAL

Für 4 Personen

80 g Zwiebeln
2 Karotten (150 g)
2 gelbe Rüben (150 g)
1 Pastinake (50 g)
6 getrocknete Tomaten (ohne Öl, 30 g)
200 g Cherrytomaten
2 Knoblauchzehen
2 EL Olivenöl (10 g)
100 g braune Linsen
½ l Tomatensaft
½ TL getrockneter Thymian
½ TL getrockneter Oregano
½ TL getrockneter Rosmarin
½ TL getrocknetes Basilikum
½ TL getrocknete Lavendelblüten
320 g Vollkornnudeln (Spaghetti, Fusilli oder Linguine)
4 EL Parmesan, frisch gerieben (50 g)
Salz und Pfeffer aus der Mühle
Basilikum zum Garnieren

1. Zwiebeln schälen und in feine Würfel schneiden. Karotten, gelbe Rüben und Pastinaken schälen, waschen und Strunk abschneiden. Gemüse entweder in feine Würfel schneiden oder grob reiben. Die getrockneten Tomaten fein schneiden. Cherrytomaten waschen und vierteln. Knoblauch schälen und klein hacken.

2. 2 EL Olivenöl in einem Topf erwärmen, die Zwiebeln dazugeben und kurz anschwitzen. Pastinakenwürfel, Knoblauch, getrocknete Tomaten und die Linsen zu den Zwiebeln geben und mit Tomatensaft und 200 ml Wasser aufgießen. Mit Thymian, Oregano, Rosmarin, Basilikum, Lavendel, Salz und Pfeffer würzen. Abgedeckt auf mittlerer Hitze ca. 20 Minuten lang kochen. Die Linsen sollten fast weich sein.

3. Nach ca. 20 Minuten Karotten, Rüben und Cherrytomaten dazugeben. Abgedeckt weitere 15 Minuten kochen lassen. Falls nötig mit etwas Wasser aufgießen. Nach ca. 35–40 Minuten Kochzeit das Ragout kontrollieren. Die Linsen sollten weich sein. Andernfalls abgedeckt weiter kochen lassen. Abschmecken. Die Cherrytomaten sollten Süße und Frische ins Gericht bringen. Falls nötig mit 1 Prise Zucker nachwürzen.

4. Die Vollkornnudeln laut Anleitung im kochenden Salzwasser garen. Wenn die Nudeln bissfest sind, abseihen und zu dem Ragout geben. Mit Parmesan und optional Basilikum servieren.

Zucchini-Kartoffel-Rösti mit gegrilltem Sellerie und Süßkartoffel-Kürbis-Püree

NÄHRWERTE (PRO 100 G):
75 KCAL | 2,2 G P | 1,8 G F | 13,6 G KH, GES. | 10,9 G KH, RES. | 2,7 G BAL

Für 4 Personen

1 faustgroße Knollensellerie (500 g)
500 g Süßkartoffeln
250 g Kürbis
3 EL Gemüsefond (Glas)
1 Prise geriebene Muskatnuss
4–5 Safranfäden
1 EL Leinöl (5 g)
1 Prise Kreuzkümmel
400 g Zucchini
½ TL jodiertes Salz
400 g mehligkochende Kartoffeln
2 Knoblauchzehen
1 EL Petersilienblätter (20 g)
1 EL Maisstärke
3 EL Rapsöl (15 g)
2 EL gehackte Kürbiskerne (30 g)
8 EL Vollkornpaniermehl (80 g)
Salz und Pfeffer aus der Mühle

1. Sellerie waschen und im leicht gesalzenen Wasser im Ganzen kochen.

2. Wenn der Sellerie weich ist, herausnehmen, etwas abkühlen lassen und schälen. Auskühlen lassen und in 1 cm dicke Scheiben schneiden.

3. Süßkartoffeln und Kürbis schälen, klein schneiden, in einen Topf geben und mit Wasser bedecken. 3 EL Gemüsefond und Muskatnuss dazugeben und Gemüse weich kochen.

4. Wenn beide Gemüse weich sind, Wasser abgießen, aber auffangen.

5. Gemüse mit Safran, Leinöl, Pfeffer und Kreuzkümmel würzen und mit einem Schneebesen unter der vorsichtigen Zugabe von Kochwasser zu etwas weicherem Püree verarbeiten.

6. Zucchini waschen, der Länge nach halbieren, entkernen und grob reiben. Mit ½ TL Salz vermengen und stehen lassen. Kartoffeln schälen, waschen, abtrocknen und grob reiben. Geriebene Zucchini ausdrücken.

7. Den Backofen auf 190 °C Ober-/Unterhitze (170 °C Umluft) vorheizen.

8. Knoblauch schälen und zerdrücken. Petersilie waschen und hacken. Knoblauch, Pfeffer, Petersilie, 1 EL Maisstärke und Kartoffelpüree gut vermengen.

9. 8 kleine Klößchen formen, auf ein mit Backpapier ausgelegtes Backblech legen und flach drücken. Beide Seiten mit etwas Rapsöl bepinseln und im vorgeheizten Backofen 15 Minuten backen, wenden und Sellerie dazugeben.

10. Die Kürbiskerne mit dem Paniermehl vermengen, die Selleriescheiben im Paniermehl wenden. Mit etwas Rapsöl bepinseln und zu den Kartoffel-Zucchini-Rösti legen. Weitere 10–12 Minuten goldgelb backen.

11. Selleriescheiben auf die Teller legen, mit Kürbis-Süßkartoffel-Püree bedecken. Die Zucchini-Kartoffel-Rösti auf dem Püree platzieren.

Beeren-Quark-Dessert mit Kurkuma

NÄHRWERTE (PRO 100 G):
137 KCAL | 4,3 G P | 3,6 G F | 21,0 G KH, GES. | 20,1 G KH, RES. | 0,8 G BAL

Für 4 Personen

100 g Löffelbiskuit, z. B. aus Dinkel oder Vollkorn (12 Stück)
400 g Beeren
2 EL Leinöl (10 g)
½ TL Kurkumapulver (2 g)
6 EL brauner Zucker oder Rohrzucker (120 g), alternativ Glycin
2 Päckchen Vanillezucker (16 g) oder echte Vanille
250 g Magerquark (Magertopfen)
250 g Joghurt (1,5 % Fett)
Abrieb von 1 Bio-Limette

1. Je 3 Löffelbiskuits zerbröseln und in 4 Gläser geben. Die Beeren waschen und in einen Mixer geben; einige jedoch zum Dekorieren beiseite legen. Leinöl, Kurkuma, 4 EL braunen Zucker und Vanillezucker hinzufügen. Alles gut mixen, bis eine homogene Mischung entsteht. Die Hälfte der Mischung auf das Löffelbiskuit verteilen.

2. Quark, Joghurt mit Limettenabrieb und 2 EL braunem Zucker gut umrühren. Die Quarkmasse in die Gläser verteilen. Mit der restlichen Beerenmischung bedecken, mit Beeren garnieren und kalt stellen.

Leinsamen-Haferbrei mit Datteln, Lavendel, Kurkuma und Nüssen

NÄHRWERTE (PRO 100 G):
184 KCAL | 4,7 G P | 7,3 G F | 27 G KH, GES. | 22,0 G KH, RES. | 4,4 G BAL

Für 4 Personen

16 getrocknete Datteln (110 g)
50 g Walnüsse (ca. 16 Stück)
120 g frische oder gefrorene Granatapfelkerne oder andere frische Früchte wie Beeren, Bananenscheiben
½ TL Kurkumapulver
1 Prise Salz
1 Prise Vanilleextrakt
160 g Haferflocken
4 EL geschrotete Leinsamen (40 g)
400 ml Hafermilch oder Milch
½ TL getrockneter Lavendel

1. Datteln entkernen und fein hacken. Nüsse grob hacken. Granatapfel (wenn gefroren) auftauen und abtropfen. In einem Topf die Hafermilch mit den gehackten Datteln, Kurkumapulver, 1 Prise Salz und Vanilleextrakt erhitzen. 3 Minuten ziehen lassen.

2. Haferflocken und Leinsamen in die warme Hafermilch geben. Gründlich umrühren.

3. Den Herd auf niedrige Stufe stellen und den Haferbrei für etwa 5–7 Minuten köcheln lassen. Dabei gelegentlich umrühren. Wenn der Brei die gewünschte Konsistenz erreicht hat (etwas dickflüssiger), vom Herd nehmen. Lavendel dazugeben, gut umrühren und kurz abkühlen lassen. Den Leinsamen-Haferbrei in eine Schüssel geben und mit Granatapfelkernen und gehackten Nüssen garnieren.

REZEPTE FÜR DIE GEHIRNGESUNDHEIT

Blumenkohl-Linsen-Paprika-Ragout mit Vollkornreis

NÄHRWERTE (PRO 100 G):
94 KCAL | 2,8 G P | 3,1 G F | 14,3 G KH, GES. | 12,6 G KH, RES. | 1,6 G BAL

Für 4 Personen

100 g Wurzelpetersilie
240 g Vollkornreis
200 g Blumenkohl
3 EL Rapsöl (15 g)
2 Knoblauchzehen
150 g Zucchini
1 gelbe Paprikaschote
1 TL getrocknete rote Chili
2 EL rotes Currygewürz
80 g gedämpfte Linsen (Dose)
150 g Kichererbsen (Dose)
200 ml Kokosmilch
3 EL Gemüsefond (Glas)
30 Cashewkerne (60 g)
Salz und Pfeffer aus der Mühle

1. Petersilienwurzel schälen und fein reiben. 2 l Wasser mit 1 TL Salz zum Kochen bringen. Wurzelpetersilie reiben, mit dem Reis dazugeben und fertig kochen. Wenn der Reis weich ist, abseihen und warm stellen.

2. Blumenkohl putzen und in Röschen schneiden. In einer Pfanne 3 EL Rapsöl erwärmen und die Blumenkohlröschen dazugeben. Knoblauch schälen und klein schneiden. Mit in die Pfanne geben, würzen.

3. Zucchini waschen, entkernen und in Würfel schneiden und zum Blumenkohl geben. Paprika waschen, entkernen, in Würfel schneiden und zu Zucchini und Blumenkohl geben. Mit Chili und rotem Curry würzen.

4. Linsen und Kichererbsen in ein Sieb geben, gut abwaschen und zum Gemüse geben. Gut umrühren und mit 100 ml Wasser, Kokosmilch und 3 EL Gemüsefond aufgießen. Aufkochen und 5 Minuten abgedeckt bei mittlerer Temperatur kochen lassen.

5. Reis auf 4 Teller verteilen und mit dem Blumenkohl-Linsen-Curry bedecken. Mit Cashewkernen servieren.

Gefüllte Paprika in Tomaten-Kokos-Soße

NÄHRWERTE (PRO 100 G):
60 KCAL | 2,4 G P | 1,3 G F | 10,5 G KH, GES. | 8,1 G KH, RES. | 2,4 G BAL

Für 4 Personen

50 g Sojagranulat
9 Datteln (64 g)
1 Bund Koriander
200 g Kirschtomaten
4 gelbe Paprikaschoten (600 g)
100 g Vollkornreis
50 g rote Linsen
6 EL Gemüsefond (Glas, 42 g)
1 Karotte
1 gelbe Rübe
2 EL Rapsöl (10 g)
Saft und Abrieb von 2 Bio-Limetten
2 EL Currymischung: scharf oder nach Geschmack
3 EL Sojasoße (21 g)
1 TL Korianderpulver
500 g Tomaten in Stücken (Dose)
250 g Kokosmilch
500 ml Wasser
Salz und Pfeffer aus der Mühle

1. Sojagranulat laut Packungsangabe einweichen. Datteln entkernen und klein schneiden. Koriander waschen, abtrocknen und die Blätter fein hacken. Kirschtomaten waschen und vierteln. Die Paprika waschen, den Deckel abschneiden und aushöhlen. Paprika gut auswaschen und trocken tupfen. Paprikadeckel aufheben. Den Boden der Paprika geradeschneiden.

2. Den Reis und die Linsen in ein Sieb geben und unter kaltem Wasser waschen.

3. 500 ml Wasser mit 3 EL Gemüsefond in einen Topf geben, den Reis und die Linsen hinzufügen, ½ TL Salz beifügen, abdecken und einmal aufkochen. Bei mittlerer Temperatur ca. 20 Minuten köcheln lassen. Wenn der Reis und die Linsen weich sind, vom Herd nehmen.

4. Karotte und Rübe waschen, schälen und fein reiben.

5. 2 EL Rapsöl in einer Pfanne erwärmen. Das eingeweichte Sojagranulat, die geriebenen Karotten und gelbe Rüben dazugeben. Mit dem Saft und der geriebenen Schale von 1 Limette, der Currymischung, Sojasoße, Pfeffer, und Korianderpulver kräftig würzen. Abdecken und einmal aufkochen. Bei mittlerer Temperatur ca. 5 Minuten köcheln lassen. Stückige Tomaten, Kokosmilch, Paprikabodenreste sowie 3 EL Gemüsefond mit Salz, Pfeffer, dem Saft und der geriebenen Schale von 1 Limette, der Currymischung und Korianderpulver würzen und einmal aufkochen.

6. Soja-Gemüsemischung, die Hälfte des gehackten Korianders und die geschnittenen Datteln zu den Reis-Linsen geben, gut durchrühren.

7. Den Backofen auf 160 °C Ober-/Unterhitze (140 °C Umluft) vorheizen.

8. Die ausgehöhlten Paprika mit der Reis-Linsen-Soja-Mischung füllen.

9. Die gefüllten Paprika in eine tiefe Backform mit der Öffnung nach oben setzen und mit den abgeschnittenen Paprikadeckeln bedecken.

10. Die geviertelte Kirschtomaten dazwischenstreuen und mit der Tomaten-Kokos-Soße aufgießen. Im vorgeheizten Backofen ca. 50 Minuten lang fertig garen. Mit dem Koriandergrün servieren.

Gegrilltes Gemüsepotpourri mit Dinkel, Cashews und Orange

NÄHRWERTE (PRO 100 G):
101 KCAL | 4,7 G P | 3,4 G F | 14,5 G KH, GES. | 11,2 G KH, RES. | 3,2 G BAL

Für 4 Personen

1 Orange
3 EL Gemüsefond (Glas)
200 g Dinkel
4 EL Cashewkerne (50 g)
1 Zweig Rosmarin
2 Hühnereier
200 g Brokkoli
200 g Blumenkohl
200 g Fenchel
2 rote Paprikaschoten
200 g Karotten
150 g Wurzelpetersilie
2 EL Rapsöl (10 g)
2 Knoblauchzehen
2 EL Olivenöl (10 g)
1 EL Leinöl (5 g)
Salz und Pfeffer aus der Mühle

1. Orange entsaften. 2 l Wasser mit dem Gemüsefond aufkochen. Dinkel hinzufügen, bei geringer Temperatur zugedeckt weich kochen. Abseihen und warm stellen.

2. Cashewkerne mit etwas Rosmarin ohne Öl in eine Pfanne geben und unter ständigem Rühren auf kleiner Flamme vorsichtig anrösten (alternativ kann ein gerösteter Kerne-Mix verwendet werden).

3. Eier im gesalzenen Wasser hart kochen, danach schälen und halbieren.

4. Brokkoli und Blumenkohl putzen und in Röschen schneiden. Fenchel und Paprika der Länge nach vierteln. Karotten und Wurzelpetersilie schälen und in grobe Stücke schneiden.

5. Brokkoli in einer Pfanne mit Rapsöl scharf anbraten und herausnehmen. Anschließend Fenchel in der Pfanne anbraten, Blumenkohl dazugeben, abdecken und 2 Minuten lang ziehen lassen.

6. Knoblauch schälen und hacken. Olivenöl in einer Pfanne erhitzen, geschnittenes Gemüse dazugeben, mit Salz, Pfeffer, Rosmarin und Knoblauch würzen. Abdecken, 5 Minuten lang grillen. Pfanne vom Herd nehmen und 5 Minuten abgedeckt stehen lassen. Danach mit Orangensaft und Leinöl marinieren.

7. Dinkel in der Mitte der Teller verteilen, Gemüse darüberlegen, mit gerösteten Cashews und Eiern garnieren.

Kartoffel-Zucchini-Rösti mit lauwarmem Tomatensalat

NÄHRWERTE (PRO 100 G):
61 KCAL | 1,9 G P | 2,5 G F | 7,8 G KH, GES. | 6,6 G KH, RES. | 1,2 G BAL

Für 4 Personen

40 g Cashewkerne
500 g Zucchini
½ TL Salz
500 g mehligkochende Kartoffeln
4 Knoblauchzehen
2 EL gehackte Petersilienblätter (20 g)
1 EL Maisstärke (Maizena)
2 EL Rapsöl (10 g)
500 g Kirschtomaten
2 Frühlingszwiebeln
2 EL fein gehackte Korianderblätter (10 g)
2 EL Olivenöl (10 g)
Saft und Abrieb von 1 Bio-Limette
Salz und Pfeffer aus der Mühle

1. Cashewkerne ohne Öl in eine Pfanne geben und unter ständigem Rühren goldgelb rösten.

2. Zucchini waschen, der Länge nach halbieren, entkernen und grob reiben. Mit ½ TL Salz vermengen und stehen lassen. Kartoffeln schälen, waschen, abtrocknen und grob reiben. Geriebene Zucchini ausdrücken. Knoblauch schälen und zerdrücken. Pfeffer, Zucchini, Knoblauch, 2 EL Petersilie, Maisstärke und geriebene Kartoffeln gut vermengen.

3. Den Backofen auf 200 °C Ober-/Unterhitze (180 °C Umluft) vorheizen.

4. Kleine Laibchen formen und auf einem mit Backpapier ausgelegten Backblech platzieren. Beide Seiten mit etwas Rapsöl bepinseln und im vorgeheizten Backofen bei 200 °C 15 Minuten backen, wenden und weitere 10 Minuten lang goldgelb backen.

5. Kirschtomaten waschen und vierteln. Frühlingszwiebeln in dünne Scheiben schneiden und dazugeben. Mit Salz, Pfeffer, 1 EL Koriander, Olivenöl sowie Limettensaft und -abrieb würzen. In einen Topf geben und erwärmen.

6. Kartoffel-Zucchini-Rösti auf 4 Teller verteilen. Den lauwarmen Tomatensalat in der Mitte platzieren. Mit dem restlichen Koriander und Cashews servieren.

Pfifferling-Tatar mit Safran und Granatapfel auf Rucola und Ciabatta-Chips

NÄHRWERTE (PRO 100 G):
73 KCAL | 2,8 G P | 2,4 G F | 11,1 G KH, GES. | 8,4 G KH, RES. | 2,7 G BAL

Für 4 Personen

1 Orange
1 Zwiebel
1 kleiner Bund Petersilie
100 g gefrorene Granatapfelkerne oder 1 frischer Granatapfel
1 Vollkornciabatta (100 g)
1 EL Olivenöl (5 g)
600 g Pfifferlinge
2 EL Rapsöl (10 g)
½ TL Kurkumapulver
1 Zweig Thymian
3 EL Balsamico bianco (18 g)
10 Safranfäden
1 Bund Rucola (100 g)
1 EL Leinöl (5 g)
Salz und Pfeffer aus der Mühle

1. Orange entsaften.

2. Zwiebel schälen und fein hacken. Petersilie waschen, abtrocknen und fein hacken.

3. Granatapfelkerne, sofern gefroren, auftauen.

4. Den Backofen auf 200 °C Ober-/Unterhitze (180 °C Umluft) vorheizen.

5. Ciabatta in dünne Scheiben schneiden. Die Brotscheiben auf ein mit Backpapier ausgelegtes Backblech legen, mit etwas Olivenöl beträufeln. Im vorgeheizten Backofen in 5–6 Minuten goldgelb backen.

6. Pfifferlinge putzen, waschen, klein schneiden. Die Zwiebel im Rapsöl glasig dünsten. Geschnittene Pfifferlinge dazugeben. Mit Salz, Pfeffer und etwas Thymian würzen. Pfifferlinge 10 Minuten lang kochen, mit Balsamico ablöschen, Safran und die Granatapfelkerne hinzufügen.

7. Rucola waschen und klein zupfen. Mit Leinöl, Pfeffer und Orangensaft marinieren.

8. Die Ciabatta-Chips auf 4 Tellern ausbreiten, den marinierten Salat in die Tellermitte setzen.

9. Die lauwarmen Pilze auf dem Salat verteilen und mit der Petersilie servieren.

Linguine mit Zucchini, Zitrone und Minze

NÄHRWERTE (PRO 100 G):
116 KCAL | 5,6 G P | 4,5 G F | 14,1 G KH, GES. | 11,5 G KH, RES. | 1 G BAL

Für 4 Personen

20 Cashewkerne (40 g)
2 Bio-Zitronen
2 Zucchini (500 g)
1 Zwiebel
2 EL Rapsöl (10 g)
1 TL getrockneter Thymian
1 TL getrocknete Pfefferminze
½ TL getrockneter Lavendel
400 g Vollkornlinguine
60 g Parmesan, gerieben
2 EL Leinöl (10 g)
Salz und Pfeffer aus der Mühle

1. Cashewkerne klein hacken. Zitronenschale abreiben und die Zitronen entsaften.

2. Zucchini waschen, der Länge nach halbieren und mithilfe eines Teelöffels entkernen.

3. Die Zucchini in Würfel schneiden. Zwiebel schälen und klein schneiden.

4. Cashewkerne in einer Pfanne ohne Öl vorsichtig anrösten, herausnehmen und zur Seite stellen. In derselben Pfanne 2 EL Rapsöl erwärmen, die Zwiebel dazugeben und glasig werden lassen. Die Zucchini hinzufügen und kurz mitrösten. Zitronensaft und -abrieb, Thymian, Minze und Lavendel hinzugeben. Mit Salz und reichlich Pfeffer würzen, die Hitze reduzieren. Zugedeckt 5 Minuten lang kochen lassen.

5. Inzwischen die Linguine laut Herstellerangabe bissfest kochen. Abseihen und mit den gerösteten Cashews und 2 EL Leinöl zu den Zucchini geben, gut umrühren und mit dem Parmesan servieren.

Mozzarellabällchen mit Safran-Balsamico-Karotten und Melone

NÄHRWERTE (PRO 100 G):
119 KCAL | 4,9 G P | 7,2 G F | 8,5 G KH, GES. | 7,8 G KH, RES. | 0,7 G BAL

Für 4 Personen

1 Bio-Limette
20 g Cashewkerne
1 TL brauner Zucker (10 g)
4 EL Balsamico bianco (40 g)
½ TL Kurkumapulver
12 Safranfäden
400 g Wassermelone
2 EL Leinöl (10 g)
200 g Karotten
240 g Mozzarellabällchen
10 Cashewkerne (20 g)
4 kleine Blätter Pfefferminze
Salz und Pfeffer aus der Mühle

1. Limette waschen, die Schale abreiben und danach entsaften.

2. Cashewkerne ohne Öl in eine Pfanne geben und unter ständigem Rühren goldgelb rösten.

3. Zucker mit Balsamico, Kurkuma und Limettensaft kurz aufkochen und vom Herd nehmen. Safranfäden dazugeben und stehen lassen.

4. Melone waschen, schälen und in 2 × 2 cm große Stücke schneiden oder mit einem Kugelausstecher kleine Kugeln ausstechen. Die Melonenstücke mit Leinöl und Limetten-Abrieb gut durchmischen und in den Kühlschrank stellen.

5. Karotten waschen, schälen, der Länge nach halbieren und in 5 cm große Stücke schneiden. Die Karottenstücke mit 100 ml Wasser und etwas Salz in einen Topf geben und zugedeckt bei mittlerer Temperatur ca. 5 Minuten kochen lassen. Die Safran-Balsamico-Mischung dazugeben und abgedeckt ohne Hitzezufuhr 5 Minuten stehen lassen.

6. Mozzarella abtropfen. Die Melone mit dem Mozzarella zusammenfügen, die Karotten dazugeben und in 4 Gläser verteilen. Mit Cashews und Pfefferminze servieren.

Rote-Bete-Linsen-Suppe mit Radieschen

NÄHRWERTE (PRO 100 G):
59 KCAL | 1,8 G P | 3,4 G F | 6,0 G KH, GES. | 4,6 G KH, RES. | 1,4 G BAL

Für 4 Personen

400 g Rote Bete
100 g Schalotten oder Zwiebeln
2 EL Rapsöl (10 g)
40 g rote Linsen
½ TL Kümmel
5 EL Gemüsefond (Glas)
5 Radieschen mit Blättern
2 EL Leinöl (10 g)
8 Walnüsse (25 g)
Salz und Pfeffer aus der Mühle

1. Rote Bete schälen und in kleine Würfel schneiden oder grob reiben.

2. Schalotten schälen und in feine Würfel schneiden.

3. Geschnittene Schalotten in Rapsöl anrösten, Rote-Bete-Würfel und Linsen hinzufügen. Mit 500 ml Wasser aufgießen, Kümmel und Gemüsefond dazugeben und mit Salz und Pfeffer würzen. Abgedeckt 15 Minuten lang kochen lassen.

4. Radieschen waschen, die Blätter aufheben. Radieschen grob schneiden, die Blätter mit Leinöl und Walnüssen zu einem groben Pesto mixen.

5. Wenn Rote Bete und Linsen weich sind, die Suppe vom Herd nehmen. Die Radieschenstücke dazugeben und die ganze Suppe fein pürieren. Falls nötig, wieder erwärmen. Abschmecken, auf 4 Suppentassen aufteilen und mit dem Radieschen-Walnuss-Pesto garnieren.

Vollkornnudeln mit Fenchel-Zucchini-Dattel-Ragout

NÄHRWERTE (PRO 100 G):
139 KCAL | 6,6 G P | 5,5 G F | 17,2 G KH, GES. | 14,0 G KH, RES. | 3,2 G BAL

Für 4 Personen

8 getrocknete Datteln (56 g)
2 Zucchini (300 g)
1 mittelgroßer Fenchel (250 g)
50 g Pinienkerne
2 EL Olivenöl (10 g)
½ TL getrockneter Oregano
½ TL getrockneter Thymian
½ TL getrockneter Rosmarin
1 Prise Zimt
1 Bio-Zitrone
400 g Vollkornnudeln (am besten Fusilli oder Penne)
100 g Parmesan, gerieben
1 EL Leinöl (5 g)
Salz und Pfeffer aus der Mühle

1. Datteln halbieren, entkernen und in kleine Stücke schneiden.

2. Zucchini waschen, abtropfen, die Enden abschneiden und der Länge nach halbieren. Die Kerne entfernen. Zucchini grob reiben und mit etwas Salz vermengen.

3. Fenchel waschen, abtupfen, wenn nötig die äußeren holzigen Blätter entfernen, den Strunk abschneiden und in feine Streifen schneiden. Fenchelgrün fein hacken und aufheben.

4. Zucchini in ein Tuch geben und gut ausdrücken.

5. Pinienkerne ohne Öl in eine Pfanne geben und unter ständigem Rühren goldgelb rösten, aus der Pfanne auf einen Teller geben. In derselben Pfanne das Olivenöl vorsichtig erhitzen. Die Fenchelstreifen zum Öl geben und vorsichtig anbraten. Nach 2 Minuten die ausgepressten Zucchini und die Dattelhälften dazugeben. Mit Pfeffer, Oregano, Thymian, Rosmarin und Zimt würzen. 2 Minuten kochen lassen, vom Herd nehmen.

6. Zitrone waschen, abtrocknen und die Schale abreiben.

7. Vollkornnudeln laut Herstellerangabe in Salzwasser bissfest kochen, abseihen. Etwas Kochwasser aufheben.

8. Fenchel-Zucchini-Ragout erwärmen, die gekochten und abgetropften Nudeln dazugeben. Bei Bedarf etwas von dem aufgehobenen Kochwasser hinzugießen, Pfanne vom Herd nehmen. Parmesan, geröstete Pinienkerne, Leinöl und gehacktes Fenchelgrün dazugeben. Umrühren und in 4 tiefe Teller verteilen. Mit etwas Zitronenabrieb servieren.

Zucchinispaghetti mit gerösteten Pinienkernen auf gebratener Paprika mit gelber Gazpacho

NÄHRWERTE (PRO 100 G):
46 KCAL | 1,6 G P | 2,2 G F | 5,9 G KH, GES. | 3,8 G KH, RES. | 2,0 G BAL

Für 4 Personen

1 EL Pinienkerne (10 g)
2 gelbe Paprikaschoten (300 g)
2 rote Paprikaschoten (300 g)
300 g Gurke
2 Frühlingszwiebeln (60 g)
2 Knoblauchzehen (8 g)
2 EL Leinöl (10 g)
2 EL Balsamico bianco
1 TL Kurkumapulver
½ TL gemahlener Kümmel
3 EL Olivenöl (15 g)
600 g Zucchini
1 Zweig frischer Thymian
Salz und Pfeffer aus der Mühle

Das Gericht kann mit Tomaten- oder Fetawürfeln verfeinert werden.

1. Pinienkerne ohne Öl in eine Pfanne geben und unter ständigem Rühren goldgelb rösten.

2. Die gelben Paprikaschoten und Gurke waschen, halbieren, die Kerne entfernen und in grobe Stücke schneiden. 1 Frühlingszwiebel waschen und in grobe Stücke schneiden. 1 Knoblauchzehe schälen. Das vorbereitete Gemüse mit 1 EL Leinöl, 80–100 ml Wasser, Essig, Kurkumapulver und Kümmel in einen Mixer geben und fein pürieren. Mit Salz und Pfeffer abschmecken. Die Suppe in 4 Gläser füllen und in den Kühlschrank stellen.

3. Backofen auf 200 °C Ober-/Unterhitze (180 °C Umluft) vorheizen.

4. Die roten Paprikaschoten waschen, der Länge nach halbieren, Kerngehäuse entfernen. Die restlichen Kerne auswaschen und trocken tupfen. Mit Salz, Pfeffer und 1 EL Olivenöl gut würzen, anschließend mit der Schnittfläche nach oben auf ein mit Backpapier ausgelegtes Backblech legen. Im vorgeheizten Ofen 10 Minuten backen.

5. Zucchini waschen und grob reiben (wenn vorhanden, mit einem Gemüsespaghetti-Schneider abdrehen). Den restlichen Knoblauch und die Frühlingszwiebel schälen und in Scheiben schneiden. In einer Pfanne 2 EL Olivenöl erhitzen. Knoblauchscheiben, Frühlingszwiebel und den Thymianzweig zum Öl geben. Die geriebenen Zucchini in die Pfanne geben, kurz schwenken, mit Salz und Pfeffer würzen. Paprikahälften aus dem Ofen nehmen, Zucchini auf die Paprikahälften verteilen und bei 200 °C weitere 10 Minuten backen.

6. Die fertigen Paprikahälften auf Teller legen, mit den gebratenen Pinienkernen garnieren und mit der gelben Gazpacho servieren.

Pannakokos mit Erdbeer-Minz-Ragout

NÄHRWERTE (PRO 100 G):
59 KCAL | 0,7 G P | 0,4 G F | 12,9 G KH, GES. | 3,0 G KH, RES. | 0,8 G BAL

Für 4 Personen

600 ml Kokosmilch
150 ml Agavendicksaft
Abrieb von 1 Bio-Orange
Abrieb von 1 Bio-Limette
8 g Agar-Agar
5 Blätter Minze
400 g Erdbeeren

1. Kokosmilch mit 100 ml Agavendicksaft, Orangen- und Limetten-Abrieb aufkochen, vom Herd nehmen und 10 Minuten lang ziehen lassen. Kokosmilch wieder aufkochen, Agar-Agar dazugeben und 2 Minuten lang unter ständigem Rühren kochen. Anschließend die Kokosmilch-Agar-Agar-Mischung in 4 Gläser verteilen und in den Kühlschrank stellen.

2. Die Minzblätter waschen, abtropfen und in dünne Streifen schneiden.

3. Erdbeeren waschen, putzen und vierteln. Mit den restlichen 50 ml Agavendicksaft in einen Topf geben und kurz aufkochen. Die Minze dazugeben. Die Erdbeeren auf der abgekühlten Pannakokos verteilen und servieren.

Melonenshake mit Safran und Minze

NÄHRWERTE (PRO 100 G):
63 KCAL | 0,7 G P | 0,7 G F | 13,7 G KH, GES. | 8,7 G KH, RES. | 0,5 G BAL

Für 4 Personen

500 g Zucker- oder Honigmelone
10 Pfefferminzblätter (5 g)
200 g Eiswasser oder Eiswürfel
1 EL Leinöl (5 g)
50 g Agavendicksaft
4 Safranfäden

1. Melone schälen, die Kerne entfernen und in kleine Stücke schneiden. Minze waschen, 6 Blätter grob zupfen und die anderen 4 Blätter in feine Streifen schneiden.

2. Eis, Melonenstücke, Leinöl, Agavendicksaft, Safranfäden und die gezupfte Minze in einen Mixer geben. Gründlich mixen, bis eine feine Konsistenz erreicht ist. Die Mischung in 4 Gläser füllen und mit der fein geschnittenen Minze garnieren.

3. Das erfrischende Süppchen eiskalt genießen.

Heidelbeer-Wassermelone-Dattel-Shake

NÄHRWERTE (PRO 100 G):
149 KCAL | 3,3 G P | 6,6 G F | 20,3 G KH, GES. | 17,2 G KH, RES. | 3,1 G BAL

Für 4 Personen

5 getrocknete Datteln (35 g)
8 Pfefferminzblätter
160 ml Kokosmilch
20 Cashewkerne (40 g)
20 g Mandelgrieß
2 EL geschrotete Leinsamen (20 g)
400 g Wassermelone
½ TL Kurkumapulver
Saft und Abrieb von 1 Bio-Limette
1 EL Leinöl (5 g)
100 g Heidelbeeren

1. Datteln entkernen. Pfefferminze waschen, abtupfen und in Streifen schneiden.

2. Kokosmilch, Cashewkerne, Datteln, Mandelgrieß und Leinsamen in einen Mixer geben und zu einer feinen, homogenen Masse pürieren.

3. Die Wassermelone entkernen, mit Kurkuma, Limette, Leinöl und Heidelbeeren zur Masse geben und im Mixer fein pürieren. Kalt mit der Minze servieren.

Beerenshake mit Datteln und Kurkuma

NÄHRWERTE (PRO 100 G):
92 KCAL | 2,0 G P | 1,3 G F | 18,4 G KH, GES. | 16,3 G KH, RES. | 2,2 G BAL

Für 4 Personen

500 g Beeren (eine oder verschiedene Sorten)
500 g (pflanzlicher) Joghurt
½ TL Kurkumapulver
17 Datteln (125 g)
4 EL (80 g) brauner Zucker
2 EL Leinöl (10 g)

1. Die Beeren waschen und in einen Mixer geben. Joghurt, Kurkuma, Datteln und braunen Zucker hinzufügen.

2. Alles gut mixen, bis eine homogene Mischung entsteht. Zum Schluss das Leinöl hinzufügen und umrühren. Falls der Shake zu säuerlich ist, können mehr Datteln oder etwas Glycin hinzugefügt werden.

3. Den Shake in Gläser füllen und kalt stellen.

Pflaumen-Dattel-Dessert mit Kaffee, Marzipan, Schokolade und Cashewkernen

NÄHRWERTE (PRO 100 G):
272 KCAL | 3,5 G P | 15,7 G F | 30,0 G KH, GES. | 28,0 G KH, RES. | 2,0 G BAL

Für 4 Personen

25 Cashewkerne (50 g)
200 g Pflaumen
100 g getrocknete, entkernte Datteln
100 g Marzipan
200 g Pflaumensaft
4 EL brauner Zucker (80 g) oder Glycin
2 Sternanis
40 Kaffeebohnen (4 g)
2 Päckchen Vanillezucker
4 Safranfäden
Abrieb von 1 Bio-Limette
1 TL Leinöl (3 g)
250 g Mascarpone < 10 % Fett i. Tr.
4 EL gehackte Kürbiskerne
40 g Zartbitterschokolade, optional

1. Cashewkerne ohne Öl in eine Pfanne geben und unter ständigem Rühren goldgelb rösten.

2. Pflaumen waschen, entkernen und klein schneiden. Datteln klein schneiden.

3. Marzipan grob reiben.

4. 200 ml Pflaumensaft mit 2 EL braunem Zucker, Sternanis und Kaffeebohnen aufkochen. Vom Herd nehmen und 20 Minuten stehen lassen, danach abseihen. Den aromatisierten Pflaumensaft mit den klein geschnittenen Datteln nochmals aufkochen. Marzipan dazugeben, gut umrühren und vom Herd nehmen. 100 g der geschnittenen Pflaumen in den heißen Pflaumensaft geben und gut umrühren. Das Pflaumen-Dattel-Ragout in vorbereitete Gläser füllen und kalt stellen.

5. Die restlichen Pflaumen mit 2 EL braunem Zucker, 1 Päckchen Vanillezucker, Safranfäden, Limettenabrieb und 1 TL Leinöl zusammenrühren. Mascarpone dazugeben und gut verrühren. Mascarpone-Creme auf dem Pflaumen-Ragout verteilen und mit den Cashewkernen bestreuen.

6. Vor dem Servieren nach Belieben Zartbitterschokolade über die Creme raspeln.

Anmerkungen

1 Ritter, T.J.; Kirk, A. G.; Fair, W.C.; Barnum, R.C. (1916): *The People's Home Library: A Library of Three Practical Books*. R.C. Barnum Company

2 Mörkl, S.; Stell, L.; Buhai, D.V.; Schweinzer, M.; Wagner-Skacel, J.; Vajda, C.; Lackner, S.; Bengesser, S. A.; Lahousen, T.; Painold, A. (2021): *›An Apple a Day‹?: Psychiatrists, psychologists and psychotherapists report poor literacy for nutritional medicine: international survey spanning 52 countries*. Nutrients, 13 (3): S. 822

3 Coppen, A. J. (1969): *Biochemical aspects of depression*. International Journal of Psychiatry in Clinical Practice, 6 (2): S. 53–81

4 Möller, H. J.; Laux, G.; Kapfhammer, H. P. (2007): *Psychiatrie und Psychotherapie. Springer Berlin Heidelberg*

5 Patrick, R. P.; Ames, B. N. (2015): *Vitamin D and the omega-3 fatty acids control serotonin synthesis and action, part 2: relevance for ADHD, bipolar disorder, schizophrenia, and impulsive behavior*. FASEB Journal, 29 (6): S. 2207–2222

6 Akhondzadeh, S.; Gerbarg, P. L.; Brown, R. P. (2013): *Nutrients for prevention and treatment of mental health disorders*. Psychiatric Clinics of North America, 36 (1): S. 25–36

7 Rao, T. S.; Asha, M. R.; Ramesh, B. N.; Rao, K. S. (2008): *Understanding nutrition, depression and mental illnesses*. Indian Journal of Psychiatry, 50 (2): S. 77–82

8 Firth, J.; Carney, R.; Stubbs, B.; Teasdale, S. B.; Vancampfort, D.; Ward, P. B.; Berk, M.; Sarris, J. (2018): *Nutritional Deficiencies and Clinical Correlates in First-Episode Psychosis: A Systematic Review and Meta-analysis*. Schizophrenia Bulletin, 44 (6): S. 1275–1292

9 Anglin, R. E.; Samaan, Z.; Walter, S. D.; McDonald, S. D. (2013): *Vitamin D deficiency and depression in adults: systematic review and meta-analysis*. The British Journal of Psychiatry, 202 (2): S. 100–107

10 Firth, J.; Teasdale, S. B.; Allott, K.; Siskind, D.; Marx, W.; Cotter, J.; Veronese, N.; Schuch, F.; Smith, L.; Solmi, M.; Carvalho, A. F.; Vancampfort, D.; Berk, M.; Stubbs, B.; Sarris, J. (2019): *The efficacy and safety of nutrient supplements in the treatment of mental disorders: a meta-review of meta-analyses of randomized controlled trials*. World Psychiatry, 18 (3): S. 308–324

11 Lassale, C.; Batty, G. D.; Baghdadli, A.; Jacka, F.; Sánchez-Villegas, A.; Kivimäki, M.; Akbaraly, T. J. M. p. (2019): *Healthy dietary indices and risk of depressive outcomes: a systematic review and meta-analysis of observational studies*. Molecular Psychiatry, 24 (7): S. 965–986

12 Firth, J.; Teasdale, S. B.; Allott, K.; Siskind, D.; Marx, W.; Cotter, J.; Veronese, N.; Schuch, F.; Smith, L.; Solmi, M.; Carvalho, A. F.; Vancampfort, D.; Berk, M.; Stubbs, B.; Sarris, J. (2019): *The efficacy and safety of nutrient supplements in the treatment of mental disorders: a meta-review of meta-analyses of randomized controlled trials*. World Psychiatry, 18 (3): S. 308–324

13 Firth, J.; Carney, R.; Stubbs, B.; Teasdale, S. B.; Vancampfort, D.; Ward, P. B.; Berk, M.; Sarris, J. (2018): *Nutritional Deficiencies and Clinical Correlates in First-Episode Psychosis: A Systematic Review and Meta-analysis*. Schizophrenia Bulletin, 44 (6): S. 1275–1292

14 Firth, J.; Teasdale, S. B.; Allott, K.; Siskind, D.; Marx, W.; Cotter, J.; Veronese, N.; Schuch, F.; Smith, L.; Solmi, M.; Carvalho, A. F.; Vancampfort, D.; Berk, M.; Stubbs, B.; Sarris, J. (2019): *The efficacy and safety of nutrient*

supplements in the treatment of mental disorders: a meta-review of meta-analyses of randomized controlled trials. World Psychiatry, 18 (3): S. 308–324

15 Miura, H.; Ozaki, N.; Sawada, M.; Isobe, K.; Ohta, T.; Nagatsu, T. (2008): *A link between stress and depression: shifts in the balance between the kynurenine and serotonin pathways of tryptophan metabolism and the etiology and pathophysiology of depression.* Stress, 11 (3): S. 198–209

16 Miura, H.; Ozaki, N.; Sawada, M.; Isobe, K.; Ohta, T.; Nagatsu, T. (2008): *A link between stress and depression: shifts in the balance between the kynurenine and serotonin pathways of tryptophan metabolism and the etiology and pathophysiology of depression.* Stress, 11 (3): S. 198–209

17 Guillemin, G. J.; Kerr, S. J.; Smythe, G. A.; Smith, D. G.; Kapoor, V.; Armati, P. J.; Croitoru, J.; Brew, B. J. (2001): *Kynurenine pathway metabolism in human astrocytes: a paradox for neuronal protection.* Journal of Neurochemistry, 78 (4): S. 842–853

18 Heyes, M. P.; Saito, K.; Crowley, J. S.; Davis, L. E.; Demitrack, M. A.; Der, M.; Dilling, L. A.; Elia, J.; Kruesi, M. J.; Lackner, A.; et al. (1992): *Quinolinic acid and kynurenine pathway metabolism in inflammatory and non-inflammatory neurological disease.* Brain, 115 (5): S. 1249–1273

19 Miura, H.; Ozaki, N.; Sawada, M.; Isobe, K.; Ohta, T.; Nagatsu, T. (2008): *A link between stress and depression: shifts in the balance between the kynurenine and serotonin pathways of tryptophan metabolism and the etiology and pathophysiology of depression.* Stress, 11 (3): S. 198–209

20 Joisten, N.; Kummerhoff, F.; Koliamitra, C.; Schenk, A.; Walzik, D.; Hardt, L.; Knoop, A.; Thevis, M.; Kiesl, D.; Metcalfe, A. J.; Bloch, W.; Zimmer, P. (2020): *Exercise and the Kynurenine pathway: Current state of knowledge and results from a randomized cross-over study comparing acute effects of endurance and resistance training.* Exercise Immunology Review, 26: S. 24–42

21 Baysak, E.; Guden, D. S.; Aricioglu, F.; Halaris, A. (2022): *C-reactive protein as a potential biomarker in psychiatric practice: Are we there yet?.* The World Journal of Biological Psychiatry, 23 (4): S. 243–256

22 Wium-Andersen, M. K.; Orsted, D. D.; Nielsen, S. F.; Nordestgaard, B. G. (2013): *Elevated C-reactive protein levels, psychological distress, and depression in 73, 131 individuals.* JAMA Psychiatry, 70 (2): S. 176–184

23 Davidson, J. (2016). Bayard Holmes (1852–1924) and Henry Cotton (1869–1933): Surgeon–psychiatrists and their tragic quest to cure schizophrenia. Journal of medical biography, 24(4), 550-559.

24 Phillips, J. G. P. (1910): *The treatment of melancholia by the lactic acid bacillus.* Journal of Mental Science, 56 (234): S. 422–430

25 Julianelle, L. A.; Ebaugh, F. G. (1923): *Implantation of Bacillus acidophilus in persons with psychoses.* Archives of Neurology & Psychiatry, 9 (6): S. 769–777

26 Caldara, M.; Marmiroli, N. (2021): *Antimicrobial Properties of Antidepressants and Antipsychotics-Possibilities and Implications.* Pharmaceuticals (Basel), 14 (9): S. 915

27 Butler, M. I.; Sandhu, K.; Cryan, J. F.; Dinan, T. G. (2019): *From isoniazid to psychobiotics: the gut microbiome as a new antidepressant target.* British Journal of Hospital Medicine, 80 (3): S. 139–145

28 Mörkl, S.; Butler, M. I.; Holl, A.; Cryan, J. F.; Dinan, T. G. (2020): *Probiotics and the microbiota-gut-brain axis: focus on psychiatry.* Current nutrition reports, 9: S. 171–182

29 Cussotto, S.; Clarke, G.; Dinan, T. G.; Cryan, J. F. (2019): *Psychotropics and the Microbiome: a Chamber of Secrets.* Psychopharmacology (Berlin), 236 (5): S. 1411–1432

30 Marshall, J. K.; Thabane, M.; Garg, A. X.; Clark, W. F.; Moayyedi, P.; Collins, S. M.; Walkerton Health Study, I. (2010): *Eight year prognosis of postinfectious irritable bowel syndrome following waterborne bacterial dysentery.* Gut, 59 (5): S. 605–611

31 Walker, A. W.; Hoyles, L. (2023): *Human microbiome myths and misconceptions.* Nature Microbiology, 8 (8): S. 1392–1396

32 Butler, M. I.; Bastiaanssen, T. F. S.; Long-Smith, C.; Morkl, S.; Berding, K.; Ritz, N. L.; Strain, C.; Patangia, D.; Patel, S.; Stanton, C.; O'Mahony, S. M.; Cryan, J. F.; Clarke, G.; Dinan, T. G. (2023): *The gut microbiome in social anxiety disorder: evidence of altered composition and function.* Translation Psychiatry, 13 (1): S. 95

33 Nikolova, V. L.; Smith, M. R. B.; Hall, L. J.; Cleare, A. J.; Stone, J. M.; Young, A. H. (2021): *Perturbations in Gut Microbiota Composition in Psychiatric Disorders: A Review and Meta-analysis.* JAMA Psychiatry, 78 (12): S. 1343–1354

34 Morkl, S.; Lackner, S.; Muller, W.; Gorkiewicz, G.; Kashofer, K.; Oberascher, A.; Painold, A.; Holl, A.; Holzer, P.; Meinitzer, A.; Mangge, H.; Holasek, S. (2017): *Gut microbiota and body composition in anorexia nervosa inpatients in comparison to athletes, overweight, obese, and normal weight controls.* International Journal of Eating Disorder, 50 (12): S. 1421–1431

35 Marć, M. A.; Jastrząb, R.; Mytych, J. (2022): *Does the gut microbial metabolome really matter? The connection between GUT metabolome and neurological disorders.* Nutrients, 14 (19): S. 3967

36 Kopchak, O. O.; Hrytsenko, O. Y.; Pulyk, O. R. (2022): *Peculiarities of the Gut Microbiota in Patients with Migraine Comparing to Healthy Individuals.* Wiadomości Lekarskie Medical Advances, 75 (9,2): S. 2218–2221

37 Kaelberer, M. M.; Rupprecht, L. E.; Liu, W. W.; Weng, P.; Bohorquez, D. V. (2020): *Neuropod Cells: The Emerging Biology of Gut-Brain Sensory Transduction.* Annual Review of Neuroscience, 43: S. 337–353

38 Colzato, L. S.; Sellaro, R.; Beste, C. (2017): *Darwin revisited: The vagus nerve is a causal element in controlling recognition of other's emotions.* Cortex, 92: S. 95–102

39 Sellaro, R.; de Gelder, B.; Finisguerra, A.; Colzato, L. S. (2018): *Transcutaneous vagus nerve stimulation (tVNS) enhances recognition of emotions in faces but not bodies.* Cortex, 99: S. 213–223

40 Mörkl, S.; Oberascher, A.; Tatschl, J. M.; Lackner, S.; Bastiaanssen, T. F.; Butler, M. I.; Moser, M.; Frühwirth, M.; Mangge, H.; Cryan, J. F. (2022): *Cardiac vagal activity is associated with gut-microbiome patterns in women—An exploratory pilot study.* Dialogues in Clinical Neurosciene, 24 (1): S. 1–9

41 Palmer, C. M. (2022): *Brain Energy: A Revolutionary Breakthrough in Understanding Mental Health--and Improving Treatment for Anxiety, Depression, OCD, PTSD, and More.* BenBella Books

42 Clark, A.; Mach, N. (2017): *The Crosstalk between the Gut Microbiota and Mitochondria during Exercise.* Frontiers in Physiology, 8: S. 319

43 Bonaz, B.; Bazin, T.; Pellissier, S. (2018): *The vagus nerve at the interface of the microbiota-gut-brain axis.* Frontiers in neuroscience, 12: S. 49

44 Dinan, T. G.; Butler, M. I.; Cryan, J. F. (2021): *Psychobiotics: Evolution of Novel Antidepressants.* Modern Trends in Psychiatry, 32: S. 134–143

45 Dinan, T. G.; Stanton, C.; Cryan, J. F. (2013): *Psychobiotics: a novel class of psychotropic.* Biological Psychiatry, 74 (10): S. 720–726

46 Mörkl, S.; Butler, M. I.; Chichini, F.; Cryan, J. F.; Dinan, T. (2020): *Psychobiotics. The Oxford Handbook of the Microbiome-Gut-Brain Axis*

47 Minelli, E. B.; Benini, A. (2009): *Relationship between number of bacteria and their probiotic effects.* Microbial Ecology in Health and Disease, 20 (4): S. 180–183

48 Liu, R. T.; Walsh, R. F. L.; Sheehan, A. E. (2019): *Prebiotics and probiotics for depression and anxiety: A systematic review and meta-analysis of controlled clinical trials.* Neuroscience & Biobehavioral Reviews, 102: S. 13–23

49 Joseph, J. M.; Law, C. (2019): *Cross-species examination of single- and multi-strain probiotic treatment effects on neuropsychiatric outcomes.* Neuroscience & Biobehavioral Reviews, 99: S. 160–197

50 Cussotto, S.; Clarke, G.; Dinan, T. G.; Cryan, J. F. (2019): *Psychotropics and the Microbiome: a Chamber of Secrets.* Psychopharmacology (Berlin), 236 (5): S. 1411–1432

51 Vaghef-Mehrabany, E.; Maleki, V.; Behrooz, M.; Ranjbar, F.; Ebrahimi-Mameghani, M. (2020): *Can psychobiotics »mood« ify gut? An update systematic review of randomized controlled trials in healthy and clinical subjects, on anti-depressant effects of probiotics, prebiotics, and synbiotics.* Clinical Nutrition, 39 (5): S. 1395–1410

52 Zagórska, A.; Marcinkowska, M.; Jamrozik, M.; Wiśniowska, B.; Paśko, P. (2020): *From probiotics to psychobiotics–the gut-brain axis in psychiatric disorders.* Beneficial Microbes, 11 (8): S. 717–732

53 Mörkl, S.; Stell, L.; Buhai, D. V.; Schweinzer, M.; Wagner-Skacel, J.; Vajda, C.; Lackner, S.; Bengesser, S. A.; Lahousen, T.; Painold, A. (2021): *›An Apple a Day‹?: Psychiatrists, psychologists and psychotherapists report poor literacy for nutritional medicine: international survey spanning 52 countries.* Nutrients, 13 (3): S. 822

54 Malhi, G. S.; Bell, E.; Singh, A. B.; Bassett, D.; Berk, M.; Boyce, P.; Bryant, R.; Gitlin, M.; Hamilton, A.; Hazell, P.; Hopwood, M.; Lyndon, B.; McIntyre, R. S.; Morris, G.; Mulder, R.; Porter, R.; Yatham, L. N.; Young, A.; Murray, G. (2020): *The 2020 Royal Australian and New Zealand College of Psychiatrists clinical practice guidelines for mood disorders: Major depression summary.* Bipolar Disorders, 22 (8): S. 788–804

55 Ceolin, G.; Breda, V.; Koning, E.; Meyyappan, A. C.; Gomes, F. A.; Moreira, J. D.; Gerchman, F.; Brietzke, E. (2022): *A Possible Antidepressive Effect of Dietary Interventions: Emergent Findings and Research Challenges.* Current Treatment Options in Psychiatry, 9 (3): S. 151–162

56 Trichopoulou, A.; Kouris-Blazos, A.; Wahlqvist, M. L.; Gnardellis, C.; Lagiou, P.; Polychronopoulos, E.; Vassilakou, T.; Lipworth, L.; Trichopoulos, D. (1995): *Diet and overall survival in elderly people.* Bundesministerium der Justiz, 311 (7018): S. 1457–1460

57 Wolfram, G. (2001): *Vollwertige Ernährung schützt vor Herzinfarkt: Nahrungsfette.* Biologie in unserer Zeit, 31 (6): S. 388–396

58 Milaneschi, Y.; Bandinelli, S.; Penninx, B. W.; Vogelzangs, N.; Corsi, A. M.; Lauretani, F.; Kisialiou, A.; Vazzana, R.; Terracciano, A.; Guralnik, J. M.; Ferrucci, L. (2011): *Depressive symptoms and inflammation increase in a prospective study of older adults: a protective effect of a healthy (Mediterranean-style) diet.* Molecular Psychiatry, 16 (6): S. 589–590

59 Marx, W.; Moseley, G.; Berk, M.; Jacka, F. (2017): *Nutritional psychiatry: the present state of the evidence.* Proceedings of the Nutrition Society, 76 (4): S. 427–436

60 Schwingshackl, L.; Hoffmann, G. (2016): *Does a Mediterranean-type diet reduce cancer risk?* Current nutrition reports, 5 (1): S. 9–17

61 Bach-Faig, A.; Berry, E. M.; Lairon, D.; Reguant, J.; Trichopoulou, A.; Dernini, S.; Medina, F. X.; Battino, M.; Belahsen, R.; Miranda, G.; Serra-Majem, L.; Mediterranean Diet Foundation Expert, G. (2011): *Mediterranean diet pyramid today. Science and cultural updates.* Public Health Nutrition, 14 (12A): S. 2274–2284

62 Estruch, R.; Ros, E.; Salas-Salvado, J.; Covas, M. I.; Corella, D.; Aros, F.; Gomez-Gracia, E.; Ruiz-Gutierrez, V.; Fiol, M.; Lapetra, J.; Lamuela-Raventos, R. M.; Serra-Majem, L.; Pinto, X.; Basora, J.; Munoz, M. A.; Sorli, J. V.; Martinez, J. A.; Fito, M.; Gea, A.; Hernan, M. A.; Martinez-Gonzalez, M. A.; Investigators, P. S. (2018): *Primary Prevention of Cardiovascular Disease with a Mediterranean Diet Supplemented with Extra-Virgin Olive Oil or Nuts.* The New England Journal of Medicine, 378 (25): e34

63 Sanchez-Villegas, A.; Martinez-Gonzalez, M. A.; Estruch, R.; Salas-Salvado, J.; Corella, D.; Covas, M. I.; Aros, F.; Romaguera, D.; Gomez-Gracia, E.; Lapetra, J.; Pinto, X.; Martinez, J. A.; Lamuela-Raventos, R. M.; Ros, E.; Gea, A.; Warnberg, J.; Serra-Majem, L. (2013): *Mediterranean dietary pattern and depression: the PREDIMED randomized trial.* BMC Medicine, 11: S. 208

64 Molendijk, M.; Molero, P.; Ortuno Sanchez-Pedreno, F.; Van der Does, W.; Angel Martinez-Gonzalez, M. (2018): *Diet quality and depression risk: A systematic review and dose-response meta-analysis of prospective studies.* Journal of Affective Disorders, 226: S. 346–354

65 Lai, J. S.; Hiles, S.; Bisquera, A.; Hure, A. J.; McEvoy, M.; Attia, J. (2014): *A systematic review and meta-analysis of dietary patterns and depression in community-dwelling adults.* The American Journal of Clinical Nutrition, 99 (1): S. 181–197

66 Lassale, C.; Batty, G. D.; Baghdadli, A.; Jacka, F.; Sánchez-Villegas, A.; Kivimäki, M.; Akbaraly, T. (2019): *Healthy dietary indices and risk of depressive outcomes: a systematic review and meta-analysis of observational studies. Molecular Psychiatry*, 24 (7): S. 965–986

67 Firth, J.; Marx, W.; Dash, S.; Carney, R.; Teasdale, S. B.; Solmi, M.; Stubbs, B.; Schuch, F. B.; Carvalho, A. F.; Jacka, F.; Sarris, J. (2019): *The Effects of Dietary Improvement on Symptoms of Depression and Anxiety: A Meta-Analysis of Randomized Controlled Trials.* Psychosomatic Medicine, 81 (3): S. 265–280

68 Opie, R.; Segal, L.; Jacka, F.; Nicholls, L.; Dash, S.; Pizzinga, J.; Itsiopoulos, C. (2015): *Assessing healthy diet affordability in a cohort with major depressive disorders*

69 Liu, T.; Zhong, S.; Liao, X.; Chen, J.; He, T.; Lai, S.; Jia, Y. (2015): *A Meta-Analysis of Oxidative Stress Markers in Depression.* PLOS ONE, 10 (10): e0138904

70 Andreazza, A. C.; Kauer-Sant'anna, M.; Frey, B. N.; Bond, D. J.; Kapczinski, F.; Young, L. T.; Yatham, L. N. (2008): *Oxidative stress markers in bipolar disorder: a meta-analysis.* Journal of Affective Disorders, 111 (2–3): S. 135–144

71 Flatow, J.; Buckley, P.; Miller, B. J. (2013): *Meta-analysis of oxidative stress in schizophrenia.* Biological Psychiatry, 74 (6): S. 400–409

72 Ghosh, T. S.; Rampelli, S.; Jeffery, I. B.; Santoro, A.; Neto, M.; Capri, M.; Giampieri, E.; Jennings, A.; Candela, M.; Turroni, S.; Zoetendal, E. G.; Hermes, G. D. A.; Elodie, C.; Meunier, N.; Brugere, C. M.; Pujos-Guillot, E.; Berendsen, A. M.; De Groot, L.; Feskins, E. J. M.; Kaluza, J.; Pietruszka, B.; Bielak, M. J.; Comte, B.; Maijo-Ferre, M.; Nicoletti, C.; De Vos, W. M.; Fairweather-Tait, S.; Cassidy, A.; Brigidi, P.; Franceschi, C.; O'Toole, P. W. (2020): *Mediterranean diet intervention alters the gut microbiome in older people reducing frailty and improving health status: the NU-AGE 1-year dietary intervention across five European countries.* Gut, 69 (7): S. 1218–1228

73 Borkent, J.; Ioannou, M.; Laman, J. D.; Haarman, B. C. M.; Sommer, I. E. C. (2022): *Role of the gut microbiome in three major psychiatric disorders.* Psychological Medicine, 52 (7): S. 1222–1242

74 Meslier, V.; Laiola, M.; Roager, H. M.; De Filippis, F.; Roume, H.; Quinquis, B.; Giacco, R.; Mennella, I.; Ferracane, R.; Pons, N.; Pasolli, E.; Rivellese, A.; Dragsted, L. O.; Vitaglione, P.; Ehrlich, S. D.; Ercolini, D. (2020): *Mediterranean diet intervention in overweight and obese subjects lowers plasma cholesterol and causes changes in the gut microbiome and metabolome independently of energy intake.* Gut, 69 (7): S. 1258–1268

75 Valles-Colomer, M.; Falony, G.; Darzi, Y.; Tigchelaar, E. F.; Wang, J.; Tito, R. Y.; Schiweck, C.; Kurilshikov, A.; Joossens, M.; Wijmenga, C.; Claes, S.; Van Oudenhove, L.; Zhernakova, A.; Vieira-Silva, S.; Raes, J. (2019): *The neuroactive potential of the human gut microbiota in quality of life and depression.* Nature Microbiology, 4 (4): S. 623–632

76 Murakami, R.; Hashikura, N.; Yoshida, K.; Xiao, J. Z.; Odamaki, T. (2021): *Growth-promoting effect of alginate on Faecalibacterium prausnitzii through cross-feeding with Bacteroides.* Food Research International, 144: 110326

77 Ramirez-Farias, C.; Slezak, K.; Fuller, Z.; Duncan, A.; Holtrop, G.; Louis, P. (2009): *Effect of inulin on the human gut microbiota: stimulation of Bifidobacterium adolescentis and Faecalibacterium prausnitzii.* British Journal of Nutrition, 101 (4): S. 541–550

78 Remely, M.; Hippe, B.; Geretschlaeger, I.; Stegmayer, S.; Hoefinger, I.; Haslberger, A. (2015): *Increased gut microbiota diversity and abundance of Faecalibacterium prausnitzii and Akkermansia after fasting: a pilot study.* Wiener klinische Wochenschrift, 127 (9–10): S. 394–398

79 Spork, P (2013): *Das Genom und seine Regisseure. Aktuelle Ernährungsmedizin, 38 (S 01): S2-S6*

80 Kenanoglu, S.; Gokce, N.; Akalin, H.; Ergoren, M. C.; Beccari, T.; Bertelli, M.; Dundar, M. (2022): *Implikation of the Mediterranean diet on the human epigenome.* Journal of Preventine Medicine and Hygiene, 63 (2 Suppl 3): E44-E55

81 Wade, A. T.; Davis, C. R.; Dyer, K. A.; Hodgson, J. M.; Woodman, R. J.; Murphy, K. J. (2018): *A Mediterranean diet supplemented with dairy foods improves markers of cardiovascular risk: results from the MedDairy randomized controlled trial.* The American Journal of Clinical Nutrition, 108 (6): S. 1166–1182

82 Qin, L.-Q.; Xu, J.-Y.; Wang, P.-Y.; Kaneko, T.; Hoshi, K.; Sato, A. (2004): *Milk consumption is a risk factor for prostate cancer: meta-analysis of case-control studies.* Nutrition and cancer, 48 (1): S. 22–27

83 Melnik, B. C.; John, S. M.; Carrera-Bastos, P.; Cordain, L.; Leitzmann, C.; Weiskirchen, R.; Schmitz, G. (2023): *The Role of Cow's Milk Consumption in Breast Cancer Initiation and Progression.* Current Nutrition Reports, 12 (1), S. 122–140

84 Vasconcelos, I. M.; Oliveira, J. T. (2004): *Antinutritional properties of plant lectins.* Toxicon, 44 (4): S. 385–403

85 Berding, K.; Bastiaanssen, T. F. S.; Moloney, G. M.; Boscaini, S.; Strain, C. R.; Anesi, A.; Long-Smith, C.; Mattivi, F.; Stanton, C.; Clarke, G.; Dinan, T. G.; Cryan, J. F. (2023): *Feed your microbes to deal with stress: a psychobiotic diet impacts microbial stability and perceived stress in a healthy adult population.* Molecular Psychiatry, 28 (2): S. 601–610

86 Berding, K.; Bastiaanssen, T. F. S.; Moloney, G. M.; Boscaini, S.; Strain, C. R.; Anesi, A.; Long-Smith, C.; Mattivi, F.; Stanton, C.; Clarke, G.; Dinan, T. G.; Cryan, J. F. (2023): *Feed your microbes to deal with stress: a psychobiotic diet impacts microbial stability and perceived stress in a healthy adult population.* Molecular Psychiatry, 28 (2): S. 601–610

87 van den Oever, S. P.; Mayer, H. K. (2022): *Biologically active or just »pseudo«-vitamin B12 as predominant form in algae-based nutritional supplements?* Journal of Food Composition and Analysis, 109: 104464

88 Iguacel, I.; Huybrechts, I.; Moreno, L. A.; Michels, N. (2021): *Vegetarianism and veganism compared with mental health and cognitive outcomes: a systematic review and meta-analysis*. Nutrition Reviews, 79 (4): S. 361–381
89 Jacka, F. N.; O›Neil, A.; Opie, R.; Itsiopoulos, C.; Cotton, S.; Mohebbi, M.; Castle, D.; Dash, S.; Mihalopoulos, C.; Chatterton, M. L.; Brazionis, L.; Dean, O. M.; Hodge, A. M.; Berk, M. (2017): *A randomised controlled trial of dietary improvement for adults with major depression (the ›SMILES‹ trial)*. BMC Medicine, 15 (1): S. 23
90 Gomez-Donoso, C.; Sanchez-Villegas, A.; Martinez-Gonzalez, M. A.; Gea, A.; Mendonca, R. D.; Lahortiga-Ramos, F.; Bes-Rastrollo, M. (2020): *Ultra-processed food consumption and the incidence of depression in a Mediterranean cohort: the SUN Project*. European Journal of Nutrition, 59 (3): S. 1093–1103
91 Zheng, L.; Sun, J.; Yu, X.; Zhang, D. (2020): *Ultra-processed food is positively associated with depressive symptoms among United States adults*. Frontiers in nutrition, 7: 600449
92 Monteiro, C.; Cannon, G.; Levy, R.; Claro, R.; Moubarac, J. (2012): *The Food System. Processing. The big issue for disease, good health, well-being.* World Nutrition: S. 527–569
93 Maes, M.; Yirmyia, R.; Noraberg, J.; Brene, S.; Hibbeln, J.; Perini, G.; Kubera, M.; Bob, P.; Lerer, B.; Maj, M. J. M. b. d. (2009): *The inflammatory & neurodegenerative (I&ND) hypothesis of depression: leads for future research and new drug developments in depression*. Metabolic Brain Disease, 24 (1): S. 27–53
94 Klesse, C.; Berger, M.; Bermejo, I.; Bschor, T.; Gensichen, J.; Harfst, T.; Hautzinger, M.; Kolada, C.; Kühner, C.; Matzat, J. (2010): *Evidenzbasierte Psychotherapie der Depression*. Psychotherapeut, 55 (3): S. 247–263
95 Sansone, R. A.; Sansone, L. A. (2012): *Antidepressant adherence: are patients taking their medications?*. Innovations in clinical neuroscience, 9 (5–6): S. 41
96 Fowler, S. P.; Williams, K.; Hazuda, H. P. (2015): *Diet soda intake is associated with long-term increases in waist circumference in a biethnic cohort of older adults: the San Antonio Longitudinal Study of Aging*. Journal if the American Geriatrics Society, 63 (4): S. 708–715
97 Suez, J.; Korem, T.; Zilberman-Schapira, G.; Segal, E.; Elinav, E. (2015): *Non-caloric artificial sweeteners and the microbiome: findings and challenges*. Gut Michrobes, 6 (2): S. 149–55
98 Marx, W.; Manger, S. H.; Blencowe, M.; Murray, G.; Ho, F. Y.; Lawn, S.; Blumenthal, J. A.; Schuch, F.; Stubbs, B.; Ruusunen, A.; Desyibelew, H. D.; Dinan, T. G.; Jacka, F.; Ravindran, A.; Berk, M.; O'Neil, A. (2023): *Clinical guidelines for the use of lifestyle-based mental health care in major depressive disorder: World Federation of Societies for Biological Psychiatry (WFSBP) and Australasian Society of Lifestyle Medicine (ASLM) taskforce*. The World Journal of Biological Psychiatry, 24 (5): S. 333–386
99 Yi, Y.; Seo, E.; An, J. (2022): *Does Forest Therapy Have Physio-Psychological Benefits? A Systematic Review and Meta-Analysis of Randomized Controlled Trials*. International Journal of Environmental Research and Public Health, 19 (17)
100 Li, Q. (2019): *Effect of forest bathing (shinrin-yoku) on human health: A review of the literature*. Sante Publique, S1 (HS): S. 135–143
101 LaChance, L. R.; Ramsey, D. (2018): *Antidepressant foods: An evidence-based nutrient profiling system for depression*. World Journal of Psychiatry, 8 (3): S. 97–104
102 Solovyev, N. D. (2015): *Importance of selenium and selenoprotein for brain function: From antioxidant protection to neuronal signalling*. Journal of Inorganic Biochemistry, 153: S. 1–12
103 Sarris, J.; Ravindran, A.; Yatham, L. N.; Marx, W.; Rucklidge, J. J.; McIntyre, R. S.; Akhondzadeh, S.; Benedetti, F.; Caneo, C.; Cramer, H.; Cribb, L.; de Manincor, M.; Dean, O.; Deslandes, A. C.; Freeman, M. P.; Gangadhar, B.;

Harvey, B. H.; Kasper, S.; Lake, J.; Lopresti, A.; Lu, L.; Metri, N. J.; Mischoulon, D.; Ng, C. H.; Nishi, D.; Rahimi, R.; Seedat, S.; Sinclair, J.; Su, K. P.; Zhang, Z. J.; Berk, M. (2022): *Clinician guidelines for the treatment of psychiatric disorders with nutraceuticals and phytoceuticals: The World Federation of Societies of Biological Psychiatry (WFSBP) and Canadian Network for Mood and Anxiety Treatments (CANMAT) Taskforce.* The World Journal of Biological Psychiatry, 23 (6): S. 424–455

104 Huang, W.; Gong, D.; Bao, Y. (2018): *Urinary iodine and serum 25-hydroxyvitamin D are associated with depression in adolescents.* Tropical Journal of Pharmaceutical Research, 17 (12): S. 2471–2476

105 Phillips, J. G. P. (1910): *The treatment of melancholia by the lactic acid bacillus.* Journal of Mental Science, 56 (234): S. 422–430

106 Sarris, J.; Ravindran, A.; Yatham, L. N.; Marx, W.; Rucklidge, J. J.; McIntyre, R. S.; Akhondzadeh, S.; Benedetti, F.; Caneo, C.; Cramer, H.; Cribb, L.; de Manincor, M.; Dean, O.; Deslandes, A. C.; Freeman, M. P.; Gangadhar, B.; Harvey, B. H.; Kasper, S.; Lake, J.; Lopresti, A.; Lu, L.; Metri, N. J.; Mischoulon, D.; Ng, C. H.; Nishi, D.; Rahimi, R.; Seedat, S.; Sinclair, J.; Su, K. P.; Zhang, Z. J.; Berk, M. (2022): *Clinician guidelines for the treatment of psychiatric disorders with nutraceuticals and phytoceuticals: The World Federation of Societies of Biological Psychiatry (WFSBP) and Canadian Network for Mood and Anxiety Treatments (CANMAT) Taskforce.* The World Journal of Biological Psychiatry, 23 (6): S. 424–455

107 Jia, S.; Hou, Y.; Wang, D.; Zhao, X. (2022): *Flavonoids for depression and anxiety: a systematic review and meta-analysis.* Critical Reviews in Food Science and Nutrition: S. 1–11

108 Niu, K.; Guo, H.; Kakizaki, M.; Cui, Y.; Ohmori-Matsuda, K.; Guan, L.; Hozawa, A.; Kuriyama, S.; Tsuboya, T.; Ohrui, T.; Furukawa, K.; Arai, H.; Tsuji, I.; Nagatomi, R. (2013): *A tomato-rich diet is related to depressive symptoms among an elderly population aged 70 years and over: a population-based, cross-sectional analysis.* Journal of Affective Disorders, 144 (1–2): S. 165–70

109 Dahl, S. M.; Rolfe, V.; Walton, G. E.; Gibson, G. R. (2023): *Gut microbial modulation by culinary herbs and spices.* Food Chemistry, 409: 135286

110 Sarris, J.; Ravindran, A.; Yatham, L. N.; Marx, W.; Rucklidge, J. J.; McIntyre, R. S.; Akhondzadeh, S.; Benedetti, F.; Caneo, C.; Cramer, H.; Cribb, L.; de Manincor, M.; Dean, O.; Deslandes, A. C.; Freeman, M. P.; Gangadhar, B.; Harvey, B. H.; Kasper, S.; Lake, J.; Lopresti, A.; Lu, L.; Metri, N. J.; Mischoulon, D.; Ng, C. H.; Nishi, D.; Rahimi, R.; Seedat, S.; Sinclair, J.; Su, K. P.; Zhang, Z. J.; Berk, M. (2022): *Clinician guidelines for the treatment of psychiatric disorders with nutraceuticals and phytoceuticals: The World Federation of Societies of Biological Psychiatry (WFSBP) and Canadian Network for Mood and Anxiety Treatments (CANMAT) Taskforce.* The World Journal of Biological Psychiatry, 23 (6): S. 424–455

111 Sarris, J.; Ravindran, A.; Yatham, L. N.; Marx, W.; Rucklidge, J. J.; McIntyre, R. S.; Akhondzadeh, S.; Benedetti, F.; Caneo, C.; Cramer, H.; Cribb, L.; de Manincor, M.; Dean, O.; Deslandes, A. C.; Freeman, M. P.; Gangadhar, B.; Harvey, B. H.; Kasper, S.; Lake, J.; Lopresti, A.; Lu, L.; Metri, N. J.; Mischoulon, D.; Ng, C. H.; Nishi, D.; Rahimi, R.; Seedat, S.; Sinclair, J.; Su, K. P.; Zhang, Z. J.; Berk, M. (2022): *Clinician guidelines for the treatment of psychiatric disorders with nutraceuticals and phytoceuticals: The World Federation of Societies of Biological Psychiatry (WFSBP) and Canadian Network for Mood and Anxiety Treatments (CANMAT) Taskforce.* The World Journal of Biological Psychiatry, 23 (6): S. 424–455

112 Khaksarian, M.; Behzadifar, M.; Behzadifar, M.; Alipour, M.; Jahanpanah, F.; Re, T. S.; Firenzuoli, F.; Zerbetto, R.; Bragazzi, N. L. (2019): *The efficacy of Crocus sativus (Saffron) versus placebo and Fluoxetine in treating depression: a systematic review and meta-analysis.* Psychology Research and Behavior Management, 12: S. 297–305

113 Toth, B.; Hegyi, P.; Lantos, T.; Szakacs, Z.; Keremi, B.; Varga, G.; Tenk, J.; Petervari, E.; Balasko, M.; Rumbus, Z.; Rakonczay, Z.; Balint, E. R.; Kiss, T.; Csupor, D. (2019): *The Efficacy of Saffron in the Treatment of Mild to Moderate Depression: A Meta-analysis.* Planta Medica, 85 (1): S. 24–31

114 Ghasemzadeh Rahbardar, M.; Hosseinzadeh, H. (2023): *A review of how the saffron (Crocus sativus) petal and its main constituents interact with the Nrf2 and NF-κB signaling pathways.* Naunyn-Schmiedeberg's Archives of Pharmacology: S. 1–31

115 Hewlings, S. J.; Kalman, D. S. (2017): *Curcumin: A Review of Its Effects on Human Health.* Foods, 6 (10): S. 92

116 Carlsen, M. H.; Halvorsen, B. L.; Holte, K.; Bohn, S. K.; Dragland, S.; Sampson, L.; Willey, C.; Senoo, H.; Umezono, Y.; Sanada, C.; Barikmo, I.; Berhe, N.; Willett, W. C.; Phillips, K. M.; Jacobs, D. R., Jr.; Blomhoff, R. (2010): *The total antioxidant content of more than 3100 foods, beverages, spices, herbs and supplements used worldwide.* Nutritional Journal, 9 (1): S. 3

117 Agrawal, M.; Agrawal, S.; Rastogi, R.; Singh, P.; Adyanthaya, B.; Gupta, H. (2014): *A review on uses of clove in oral and general health.* Indian Journal of Research in Pharmacy and Biotechnology, 2 (4): S. 1321

118 Goyal, A.; Solanki, A.; Verma, A. (2023): *Preclinical Evidence-based Review on Therapeutic Potential of Eugenol for the Treatment of Brain Disorders.* Current Molecular Medicine, 23 (5): S. 390–400

119 Carlsen, M. H.; Halvorsen, B. L.; Holte, K.; Bohn, S. K.; Dragland, S.; Sampson, L.; Willey, C.; Senoo, H.; Umezono, Y.; Sanada, C.; Barikmo, I.; Berhe, N.; Willett, W. C.; Phillips, K. M.; Jacobs, D. R., Jr.; Blomhoff, R. (2010): *The total antioxidant content of more than 3100 foods, beverages, spices, herbs and supplements used worldwide.* Nutritional Journal, 9 (1): S. 3

120 Husain, I.; Zameer, S.; Madaan, T.; Minhaj, A.; Ahmad, W.; Iqubaal, A.; Ali, A.; Najmi, A. K. (2019): *Exploring the multifaceted neuroprotective actions of Emblica officinalis (Amla): a review.* Metabolic Brain Disease, 34 (4): S. 957–965

121 Dhingra, D.; Joshi, P.; Gupta, A.; Chhillar, R. (2012): *Possible involvement of monoaminergic neurotransmission in antidepressant-like activity of Emblica officinalis fruits in mice.* CNS Neuroscience & Therapeutics, 18 (5): S. 419–425

122 Carlsen, M. H.; Halvorsen, B. L.; Holte, K.; Bohn, S. K.; Dragland, S.; Sampson, L.; Willey, C.; Senoo, H.; Umezono, Y.; Sanada, C.; Barikmo, I.; Berhe, N.; Willett, W. C.; Phillips, K. M.; Jacobs, D. R., Jr.; Blomhoff, R. (2010): *The total antioxidant content of more than 3100 foods, beverages, spices, herbs and supplements used worldwide.* Nutritional Journal, 9 (1): S. 3

123 Winkels, R. M.; Brouwer, I. A.; Siebelink, E.; Katan, M. B.; Verhoef, P. (2007): *Bioavailability of food folates is 80 % of that of folic acid.* The American journal if clinical nutrition, 85 (2): S. 465–473

124 Brenna, J. T.; Salem, N., Jr.; Sinclair, A. J.; Cunnane, S. C.; International Society for the Study of Fatty, A.; Lipids, I. (2009): *alpha-Linolenic acid supplementation and conversion to n-3 long-chain polyunsaturated fatty acids in humans.* Prostaglandins Leukotrienes and Essential Fatty Acids, 80 (2–3): S. 85–91

125 Harris, W. S.; von Schacky, C.; Park, Y. (2013): *Standardizing methods for assessing omega-3 fatty acid biostatus. In The Omega-3 fatty acid deficiency syndrome: opportunities for disease prevention.* Nova Science Publishers: S. 385–398

126 Sarris, J.; Ravindran, A.; Yatham, L. N.; Marx, W.; Rucklidge, J. J.; McIntyre, R. S.; Akhondzadeh, S.; Benedetti, F.; Caneo, C.; Cramer, H.; Cribb, L.; de Manincor, M.; Dean, O.; Deslandes, A. C.; Freeman, M. P.; Gangadhar, B.; Harvey, B. H.; Kasper, S.; Lake, J.; Lopresti, A.; Lu, L.; Metri, N. J.; Mischoulon, D.; Ng, C. H.; Nishi, D.; Rahimi, R.; Seedat, S.; Sinclair, J.; Su, K. P.; Zhang, Z. J.; Berk, M. (2022): *Clinician guidelines for the treatment of psychiatric disorders with nutraceuticals and phytoceuticals: The World Federation of Societies of Biological Psychiatry (WFSBP) and Canadian Network for Mood and Anxiety Treatments (CANMAT) Taskforce.* The World Journal of Biological Psychiatry, 23 (6): S. 424–455

127 Grosso, G.; Galvano, F.; Marventano, S.; Malaguarnera, M.; Bucolo, C.; Drago, F.; Caraci, F. (2014): *Omega-3 fatty acids and depression: scientific evidence and biological mechanisms.* Oxidative Medicine and Cellular Longevity: 313570

128 Guu, T.-W.; Mischoulon, D.; Sarris, J.; Hibbeln, J.; McNamara, R. K.; Hamazaki, K.; Freeman, M. P.; Maes, M.; Matsuoka, Y. J.; Belmaker, R. (2020): *A multi-national, multi-disciplinary Delphi consensus study on using omega-3 polyunsaturated fatty acids (n-3 PUFAs) for the treatment of major depressive disorder.* Journal of affective disorders, 265: S. 233–238

129 Ledochowski, M.; Widner, B.; Murr, C.; Sperner-Unterweger, B.; Fuchs, D. (2001): *Fructose malabsorption is associated with decreased plasma tryptophan.* Scandinavian Journal of Gastroenterology, 36 (4), S. 367–371

130 Ledochowski, M.; Widner, B.; Bair, H.; Probst, T.; Fuchs, D. (2000): *Fructose- and sorbitol-reduced diet improves mood and gastrointestinal disturbances in fructose malabsorbers.* Scandinavian Journal of Gastroenterology, 35 (10): S. 1048–1052

131 Ledochowski, M. (2010): *Klinische Ernährungsmedizin.* Springer-Verlag

132 Westover, A. N.; Marangell, L. B. (2002): *A cross-national relationship between sugar consumption and major depression?.* Depression and Anxiety, 16 (3): S. 118–120

133 Hu, D.; Cheng, L.; Jiang, W. (2019): *Sugar-sweetened beverages consumption and the risk of depression: A meta-analysis of observational studies.* Journal of Affective Disorders, 245: S. 348–355

134 Brietzke, E.; Mansur, R. B.; Subramaniapillai, M.; Balanzá-Martínez, V.; Vinberg, M.; González-Pinto, A.; Rosenblat, J. D.; Ho, R.; McIntyre, R. S. (2018): *Ketogenic diet as a metabolic therapy for mood disorders: evidence and developments.* Neuroscience & Biobehavioral Reviews, 94: S. 11–16

135 Pagoto, S. L.; Spring, B.; McChargue, D.; Hitsman, B.; Smith, M.; Appelhans, B.; Hedeker, D. (2009): *Acute tryptophan depletion and sweet food consumption by overweight adults.* Eating Behavior, 10 (1): S. 36–41

136 Suez, J.; Cohen, Y.; Valdes-Mas, R.; Mor, U.; Dori-Bachash, M.; Federici, S.; Zmora, N.; Leshem, A.; Heinemann, M.; Linevsky, R.; Zur, M.; Ben-Zeev Brik, R.; Bukimer, A.; Eliyahu-Miller, S.; Metz, A.; Fischbein, R.; Sharov, O.; Malitsky, S.; Itkin, M.; Stettner, N.; Harmelin, A.; Shapiro, H.; Stein-Thoeringer, C. K.; Segal, E.; Elinav, E. (2022): *Personalized microbiome-driven effects of non-nutritive sweeteners on human glucose tolerance.* Cell, 185 (18): S. 3307–3328, e19

137 Massey, L. K.; Wise, K. J. (1984): *The effect of dietary caffeine on urinary excretion of calcium, magnesium, sodium and potassium in healthy young females.* Nutrition Research, 4 (1): S. 43–50

138 Painold, A.; Morkl, S.; Kashofer, K.; Halwachs, B.; Dalkner, N.; Bengesser, S.; Birner, A.; Fellendorf, F.; Platzer, M.; Queissner, R.; Schutze, G.; Schwarz, M. J.; Moll, N.; Holzer, P.; Holl, A. K.; Kapfhammer, H. P.; Gorkiewicz, G.; Reininghaus, E. Z. (2019): *A step ahead: Exploring the gut microbiota in inpatients with bipolar disorder during a depressive episode*. Bipolar Disorders, 21 (1): S. 40–49

139 Legendre, T.; Boudebesse, C.; Henry, C.; Etain, B. (2017): *Antibiomania: Think of the manic syndrome secondary to antibiotic therapy*. L'Encéphale, 43 (2): S. 183–186

140 Hamdani, N.; Boukouaci, W.; Hallouche, M. R.; Charron, D.; Krishnamoorthy, R.; Leboyer, M.; Tamouza, R. (2015): *Resolution of a manic episode treated with activated charcoal: Evidence for a brain-gut axis in bipolar disorder*. Australian & New Zealand Journal of Psychiatry, 49 (12): S. 1221–1223

141 Nikolova, V. L.; Smith, M. R. B.; Hall, L. J.; Cleare, A. J.; Stone, J. M.; Young, A. H. (2021): *Perturbations in Gut Microbiota Composition in Psychiatric Disorders: A Review and Meta-analysis*. JAMA Psychiatry, 78 (12): S. 1343–1354

142 Noguchi, R.; HIRAOkA, M.; Watanabe, Y.; Kagawa, Y. (2013): *Relationship between dietary patterns and depressive symptoms: difference by gender, and unipolar and bipolar depression*. Journal of nutricional science and vitaminology, 59 (2): S. 115–122

143 Cyrino, L. A. R.; Delwing-de Lima, D.; Ullmann, O. M.; Maia, T. P. (2021): *Concepts of neuroinflammation and their relationship with impaired mitochondrial functions in bipolar disorder*. Frontiers in behavioral neuroscience, 15: 609487

144 Bohnen, J. L. B.; Wigstrom, T. P.; Griggs, A. M.; Roytman, S.; Paalanen, R. R.; Andrews, H. A.; Bohnen, N. I.; Franklin, J. J. H.; McInnis, M. G. (2023): *Ketogenic-Mimicking Diet as a Therapeutic Modality for Bipolar Disorder: Biomechanistic Rationale and Protocol for a Pilot Clinical Trial*. Nutrients, 15 (13): 3068

145 Sarris, J.; Ravindran, A.; Yatham, L. N.; Marx, W.; Rucklidge, J. J.; McIntyre, R. S.; Akhondzadeh, S.; Benedetti, F.; Caneo, C.; Cramer, H.; Cribb, L.; de Manincor, M.; Dean, O.; Deslandes, A. C.; Freeman, M. P.; Gangadhar, B.; Harvey, B. H.; Kasper, S.; Lake, J.; Lopresti, A.; Lu, L.; Metri, N. J.; Mischoulon, D.; Ng, C. H.; Nishi, D.; Rahimi, R.; Seedat, S.; Sinclair, J.; Su, K. P.; Zhang, Z. J.; Berk, M. (2022): *Clinician guidelines for the treatment of psychiatric disorders with nutraceuticals and phytoceuticals: The World Federation of Societies of Biological Psychiatry (WFSBP) and Canadian Network for Mood and Anxiety Treatments (CANMAT) Taskforce*. The World Journal of Biological Psychiatry, 23 (6): S. 424–455

146 Gabriel, F. C.; Oliveira, M.; Bruna De, M. M.; Berk, M.; Brietzke, E.; Jacka, F. N.; Lafer, B. (2023): *Nutrition and bipolar disorder: a systematic review*. Nutritional neuroscience, 26 (7): S. 637–651

147 Mehrpooya, M.; Yasrebifar, F.; Haghighi, M.; Mohammadi, Y.; Jahangard, L. (2018): *Evaluating the Effect of Coenzyme Q10 Augmentation on Treatment of Bipolar Depression: A Double-Blind Controlled Clinical Trial*. Journal of Clinical Psychopharmacology, 38 (5): S. 460–466

148 Mehrpooya, M.; Yasrebifar, F.; Haghighi, M.; Mohammadi, Y.; Jahangard, L. (2018): *Evaluating the Effect of Coenzyme Q10 Augmentation on Treatment of Bipolar Depression: A Double-Blind Controlled Clinical Trial*. Journal of Clinical Psychopharmacology, 38 (5): S. 460–466

149 Zhang, Y.; Liu, J.; Chen, X. Q.; Oliver Chen, C. Y. (2018): *Ubiquinol is superior to ubiquinone to enhance Coenzyme Q10 status in older men*. Food & Function, 9 (11): S. 5653–5659

150 Bandelow, B.; Michaelis, S. (2022): *Epidemiology of anxiety disorders in the 21st century.* Dialogues in Clinical Neuroscience

151 Aucoin, M.; Bhardwaj, S. (2016): *Generalized Anxiety Disorder and Hypoglycemia Symptoms Improved with Diet Modification.* Case Reports in Psychiatry: 7165425

152 Madani, S.; Ahmadi, A.; Shoaei-Jouneghani, F.; Moazen, M.; Sasani, N. (2022): *The relationship between the Mediterranean diet and Axis I disorders: A systematic review of observational studies.* Food & Science Nutrition, 10 (10): 3241–3258

153 Young, H. A.; Benton, D. (2018): *Heart-rate variability: a biomarker to study the influence of nutrition on physiological and psychological health?* Behavioural Pharmacology, 29 (2 and 3-Spec Issue): S. 140–151

154 Bjelland, I.; Tell, G. S.; Vollset, S. E.; Konstantinova, S.; Ueland, P. M. (2009): *Choline in anxiety and depression: the Hordaland Health Study.* The American Journal of Clinical Nutrition, 90 (4): S. 1056–1060

155 Lakhan, S. E.; Vieira, K. F. (2010): *Nutritional and herbal supplements for anxiety and anxiety-related disorders: systematic review.* Nutritional Journal, 9 (1): S. 42

156 Shimosawa, T.; Takano, K.; Ando, K.; Fujita, T. J. H. (2004): *Magnesium inhibits norepinephrine release by blocking N-type calcium channels at peripheral sympathetic nerve endings.* Hypertension, 44 (6): S. 897–902

157 Strunz, U. (2020): *77 Tipps für ein gesundes Gehirn: Schneller denken, weniger vergessen, Krankheiten vorbeugen – So bleibt Ihr Hirn forever young – Mit Praxis-Tipps und Selbst-Checks. Penguin Random House Verlagsgruppe GmbH*

158 BFS Natürliche Radioaktivität in der Nahrung. https://www.bfs.de/DE/themen/ion/umwelt/lebensmittel/radioaktivitaet-nahrung/radioaktivitaet-nahrung_node.html#:~:text=Eine%20Sonderstellung%20unter%20den%20Lebensmitteln,die%20Gesamtnahrung%20in%20Deutschland%20aufweisen

159 Jia, S.; Hou, Y.; Wang, D.; Zhao, X. (2022): *Flavonoids for depression and anxiety: a systematic review and meta-analysis.* Critical Reviews in Food Science and Nutrition. S. 1–11

160 Lu, K.; Gray, M. A.; Oliver, C.; Liley, D. T.; Harrison, B. J.; Bartholomeusz, C. F.; Phan, K. L.; Nathan, P. J. (2004): *The acute effects of L-theanine in comparison with alprazolam on anticipatory anxiety in humans.* Human Psychopharmacology, 19 (7): S. 457–465

161 Hager, H.; von Bruchhausen, F.; Reuß, W. (2000): *Hagers Handbuch der Pharmazeutischen Praxis.* Springer

162 Sarris, J.; Ravindran, A.; Yatham, L. N.; Marx, W.; Rucklidge, J. J.; McIntyre, R. S.; Akhondzadeh, S.; Benedetti, F.; Caneo, C.; Cramer, H.; Cribb, L.; de Manincor, M.; Dean, O.; Deslandes, A. C.; Freeman, M. P.; Gangadhar, B.; Harvey, B. H.; Kasper, S.; Lake, J.; Lopresti, A.; Lu, L.; Metri, N. J.; Mischoulon, D.; Ng, C. H.; Nishi, D.; Rahimi, R.; Seedat, S.; Sinclair, J.; Su, K. P.; Zhang, Z. J.; Berk, M. (2022): *Clinician guidelines for the treatment of psychiatric disorders with nutraceuticals and phytoceuticals: The World Federation of Societies of Biological Psychiatry (WFSBP) and Canadian Network for Mood and Anxiety Treatments (CANMAT) Taskforce.* The World Journal of Biological Psychiatry, 23 (6): S. 424–455

163 Esmaily, H.; Sahebkar, A.; Iranshahi, M.; Ganjali, S.; Mohammadi, A.; Ferns, G.; Ghayour-Mobarhan, M. (2015): *An investigation of the effects of curcumin on anxiety and depression in obese individuals: A randomized controlled trial.* Chinese Journal of Integrative Medicine, 21 (5): S. 332–338

164 Xu, Y.; Wang, C.; J Klabnik, J.; M O'Donnell, J. J. C. N. (2014): *Novel therapeutic targets in depression and anxiety: antioxidants as a candidate treatment.* Current neuropharmacology, 12 (2): S. 108–119

165 Wu, A.; Noble, E. E.; Tyagi, E.; Ying, Z.; Zhuang, Y.; Gomez-Pinilla, F. (2015): *Curcumin boosts DHA in the brain: Implications for the prevention of anxiety disorders*. Biochimica et Biophysica Acta, 1852 (5): S. 951–61

166 Hilimire, M. R.; DeVylder, J. E.; Forestell, C. A. (2015): *Fermented foods, neuroticism, and social anxiety: An interaction model*. Psychiatric Research, 228 (2): S. 203–208

167 Savignac, H. M.; Couch, Y.; Stratford, M.; Bannerman, D. M.; Tzortzis, G.; Anthony, D. C.; Burnet, P. W. J. (2016): *Prebiotic administration normalizes lipopolysaccharide (LPS)-induced anxiety and cortical 5-HT2A receptor and IL1-beta levels in male mice*. Brain, Behaviour and Immunity, 52: S. 120–131

168 Liu, R. T.; Walsh, R. F. L.; Sheehan, A. E. (2019): *Prebiotics and probiotics for depression and anxiety: A systematic review and meta-analysis of controlled clinical trials*. Neuroscience & Behavioral Reviews, 102: S. 13–23

169 Karbownik, M. S.; Mokros, L.; Kowalczyk, E. (2022): *Who Benefits from Fermented Food Consumption? A Comparative Analysis between Psychiatrically Ill and Psychiatrically Healthy Medical Students*. International Journal of Environmental Research and Public Health, 19 (7)

170 Kordi, M.; Meybodi, F. A.; Tara, F.; Fakari, F. R.; Nemati, M.; Shakeri, M. (2017): *Effect of Dates in Late Pregnancy on the Duration of Labor in Nulliparous Women*. Iranian Journal of Nursing and Midwifery Research, 22 (5): S. 383–387

171 Slaninova, J.; Maletinska, L.; Vondrasek, J.; Prochazka, Z. (2001): *Magnesium and biological activity of oxytocin analogues modified on aromatic ring of amino acid in position 2*. Journal of Peptide Sciene, 7 (8), S. 413–424

172 Sarris, J.; Ravindran, A.; Yatham, L. N.; Marx, W.; Rucklidge, J. J.; McIntyre, R. S.; Akhondzadeh, S.; Benedetti, F.; Caneo, C.; Cramer, H.; Cribb, L.; de Manincor, M.; Dean, O.; Deslandes, A. C.; Freeman, M. P.; Gangadhar, B.; Harvey, B. H.; Kasper, S.; Lake, J.; Lopresti, A.; Lu, L.; Metri, N. J.; Mischoulon, D.; Ng, C. H.; Nishi, D.; Rahimi, R.; Seedat, S.; Sinclair, J.; Su, K. P.; Zhang, Z. J.; Berk, M. (2022): *Clinician guidelines for the treatment of psychiatric disorders with nutraceuticals and phytoceuticals: The World Federation of Societies of Biological Psychiatry (WFSBP) and Canadian Network for Mood and Anxiety Treatments (CANMAT) Taskforce*. The World Journal of Biological Psychiatry, 23 (6): S. 424–455

173 Bruni, O.; Ferini-Strambi, L.; Giacomoni, E.; Pellegrino, P. (2021): *Herbal Remedies and Their Possible Effect on the GABAergic System and Sleep*. Nutrients, 13 (2)

174 Sarris, J.; Ravindran, A.; Yatham, L. N.; Marx, W.; Rucklidge, J. J.; McIntyre, R. S.; Akhondzadeh, S.; Benedetti, F.; Caneo, C.; Cramer, H.; Cribb, L.; de Manincor, M.; Dean, O.; Deslandes, A. C.; Freeman, M. P.; Gangadhar, B.; Harvey, B. H.; Kasper, S.; Lake, J.; Lopresti, A.; Lu, L.; Metri, N. J.; Mischoulon, D.; Ng, C. H.; Nishi, D.; Rahimi, R.; Seedat, S.; Sinclair, J.; Su, K. P.; Zhang, Z. J.; Berk, M. (2022): *Clinician guidelines for the treatment of psychiatric disorders with nutraceuticals and phytoceuticals: The World Federation of Societies of Biological Psychiatry (WFSBP) and Canadian Network for Mood and Anxiety Treatments (CANMAT) Taskforce*. The World Journal of Biological Psychiatry, 23 (6): S. 424–455

175 Sarris, J.; Ravindran, A.; Yatham, L. N.; Marx, W.; Rucklidge, J. J.; McIntyre, R. S.; Akhondzadeh, S.; Benedetti, F.; Caneo, C.; Cramer, H.; Cribb, L.; de Manincor, M.; Dean, O.; Deslandes, A. C.; Freeman, M. P.; Gangadhar, B.; Harvey, B. H.; Kasper, S.; Lake, J.; Lopresti, A.; Lu, L.; Metri, N. J.; Mischoulon, D.; Ng, C. H.; Nishi, D.; Rahimi, R.; Seedat, S.; Sinclair, J.; Su, K. P.; Zhang, Z. J.; Berk, M. (2022): *Clinician guidelines for the treatment of psychiatric disorders with nutraceuticals and phytoceuticals: The World Federation of Societies of Biological Psychiatry*

(WFSBP) and Canadian Network for Mood and Anxiety Treatments (CANMAT) Taskforce. The World Journal of Biological Psychiatry, 23 (6): S. 424–455

176 Bouayed, J.; Rammal, H.; Dicko, A.; Younos, C.; Soulimani, R. (2007): *Chlorogenic acid, a polyphenol from Prunus domestica (Mirabelle), with coupled anxiolytic and antioxidant effects.* Journal of the Neurological Sciences, 262 (1–2): S. 77–84

177 Awwad, S.; Issa, R.; Alnsour, L.; Albals, D.; Al-Momani, I. (2021): *Quantification of Caffeine and Chlorogenic Acid in Green and Roasted Coffee Samples Using HPLC-DAD and Evaluation of the Effect of Degree of Roasting on Their Levels.* Molecules, 26 (24)

178 Escott-Stump, S. (2008): *Nutrition and diagnosis-related care.* Lippincott Williams & Wilkins

179 Joneja, J. M. V.; Carmona-Silva, C. (2009): *Outcome of a Histamine-restricted Diet Based on Chart Audit.* Journal of Nutritional & Environmental Medicine, 11 (4): S. 249–262

180 Nosková, E.; Vochosková, K.; Knop, V.; Stopková, P.; Kopecek, M. (2022): *Histamine intolerance and anxiety disorders: pilot cross-sectional study of histamine intolerance prevalence in cohort of patients with anxiety disorders.* European Psychiatry, 65 (S1): S. 387–388

181 Domenech, L.; Willis, J.; Alemany-Navarro, M.; Morell, M.; Real, E.; Escaramis, G.; Bertolin, S.; Sanchez Chinchilla, D.; Balcells, S.; Segalas, C.; Estivill, X.; Menchon, J. M.; Gabaldon, T.; Alonso, P.; Rabionet, R. (2022): *Changes in the stool and oropharyngeal microbiome in obsessive-compulsive disorder.* Scientific Reports, 12 (1): S. 1448

182 Chen, L. L.; Abbaspour, A.; Aspvall, K.; Ruck, C.; Bulik, C. M.; Pascal, D. (2023): *Longitudinal study of gut micro biome in obsessive-compulsive disorder.* Brain and Behavior, 13 (8): e3115

183 Briguglio, M.; Dell'Osso, B.; Galentino, R.; Banfi, G.; Porta, M. (2019): *Higher adherence to the Mediterranean diet is associated with reduced tics and obsessive-compulsive symptoms: A series of nine boys with Obsessive-Compulsive Tic Disorder.* Nutrition Clinique et Métabolisme, 33 (3): S. 227–230

184 Nguyen, T. P.; Cribb, L.; Ng, C. H.; Byrne, G. J.; Castle, D.; Brakoulias, V.; Blair-West, S.; Oliver, G.; Ee, C.; Dean, O. M.; Camfield, D. A.; Bousman, C.; Dowling, N.; Roy, R.; Berk, M.; Sarris, J. (2021): *Dietary quality and nutrient intake in adults with obsessive–compulsive disorder.* BJPsych Open, 7 (6): e218

185 Sarris, J.; Ravindran, A.; Yatham, L. N.; Marx, W.; Rucklidge, J. J.; McIntyre, R. S.; Akhondzadeh, S.; Benedetti, F.; Caneo, C.; Cramer, H.; Cribb, L.; de Manincor, M.; Dean, O.; Deslandes, A. C.; Freeman, M. P.; Gangadhar, B.; Harvey, B. H.; Kasper, S.; Lake, J.; Lopresti, A.; Lu, L.; Metri, N. J.; Mischoulon, D.; Ng, C. H.; Nishi, D.; Rahimi, R.; Seedat, S.; Sinclair, J.; Su, K. P.; Zhang, Z. J.; Berk, M. (2022): *Clinician guidelines for the treatment of psychiatric disorders with nutraceuticals and phytoceuticals: The World Federation of Societies of Biological Psychiatry (WFSBP) and Canadian Network for Mood and Anxiety Treatments (CANMAT) Taskforce.* The World Journal of Biological Psychiatry, 23 (6): S. 424–455

186 Greenberg, W. M.; Benedict, M. M.; Doerfer, J.; Perrin, M.; Panek, L.; Cleveland, W. L.; Javitt, D. C. (2009): *Adjunctive glycine in the treatment of obsessive-compulsive disorder in adults.* Journal of Psychiatric Research, 43 (6): S. 664–70

187 Rosenberg, D. R.; MacMaster, F. P.; Keshavan, M. S.; Fitzgerald, K. D.; Stewart, C. M.; Moore, G. J. (2000): *Decrease in caudate glutamatergic concentrations in pediatric obsessive-compulsive disorder patients taking paroxetine.* Journal of the American Academy of Child and Adolescent Psychiatry, 39 (9): S. 1096–1103

188 Cardo, A.; Churruca, I.; Lasa, A.; Navarro, V.; Vazquez-Polo, M.; Perez-Junkera, G.; Larretxi, I. (2021): *Nutritional Imbalances in Adult Celiac Patients Following a Gluten-Free Diet*. Nutrients, 13 (8): 2877

189 Torrey, E. F.; Bartko, J. J.; Yolken, R. H. (2012): *Toxoplasma gondii and other risk factors for schizophrenia: an update*. Schizophrenia Bulletin, 38 (3): S. 642–647

190 Andrade, C. (2016): *Cardiometabolic Risks in Schizophrenia and Directions for Intervention, 2: Nonpharmacological Interventions.* The Journal of Clinical Psychiatry, 77 (8): e964–7

191 Delichatsios, H. K.; Leonard, M. M.; Fasano, A.; Nose, V. (2016): *CASE RECORDS of the MASSACHUSETTS GENERAL HOSPITAL. Case 14–2016. A 37-Year-Old Woman with Adult-Onset Psychosis.* The New England Journal of Medicine, 374 (19): 1875–1883

192 Zheng, P.; Zeng, B.; Liu, M.; Chen, J.; Pan, J.; Han, Y.; Liu, Y.; Cheng, K.; Zhou, C.; Wang, H.; Zhou, X.; Gui, S.; Perry, S. W.; Wong, M. L.; Licinio, J.; Wei, H.; Xie, P. (2019): *The gut microbiome from patients with schizophrenia modulates the glutamate-glutamine-GABA cycle and schizophrenia-relevant behaviors in mice*. Science Advances, 5 (2): eaau8317

193 Alkhiari, R. (2023): *Psychiatric and Neurological Manifestations of Celiac Disease in Adults*. Cureus, 15 (3): e35712

194 Hoek, H. W.; Brown, A. S.; Susser, E. (1998): *The Dutch famine and schizophrenia spectrum disorders*. Social Psychiatry and Psychiatric Epidemiology, 33 (8): S. 373–379

195 Firth, J.; Carney, R.; Stubbs, B.; Teasdale, S. B.; Vancampfort, D.; Ward, P. B.; Berk, M.; Sarris, J. (2018): *Nutritional Deficiencies and Clinical Correlates in First-Episode Psychosis: A Systematic Review and Meta-analysis*. Schizophrenia Bulletin, 44 (6): S. 1275–1292

196 Goh, K. K.; Chen, C. Y.; Chen, C. H.; Lu, M. L. (2021): *Effects of omega-3 polyunsaturated fatty acids supplements on psychopathology and metabolic parameters in schizophrenia: A meta-analysis of randomized controlled trials*. Journal of Psychopharmacology, 35 (3): S. 221–235

197 Xu, X.; Shao, G.; Zhang, X.; Hu, Y.; Huang, J.; Su, Y.; Zhang, M.; Cai, Y.; Zhou, H. (2022): *The efficacy of nutritional supplements for the adjunctive treatment of schizophrenia in adults: A systematic review and network meta-analysis*. Psychiatry Research, 311: 114500

198 Xu, X.; Shao, G.; Zhang, X.; Hu, Y.; Huang, J.; Su, Y.; Zhang, M.; Cai, Y.; Zhou, H. (2022): *The efficacy of nutritional supplements for the adjunctive treatment of schizophrenia in adults: A systematic review and network meta-analysis*. Psychiatry Research, 311: 114500

199 Ritsner, M. S.; Miodownik, C.; Ratner, Y.; Shleifer, T.; Mar, M.; Pintov, L.; Lerner, V. (2011): *L-theanine relieves positive, activation, and anxiety symptoms in patients with schizophrenia and schizoaffective disorder: an 8-week, randomized, double-blind, placebo-controlled, 2-center study.* The Journal of Clinical Psychiatry, 72 (1): S. 34–42

200 Marchi, M.; Galli, G.; Magarini, F. M.; Mattei, G.; Galeazzi, G. M. (2021): *Sarcosine as an add-on treatment to antipsychotic medication for people with schizophrenia: a systematic review and meta-analysis of randomized controlled trials*. Expert Opinion on Drug Metabolism & Toxicology, 17 (4): S. 483–493

201 O'Donnell, C. P.; Allott, K. A.; Murphy, B. P.; Yuen, H. P.; Proffitt, T. M.; Papas, A.; Moral, J.; Pham, T.; O'Regan, M. K.; Phassouliotis, C.; Simpson, R.; McGorry, P. D. (2016): *Adjunctive Taurine in First-Episode Psychosis: A Phase 2, Double-Blind, Randomized, Placebo-Controlled Study.* The Journal of Clinical Psychiatry, 77 (12): e1610-e1617

202 Ritsner, M. S.; Miodownik, C.; Ratner, Y.; Shleifer, T.; Mar, M.; Pintov, L.; Lerner, V. (2011): *L-theanine relieves positive, activation, and anxiety symptoms in patients with schizophrenia and schizoaffective disorder: an 8-week, randomized, double-blind, placebo-controlled, 2-center study.* The Journal of Clinical Psychiatry, 72 (1): S. 34–42

203 Galley, J. D.; Nelson, M. C.; Yu, Z.; Dowd, S. E.; Walter, J.; Kumar, P. S.; Lyte, M.; Bailey, M. T. (2014): *Exposure to a social stressor disrupts the community structure of the colonic mucosa-associated microbiota.* BMC Microbiology, 14 (1): S. 189

204 Doney, E.; Cadoret, A.; Dion-Albert, L.; Lebel, M.; Menard, C. (2022): *Inflammation-driven brain and gut barrier dysfunction in stress and mood disorders.* European Journal of Neuroscience, 55 (9–10): S. 2851–2894

205 Browne, J.; Morey, M. C.; Beckham, J. C.; Bosworth, H. B.; Porter Starr, K. N.; Bales, C. W.; McDermott, J.; Sloane, R.; Gregg, J. J.; Hall, K. S. (2021): *Diet quality and exercise in older veterans with PTSD: a pilot study.* Translational Behavioral Medicine, 11 (12): S. 2116–2122

206 van den Berk-Clark, C.; Secrest, S.; Walls, J.; Hallberg, E.; Lustman, P. J.; Schneider, F. D.; Scherrer, J. F. (2018): *Association between posttraumatic stress disorder and lack of exercise, poor diet, obesity, and co-occuring smoking: A systematic review and meta-analysis.* Health Psychology, 37 (5): S. 407–416

207 Du, J.; Zhu, M.; Bao, H.; Li, B.; Dong, Y.; Xiao, C.; Zhang, G. Y.; Henter, I.; Rudorfer, M.; Vitiello, B. (2016): *The Role of Nutrients in Protecting Mitochondrial Function and Neurotransmitter Signaling: Implications for the Treatment of Depression, PTSD, and Suicidal Behaviors.* Critival Reviews in Food Science and Nutrition, 56 (15): S. 2560–2578

208 Belcaro, G.; Luzzi, R.; Hosoi, M.; Dugall, M.; Cesarone, M. R. (2018): *Supplementation with Robuvit(R) in post-traumatic stress disorders associated to high oxidative stress.* Minerva Medica, 109 (5): S. 363–368

209 Rucklidge, J. J.; Andridge, R.; Gorman, B.; Blampied, N.; Gordon, H.; Boggis, A. (2012): *Shaken but unstirred? Effects of micronutrients on stress and trauma after an earthquake: RCT evidence comparing formulas and doses.* Human Psychopharmacology, 27 (5): S. 440–454

210 Nishi, D.; Koido, Y.; Nakaya, N.; Sone, T.; Noguchi, H.; Hamazaki, K.; Hamazaki, T.; Matsuoka, Y. (2012): *Fish oil for attenuating posttraumatic stress symptoms among rescue workers after the great east Japan earthquake: a randomized controlled trial.* Psychotherapy and Psychosomatics, 81 (5): S. 315–317

211 Matsumura, K.; Noguchi, H.; Nishi, D.; Hamazaki, K.; Hamazaki, T.; Matsuoka, Y. J. (2017): *Effects of omega-3 polyunsaturated fatty acids on psychophysiological symptoms of post-traumatic stress disorder in accident survivors: A randomized, double-blind, placebo-controlled trial.* Journal of Affective Disorders, 224: S. 27–31

212 Lee, K. W.; Shim, J. M.; Yao, Z.; Kim, J. A.; Kim, J. H. (2018): *Properties of Kimchi Fermented with GABA-Producing Lactic Acid Bacteria as a Starter.* Journal of Microbiology and Biotechnology, 28 (4): S. 534–541

213 Kalyan-Masih, P.; Vega-Torres, J. D.; Miles, C.; Haddad, E.; Rainsbury, S.; Baghchechi, M.; Obenaus, A.; Figueroa, J. D. (2016): *Western High-Fat Diet Consumption during Adolescence Increases Susceptibility to Traumatic Stress while Selectively Disrupting Hippocampal and Ventricular Volumes.* eNeuro, 3 (5)

214 Hettiaratchi, U. P.; Ekanayake, S.; Welihinda, J. (2011): *Sri Lankan rice mixed meals: effect on glycaemic index and contribution to daily dietary fibre requirement.* Malaysian Journal of Nutrition, 17 (1): S. 97–104

215 Averill, L. A.; Purohit, P.; Averill, C. L.; Boesl, M. A.; Krystal, J. H.; Abdallah, C. G. (2017): *Glutamate dysregulation and glutamatergic therapeutics for PTSD: Evidence from human studies.* Neuroscience Letters, 649: S. 147–155

216 Del Tredici, K.; Braak, H. (2008): *Neurofibrillary changes of the Alzheimer type in very elderly individuals: neither inevitable nor benign: Commentary on »No disease in the brain of a 115-year-old woman«.* Neurobiology of Aging, 29 (8): S. 1133–1136

217 Jin, J.; Xu, Z.; Zhang, L.; Zhang, C.; Zhao, X.; Mao, Y.; Zhang, H.; Liang, X.; Wu, J.; Yang, Y.; Zhang, J. (2023): *Gut-derived beta-amyloid: Likely a centerpiece of the gut-brain axis contributing to Alzheimer's pathogenesis.* Gut Microbes, 15 (1): 2167172

218 Valls-Pedret, C.; Sala-Vila, A.; Serra-Mir, M.; Corella, D.; de la Torre, R.; Martinez-Gonzalez, M. A.; Martinez-Lapiscina, E. H.; Fito, M.; Perez-Heras, A.; Salas-Salvado, J.; Estruch, R.; Ros, E. (2015): *Mediterranean Diet and Age-Related Cognitive Decline: A Randomized Clinical Trial.* JAMA Internal Medicine, 175 (7): S. 1094-1103

219 Porras-Garcia, E.; Fernandez-Espada Calderon, I.; Gavala-Gonzalez, J.; Fernandez-Garcia, J. C. (2023): *Potential neuroprotective effects of fermented foods and beverages in old age: a systematic review.* Frontiers in Nutrition, 10: 1170841

220 Andrews, V.; Zammit, G.; O'Leary, F. (2023): *Dietary pattern, food, and nutritional supplement effects on cognitive outcomes in mild cognitive impairment: a systematic review of previous reviews.* Nutrition Reviews

221 Tsolaki, M.; Lazarou, E.; Kozori, M.; Petridou, N.; Tabakis, I.; Lazarou, I.; Karakota, M.; Saoulidis, I.; Melliou, E.; Magiatis, P. (2020): *A Randomized Clinical Trial of Greek High Phenolic Early Harvest Extra Virgin Olive Oil in Mild Cognitive Impairment: The MICOIL Pilot Study.* Journal of Alzheimer's Disease, 78 (2): S. 801–817

222 Hishikawa, N.; Takahashi, Y.; Amakusa, Y.; Tanno, Y.; Tuji, Y.; Niwa, H.; Murakami, N.; Krishna, U. K. (2012): *Effects of turmeric on Alzheimer's disease with behavioral and psychological symptoms of dementia.* AYU, 33 (4): S. 499–504

223 Rainey-Smith, S. R.; Brown, B. M.; Sohrabi, H. R.; Shah, T.; Goozee, K. G.; Gupta, V. B.; Martins, R. N. (2016): *Curcumin and cognition: a randomised, placebo-controlled, double-blind study of community-dwelling older adults.* British Journal of Nutrition, 115 (12): S. 2106–2113

224 Akhondzadeh, S.; Sabet, M. S.; Harirchian, M. H.; Togha, M.; Cheraghmakani, H.; Razeghi, S.; Hejazi, S.; Yousefi, M. H.; Alimardani, R.; Jamshidi, A.; Zare, F.; Moradi, A. (2010): *Saffron in the treatment of patients with mild to moderate Alzheimer's disease: a 16-week, randomized and placebo-controlled trial.* Journal of Clinical Pharmacy and Therapeutics, 35 (5): S. 581–588

225 Akhondzadeh, S.; Shafiee Sabet, M.; Harirchian, M. H.; Togha, M.; Cheraghmakani, H.; Razeghi, S.; Hejazi, S. S.; Yousefi, M. H.; Alimardani, R.; Jamshidi, A.; Rezazadeh, S. A.; Yousefi, A.; Zare, F.; Moradi, A.; Vossoughi, A. (2010): *A 22-week, multicenter, randomized, double-blind controlled trial of Crocus sativus in the treatment of mild-to-moderate Alzheimer's disease.* Psychopharmacology (Berlin), 207 (4): S. 637–643

226 Seibel, R.; Schneider, R. H.; Gottlieb, M. G.V. (2021): *Effects of Spices (Saffron, Rosemary, Cinnamon, Turmeric and Ginger) in Alzheimer's Disease.* Current Alzheimer Research, 18 (4): S. 347–357

227 Shinjyo, N.; Green, J. (2017): *Are sage, rosemary and lemon balm effective interventions in dementia? A narrative review of the clinical evidence*. European Journal of Integrative Medicine, 15: S. 83–96
228 Zhang, X. Z.; Qian, S. S.; Zhang, Y. J.; Wang, R. Q. (2016): *Salvia miltiorrhiza: A source for anti-Alzheimer's disease drugs*. Pharmaceutical Biology, 54 (1): S. 18–24
229 Momtaz, S.; Hassani, S.; Khan, F.; Ziaee, M.; Abdollahi, M. (2018): *Cinnamon, a promising prospect towards Alzheimer's disease*. Pharmacological Research, 130: S. 241–258
230 Sharma, H.; Sharma, N.; An, S. S. A. (2023): *Black Pepper (Piper nigrum) Alleviates Oxidative Stress, Exerts Potential Anti-Glycation and Anti-AChE Activity: A Multitargeting Neuroprotective Agent against Neurodegenerative Diseases*. Antioxidants (Basel), 12 (5)
231 Schepici, G.; Contestabile, V.; Valeri, A.; Mazzon, E. (2021): *Ginger, a Possible Candidate for the Treatment of Dementias?* Molecules, 26 (18): S. 5700
232 Talia, S.; Benarous, K.; Lamrani, M.; Yousfi, M. (2021): *Lepidine B from Lepidium sativum Seeds as Multi-Functional Anti- Alzheimer's Disease Agent: In Vitro and In Silico Studies*. Current Computer-Aided Drug Design, 17 (3): S. 360–377
233 Liang, X.; Ding, D.; Zhao, Q.; Wu, W.; Xiao, Z.; Luo, J.; Hong, Z. (2020): *Inability to Smell Peppermint Is Related to Cognitive Decline: A Prospective Community-Based Study*. Neuroepidemiology, 54 (3): S. 258–264
234 Jiang, N.; Ma, J.; Wang, Q.; Xu, Y.; Wei, B. (2023): *Tea intake or consumption and the risk of dementia: a meta-analysis of prospective cohort studies*. PeerJ, 11: e15688
235 Jiang, N.; Ma, J.; Wang, Q.; Xu, Y.; Wei, B. (2023): *Tea intake or consumption and the risk of dementia: a meta-analysis of prospective cohort studies*. PeerJ, 11: e15688
236 More, M. I.; Freitas, U.; Rutenberg, D. (2014): *Positive effects of soy lecithin-derived phosphatidylserine plus phosphatidic acid on memory, cognition, daily functioning, and mood in elderly patients with Alzheimer's disease and dementia*. Advances in Therapy, 31 (12): S. 1247–1262
237 Senderovich, H.; Farahneh, O.; Waicus, S. (2023): *The Role of Intermittent Fasting and Dieting on Cognition in Adult Population: A Systematic Review of the Randomized Controlled Trials*. Medical Principles and Practice, 32 (2): S. 99–109
238 D'Cunha, N. M.; Sergi, D.; Lane, M. M.; Naumovski, N.; Gamage, E.; Rajendran, A.; Kouvari, M.; Gauci, S.; Dissanayka, T.; Marx, W.; Travica, N. (2022): *The Effects of Dietary Advanced Glycation End-Products on Neurocognitive and Mental Disorders*. Nutrients, 14 (12)
239 Akan, O. D.; Qin, D.; Guo, T.; Lin, Q.; Luo, F. (2022): *Sirtfoods: New Concept Foods, Functions, and Mechanisms*. Foods, 11 (19): S. 2955
240 Ohayon, M. M. (2007): *Prevalence and comorbidity of sleep disorders in general population*. La Revue du Praticien, 57 (14): S. 1521–1528
241 Wagner-Skacel, J.; Dalkner, N.; Moerkl, S.; Kreuzer, K.; Farzi, A.; Lackner, S.; Painold, A.; Reininghaus, E. Z.; Butler, M. I.; Bengesser, S. (2020): *Sleep and microbiome in psychiatric diseases*. Nutrients, 12 (8): S. 2198
242 Reynolds, A. C.; Paterson, J. L.; Ferguson, S. A.; Stanley, D.; Wright Jr, K. P.; Dawson, D. (2017): *The shift work and health research agenda: considering changes in gut microbiota as a pathway linking shift work, sleep loss and circadian misalignment, and metabolic disease*. Sleep Medicine Reviews, 34: S. 3–9

243 Godos, J.; Ferri, R.; Caraci, F.; Cosentino, F. I. I.; Castellano, S.; Galvano, F.; Grosso, G. (2019): *Adherence to the Mediterranean Diet is Associated with Better Sleep Quality in Italian Adults*. Nutrients, 11 (5): S. 976

244 Patan, M. J.; Kennedy, D. O.; Husberg, C.; Hustvedt, S. O.; Calder, P. C.; Middleton, B.; Khan, J.; Forster, J.; Jackson, P. A. (2021): *Differential Effects of DHA- and EPA-Rich Oils on Sleep in Healthy Young Adults: A Randomized Controlled Trial*. Nutrients, 13 (1)

245 Howatson, G.; Bell, P. G.; Tallent, J.; Middleton, B.; McHugh, M. P.; Ellis, J. (2012): *Effect of tart cherry juice (Prunus cerasus) on melatonin levels and enhanced sleep quality*. European Journal of Nutrition, 51, 909–916

246 İhsan, Ş.; BİNİCİ, H. İ. (2021): *Melatonin and Melatonin-Rich Foods*. Journal of the Institute of Science and Technology, 11 (3): S. 2062–2068

247 Lin, H.-H.; Tsai, P.-S.; Fang, S.-C.; Liu, J.-F. (2011): *Effect of kiwifruit consumption on sleep quality in adults with sleep problems*. Asia Pacific Journal of Clinical Nutrition, 20 (2): S. 169–174

248 Pour, Z. S.; Hosseinkhani, A.; Asadi, N.; Shahraki, H. R.; Vafaei, H.; Kasraeian, M.; Bazrafshan, K.; Faraji, A. (2018): *Double-blind randomized placebo-controlled trial on efficacy and safety of Lactuca sativa L. seeds on pregnancy-related insomnia*. Journal of Ethnopharmacology, 227: S. 176–180

249 Breit, S.; Kupferberg, A.; Rogler, G.; Hasler, G. (2018): *Vagus nerve as modulator of the brain–gut axis in psychiatric and inflammatory disorders*. Frontiers in Psychiatry, S. 44

250 Aspy, D. J.; Madden, N. A.; Delfabbro, P. (2018): *Effects of Vitamin B6 (Pyridoxine) and a B Complex Preparation on Dreaming and Sleep*. Perceptual and Motor Skills, 125 (3): S. 451–462

251 Shechter, A.; O'Keeffe, M.; Roberts, A. L.; Zammit, G. K.; RoyChoudhury, A.; St-Onge, M. P. (2012): *Alterations in sleep architecture in response to experimental sleep curtailment are associated with signs of positive energy balance*. American journal of physiology, 303 (9), R883–9

252 Colrain, I. M.; Nicholas, C. L.; Baker, F. C. (2014): *Alcohol and the sleeping brain*. Handbook of Clinical Neurology, 125: S. 415–431

253 Blass, E. M.; Anderson, D. R.; Kirkorian, H. L.; Pempek, T. A.; Price, I.; Koleini, M. F. (2006): *On the road to obesity: Television viewing increases intake of high-density foods*. Physiology & Behaviour, 88 (4–5): S. 597–604

254 Gaiswinkler, L.; Kaufmann, P.; Pollheimer, E.; Ackermann, A.; Holasek, S.; Kapfhammer, H.-P.; Unterrainer, H.-F. (2020): *Mindfulness and self-compassion in clinical psychiatric rehabilitation: a clinical trial*. Mindfulness, 11: S. 374–383

255 Moffitt, R.; Brinkworth, G.; Noakes, M.; Mohr, P. (2012): *A comparison of cognitive restructuring and cognitive defusion as strategies for resisting a craved food*. Health Psychology, 27 (sup2): S. 74–90

256 Mantzios, M. (2018): *Mindfulness and eating behavior*. Frontiers Media SA (9): S. 1986

Zutatenregister

A

B

C

D

E

F

Auch als **E-Book** erhältlich

384 Seiten
20,00 € (D) | 20,95 € (A)
ISBN 978-3-7423-2801-5

Dr. Uma Naidoo

Ernährung für die Psyche

Richtig essen für seelisches Wohlbefinden

Wie schön wäre es, wenn man Depressionen, Angst-, Zwangs- oder Schlafstörungen, Suchterkrankungen und posttraumatische Belastungsstörungen einfach wegessen könnte! Wissenschaftliche Studien haben belegt, dass die richtige Ernährung tatsächlich die Behandlung dieser Erkrankungen wesentlich unterstützen kann. Die renommierte Psychiaterin und Ernährungsexpertin Dr. Uma Naidoo erklärt in diesem Ratgeber, welche Lebensmittel und Nährstoffe förderlich und welche schädlich sind. Konkrete Ernährungsempfehlungen und leckere Rezepte, die speziell auf verschiedene Krankheitsbilder zugeschnitten sind, helfen dabei, das psychische Wohlbefinden wiederherzustellen, zu erhalten und der Seele etwas Gutes zu tun.

Auch als **E-Book** erhältlich

208 Seiten
19,99 € (D) | 20,60 € (A)
ISBN 978-3-95814-112-4

Kyra Kauffmann, Sascha Kauffmann

Natürlich high

Die körpereigenen Glückshormone aktivieren und Depressionen, Ängste und Antriebslosigkeit dauerhaft loswerden

Burnout, Depressionen, Antriebslosigkeit – viele der weit verbreiteten psychischen Probleme sind auf einen Mangel an den Neurotransmittern Serotonin, Dopamin, Noradrenalin und GABA zurückzuführen. Verantwortlich für die unzureichende Bildung dieser Glückshormone sind Ernährungsfehler, Bewegungsmangel und unnatürliche Lichtverhältnisse. Mit dem wissenschaftlich fundierten Selbsttest der Heilpraktiker Kyra und Sascha Kauffmann kann ein Botenstoffmangel bestimmt werden. Bestimmte Lebensstilveränderungen und Behandlungsmethoden helfen, die körpereigenen Hormone zu aktivieren, um dauerhaft Energie und Lebensfreude zurückzugewinnen.

riva

Aktualität und Genauigkeit: Obwohl die Autoren und der Verlag sich bemüht haben, genaue und aktuelle Informationen bereitzustellen, können medizinische Kenntnisse und Richtlinien sich ändern. Es wird keine Gewähr für die Vollständigkeit, Richtigkeit oder Aktualität der Informationen in diesem Buch übernommen.

Unabhängige Recherche: Es wird empfohlen, die in diesem Buch enthaltenen Informationen durch unabhängige Recherche und Konsultation von Fachleuten zu verifizieren, insbesondere wenn es um wichtige medizinische Entscheidungen geht.

Bibliografische Information der Deutschen Nationalbibliothek
Die Deutsche Nationalbibliothek verzeichnet diese Publikation in der Deutschen Nationalbibliografie. Detaillierte bibliografische Daten sind im Internet über https://dnb.de abrufbar.

Für Fragen und Anregungen
info@m-vg.de

Wichtige Hinweise
Dieses Buch ist für Lernzwecke gedacht. Es stellt keinen Ersatz für eine individuelle medizinische Beratung dar und sollte auch nicht als solcher benutzt werden. Wenn Sie medizinischen Rat einholen wollen, konsultieren Sie bitte einen qualifizierten Arzt. Der Verlag und die Autoren haften für keine nachteiligen Auswirkungen, die in einem direkten oder indirekten Zusammenhang mit den Informationen stehen, die in diesem Buch enthalten sind.

Ausschließlich zum Zweck der besseren Lesbarkeit wurde auf eine genderspezifische Schreibweise sowie eine Mehrfachbezeichnung verzichtet. Alle personenbezogenen Bezeichnungen sind somit geschlechtsneutral zu verstehen.

Originalausgabe
4. Auflage 2026

Türkenstraße 89
80799 München
Tel.: 089 651285-0

Redaktion: Ulrike Reinen
Umschlaggestaltung: Isabella Dorsch
Umschlagabbildungen und Abbildungen Innenteil: Annamaria Zinnau
Grafiken S. 15, 25, 39, 66: Verena Koch
Satz: inpunkt[w]o, Wilnsdorf (www.inpunktwo.de)
Druck: Balto Print UAB, Litauen
Printed in the EU

ISBN Print 978-3-7423-2548-8
ISBN E-Book (EPUB, Mobi) 978-3-7453-2321-4